文革文學大系

(三)

小說卷三

王　　堯主編

現代文學研究叢刊
文史哲出版社印行

現代文學研究叢刊　30

文革文學大系（全十二冊）

主編者：王　　　　　　　堯
出版者：文　史　哲　出　版　社
http://www.lapen.com.tw
登記證字號：行政院新聞局版臺業字五三三七號
發行人：彭　　　正　　　雄
發行所：文　史　哲　出　版　社
印刷者：文　史　哲　出　版　社
臺北市羅斯福路一段七十二巷四號
郵政劃撥帳號：一六一八〇一七五
電話 886-2-23511028・傳真 886-2-23965656

十二冊定價新臺幣五〇〇〇元

中華民國九十六年（2007）十二月初版
中華民國九十八年（2009）二月初版訂正

"文革文學" 大系
小説卷三

目　　錄

西沙兒女

（奇志篇·上卷）

浩　然

一

春天來了。

它披著燦爛的陽光。

它踏著歡騰的波濤。

它穿行在擠滿漁船、舢舨的港灣。

它登臨了堆積著魚貨、張曬著魚網的灘頭。

灘頭上的樹木，不論蒼老的還是幼嫩的，都被春風染綠了。

綠樹下的花草，不管野生的還是栽培的，都讓春風吹開了。

西沙的雨量特別豐裕。它把這島嶼上所有植物的葉子都滋潤得肥肥的、厚厚的，包含著過多的水分，彷彿稍一挨碰，就要滴下來。

西沙的光照特別充足。它把這島嶼上所有草木的花朵都養育得密密的、豔豔的，呈現著過濃的色彩，好似微一接觸，就會印記在衣襟上。

透過莽莽的叢林，越過茵茵的草坪，金色的沙崗上矗立著一根高高的木桿。

木桿頂端懸掛著的一面五星紅旗，被春風展開，飄呀，飄呀，好似一團熊熊的火焰在燃燒。

紅旗下有一排平頂、白壁的新屋。

牆上刷寫著鼓足幹勁、力爭上游、多快好省地建設社會主義和"總路線萬歲！大躍進萬歲！人民公社萬歲！"的大標語。

門邊懸掛著"廣東省西沙群島南沙群島中沙群島工作委員會"的大木牌。

習習的春風，吹進那安著玻璃的小窗。

臨窗的木板桌前坐著一個壯實的老人。

他寬肩高個。只有終年在南海驚濤駭浪裡奔忙的人，才會有這樣兩臂豐滿的腱子肉。

他短髮灰白。只有經常承受西沙獨特的風吹日曬的人，才能有這樣一張絳紫色的面孔。

他正聚精會神地看圖紙：因為怕風吹掀，一角用搪瓷茶杯壓著，一角用眼鏡盒壓著；一隻手按著，另一隻手捏著一枝已經削用得短短的紅鉛筆。

這是一張自己繪製的開發建設社會主義新西沙的遠景規劃圖。彩色鮮麗的圖紙上邊畫著西沙遼闊的海域，海域裡是塊塊寶石般的島嶼，島嶼四周是一個連著一個蘊藏富饒的漁場。

他手中的紅筆舉落，高樓新屋平地起。

他手裡的紅筆運行，千船萬帆齊向前。

他手裡的紅筆圈點，民兵武裝操練忙。

他的筆尖剛從他現在居住的永興島一條直線劃到琛航島[1]，又劃到他時時懷念的金銀島；還沒來得及細細描繪的時候，被進來的一個少女打斷了。

這個少女，是在祖國南海西沙血與火的革命搏鬥中長大的阿寶。

---

1 永興島原名貓駐島。

她烏黑粗長的髮辮，紅潤稚嫩的圓臉，明亮有神的大眼睛；花格短袖衫，藍色肥腿褲，胸襟上佩帶著一枚共青團團徽。

她一隻手捏著一封信，故意地背在身後，一隻手扳著門框；不知是過度興奮，還是剛剛奔跑的緣故，微微有些氣喘地說：“阿爸，你還不去開會呀！”

程亮摘下花鏡，看看桌子上的小鬧鐘，說：“都過午了？時間過得真快！”

網寶說：“當然快啦。你剛帶工作委員會的同志來西沙建機關那年，我才上小學，眼下都念完了初中。”

程亮一面小心地卷著圖紙，一面感慨地說：“時間過得快，我們做的事情太少了。”

阿寶說：“我們西沙的變化還是很大的。以前來過永興的人，這次轉回，都說處處變得不相識了。當初連一個草屋都沒有，如今有了機關辦公室，還有了新漁村；當初沒有一片耕地，如今有了菜田；當初讓鬼子漢奸把島子毀成癩痢頭，如今樹木成了林……人民群眾的力量真強大無比！”

程亮說：“成績當然要看到，可是比起全國的工農業大躍進，比起黨對我們西沙人的要求，那可就差得遠啦！”

阿寶同意這樣的看法，又滿懷信心地說：“我們一定能夠趕上，一定要趕上去！”她說著，笑了笑，把藏在背後的手伸到程亮面前：“阿爸，我來報告你一個好消息！”

程亮接過信，打開一看，是一張海南島漁業專科學校的入學通知書。

喜悅的神情，立即顯露在他那刻下條條皺紋的臉上。

女兒是西沙漁民中第一代讀書識字的人，是第一個中學畢業生，又成了第一個上中專、學漁業捕撈科學的人，他怎麼能不高興呢！

阿寶又說：“我今日看看夥伴，整理整理東西，明日就搭船去海南報到。你還有什麼話囑咐我呢？"

程亮把信交還女兒，把西沙開發建設圖小心地裝進文件兜裡，沉思地朝外走著，又對女兒說："到了那裡，要好好學習，不斷提高政治思想覺悟，要珍惜你們這新一代人的美好前途……"

阿寶說："我曉得。我的美好前途，就是黨和人民的需要，就是革命的需要！"

這句話十分有力地打動了程亮的心："說得對呀，阿寶！沒有黨的領導、人民的鬥爭、革命的勝利，我們西沙漁民能有今天嗎！我們今天勝利了，勝利來之不易呀！要永遠地記住，帝國主義和它的走狗，是絕不會甘心在這塊土地上失敗的！"

阿寶激動地說："你放心，你放心，我不會忘本的！"

程亮朝女兒點點頭："好哇，好哇。我去開會了，晚上咱們再細談吧。"

他說著，大步地朝前走去，金沙銀沙摻雜的灘頭上，留下一串深深的足印。

阿寶停了一下，忽然想起，應當跟阿爸約個時間，一起去看符海龍，一同談談前途大事。她望著阿爸的身影，踩著阿爸的足印，快步地追上前去。

二

第二天早晨，是個晴朗朗的早晨。

高高的木棉樹，盛開著大朵大朵的鮮花，如火苗，似雲霞，明亮耀眼。

密密的香蕉林，穿飛著西沙獨有的小鳥，色彩斑爛，啼聲婉轉。

阿寶邁著愉快的步子，從碼頭往漁村走。

她繞過綠油油的菜田，來到開掘鳥糞的工地上。

海南島創辦了大型的橡膠園，派工人來這裡開採肥料。

工人們都赤著臂，揮鍬舞鎬，汗水滴滴往下落。

銀灰色的糞土，堆成了一座連一座的小山。

阿寶朝他們喊：“我今日去海南，有什麼事嗎？”

一個工人回答：“讓那邊多派運輸船來吧！”

阿寶朝他笑笑說：“放心。我一定立刻把你們的呼聲傳到。”

她穿過一片茂盛的棕櫚、枇杷樹，來到魚貨加工場。

瓊涯鎮的水產收購站在這裡設置加工點，專門搞特產。

工人們正在剖割、晾曬，在竹架和繩索前往來奔忙。

面盆大的硨磲，茶壺似的馬蹄螺，攤積一片；潔白如玉的石花，陶瓷般的石芝，奇形的刺鲀，散放一地。

阿寶大聲喊：“我今日去海南，有什麼捎的嗎？”

一個組長說：“讓家裡快送些料，得多蓋倉庫了。”

阿寶朝他笑笑說：“行，行。我一到那裡就找他們去通報。”

她走著，看著，一股自豪感從心頭油然而起：我們的西沙真是美麗富饒呀！

她的面前，出現兩個怪物：日本侵略者和法國侵略者遺留下來的兩座殘破的炮樓。

她停了一下，心頭又掠過許多往事：這樣的遺跡應當留下，這類的事情永不能重演……

她邁上一道小坡，走進漁村，迎面碰上了獨眼蟹。

這個漢奸、惡霸的狗腿，那一回僥倖，沒有陪他主子同夥從海南島往這裡竄逃，也就沒有結伴被丟進南海餵鯊魚，又在瓊涯鎮橫行了幾年。漁改的時候，讓群眾揪出來鬥了一通；鎮壓反革命的時候，又給公安局審查一番。人民政府對他寬大，給他出路，讓他從新作人。可是他的邪念不熄，賊心不死，總覺得過去當狗腿幹壞事的日子痛快，今朝自食其力的生活窩囊，盼變天，等回潮,再來橫行霸道。因此,他在群眾面前裝老實,背過臉去就發瘋狂。

阿寶永遠都不會忘記他走過的路:對他說話加小心,跟他辦事劃問號。

獨眼蟹老遠就對阿寶點頭彎腰,像一隻落在熱鍋裡的小蝦:"阿寶,你早,你早?"

阿寶見他這副怪樣子實在可笑,就繃起面孔,說聲:"是不晚的!"

獨眼蟹走近以後又滿臉堆笑,像一個在沙灘上曬乾的魚頭:"阿寶,恭喜,恭喜!"

阿寶聽他這種假話很噁心,就看他一眼說:"用不著你來這一套!"

獨眼蟹又說鬼話:"你能飛黃騰達,我從心肝五臟裡為你高興呀!"

阿寶"哼"了一聲,說:"你不會高興的。你不高興,我們也照樣不停步地向前進;一隻小小的螃蟹,能擋住乘風破浪的千噸巨輪嗎?"

獨眼蟹吸口冷氣,不由自主地朝後倒退了兩步。

阿寶昂首挺胸往前走。

符海龍蹲在自家高足屋邊沙地上殺魚。

他那兩隻粗壯的胳膊和前胸隆起健美的肌肉;新理的頭髮,襯著一張黑紅黑紅的臉,充滿喜氣。

阿寶走到他跟前,伏下身要幫一把。

符海龍說:"你莫要沾一手了。"

阿寶說:"我昨日找你三次,一直鎖著門。"

"來告訴我,你要上中專了,對吧?"

"對的。你呢?"

"我呀,上大學去啦!"

"上大學？"

"解放軍大學校。"

"我不是來跟你開玩笑的！"

"真情，阿寶。我要服兵役去！"

"你是獨子，國家是不要的。"

"都是她的兒子，要別人，能不要我？"

"明文規定。"

"可以靈活 —— 阿婆和我祖孫兩個，到海軍首長那裡泡了三天，終歸把他泡軟了。他應下補一個，過午填表冊、查身體。我看穩妥了。"

阿寶聽罷，知是真的，高興得好久沒開口。

何望來喜眉笑眼地走過來了。

這個從苦海中掙扎過來的人，參加過解放海南島的支前鬥爭，當了漁改時期的積極分子；如今是向陽漁業大隊的大隊長，領導生產幹得歡。他跟程亮近，他跟阿寶親，兩家來往很密切。

他喜形於色地對阿寶說："我到家裡找你，誰曉得跑這裡來了！"

阿寶說："我來看看阿婆、阿哥。"

何望來打趣說："我也要看看你，不然，以後就難看到了。"

阿寶說："運輸船常來常往，縣城又離岸近，想看我，你就去吧。"

何望來說："只怕過幾年，這縣城也留不住你。我出海去幾天，轉回家，才知你今日要走，也聽說阿海要走。要買點禮物也來不及了。"他說著，從衣袋裡摸出一枝花桿的鋼筆，"只有這一枝，兩個人是不能分的。"

阿寶說："阿叔要送禮，就送阿哥，他會走得遠，我總離得近。"

何望來說："我不這樣想，應當先給你，因為你是女仔……"

符海龍插嘴打趣說："阿叔一向重男輕女的，如今又特別重視婦女，大變化！"

何望來認真地說："阿寶這婦女，比別個不相同，非重視不可的。"他又轉身對阿寶，"到了中專，依舊要用功，苦用功，多爭氣；上完中專，就上大學，上北京的大學去。你曉得嗎，年節到我們這裡搞海洋勘測的工程師，就是清華大學出身的。阿寶，當個女工程師，咱漁家可就光彩了；你阿爸從你生下一百日就帶上你，不易，你做臉，也算他沒有白辛苦一場……"

他說著說著，圍著許多細小皺紋的眼睛紅了。

阿寶聽到這些話，皺皺眉頭，剛要開口，被符阿婆給打斷了。

這位年邁的老人依然很健壯，今朝穿戴一新，喜悅的情緒，忍不住從她那眉眼中流露出來。她嘗到過拿槍人的苦頭，也嘗過拿槍人的甜頭：凡是槍桿被漁霸們拿在手，窮漁人就受苦，因此，她懂得送孫當兵，是最光榮、最重要的事情，怎能不喜呢？

她熱情地對大隊長和阿寶說："正要請你們，來了好。今朝午餐在我這裡吃。"

何望來跟這位老船鄰一向不分彼此，就沒說什麼。

阿寶卻說："阿婆，阿叔饞酒，留下他吧，我須回家，阿爸還有話要對我談，昨晚被人找走，沒談成，這時得去等他。"

符阿婆說："他剛來過這裡，到東島去辦事情，不能相送你們了。"

何望來忽然想起一件事，忙從後跨拉過他的檔袋，掏出一個沉甸甸的紅紙包，說："這是你阿爸讓我捎給你和阿海的。東西都在一起，他說你曉得怎麼分。"

阿寶打開紙包一看，裡邊是一塊藍花布頭巾、兩個貝殼，還有一張疊成三角形的紙條。

站在一旁的符阿婆接過頭巾，抖落一看，立刻就認出了："這是老陳物，是生下阿寶那年，第一次出海回來，你阿爸給你阿媽

買的那條 —— 可惜，她沒見到，她那天被鯊魚牙搶走了，以後……」她說著心酸了。

何望來扯過頭巾，發氣地說：「這阿亮，大喜大慶的日子，給孩子展示這個幹什麼呀！」

阿寶明白阿爸的用心，趕忙把頭巾接過來。她的兩跟，又緊緊地盯著兩顆亮晶晶的虎斑貝殼；心裡忽地一動，想起來了。

符海龍搶先開口：「嗨，這是那年韋阿公犧牲前送給咱倆的。我已忘了，阿叔真有心！」

阿寶聲音發顫地說：「不能忘，要記住，應當永遠、永遠地記住！」

她說著，又打開紙條，上邊是阿爸的親筆字，寫道：

> 你們趕上了大好時光，你們是幸福的。毛主席指示，要取得革命的勝利，必須要文武兩支大軍。你們一個是漁家第一代文化人，一個是漁家第一代海軍戰士，這是你們的光榮，也是你們的義務。……你們是貧下中漁的子孫，是革命的後代，必須不停步地在新的大道上前進，不可在舊的小路上踏步徘徊！
>
> ……

一群青年男女漁民湧過來。

依戀地送別，真情地祝賀。

可是阿寶顧不上跟他們搭話和親熱。她捧著那張紙，一遍一遍地用眼看，一字一字地用心掂。

她的眼前心頭展現著五光十色的畫卷：

金銀島的波濤和礁岩。

金銀島的銅錢和古盤。

金銀島的甘泉井和椰子樹。

還有那歡笑的面孔，戰鬥的硝煙，野花上流滴著的鮮紅鮮紅的血……

三

蕩蕩漾漾的南海之水，好像一幅巨大的藍絲絨，西沙群島就如同一塊塊綴在上邊的綠寶石。

綠寶石般的小島，很自然地分成兩組。這就是從西元七世紀已經被中國的航海家和漁民命了名的"千里長沙"、"萬里石塘"的重要島嶼群。

東邊的一組名叫"寶德群島。"這裡最大的是永興，最高的是石島，最彎長而嬌豔的是東島。另外還有無數沙洲、暗嶼和淺灘，漲潮的時候隱沒，落潮的時候展現，更增加了這西沙大海神秘的、迷人的魅力。

西行數十涅途程的另一組名叫"永樂群島"。這兒的晉卿，琛航和廣金相互雲水牽連；珊瑚、甘泉和金銀彼此抬首遙望。同樣有無數洲嶼出沒，形成一個天然的浩人的弧形的圍障，似海下長城，雄偉絕世。凡是來到這裡的人，沒有一個不為之興歎的。

西沙，是祖國大陸連接祖國南沙群島的中間樞紐。

西沙，是印度洋和西太平洋之間的要衝，是溝通南北的國際航道。

西沙，富有的水底寶藏，是我國發展漁業生產和科學研究的寶貴的試驗場。

當五星紅旗插上海南島的時候，英雄的軍民就懷著自立於世界民族之林的決心和魄力，向西沙進發。他們在毛主席的革命路線指引下，用自己的辛勤勞動和汗水，艱苦地建設著祖先傳下來的、烈士保衛住的這些寶島。

正因為西沙這樣美麗富饒，這樣關係重大，一百多年來，帝國主義的頭子們，如同饑餓、殘暴的豺狼，伸著舌頭，滴著口水，瞪著兩隻貪婪的眼睛，死死地盯著中國的南海，盯著南海的西沙，不斷地啓動它的爪子和牙齒，妄想把中國人民的這些寶島攫取而後吞掉！

黃粱美夢一個個破滅了，又一個跟著一個地做起來。

就在永興島的漁民們，送走上中專求學的阿寶、服兵役參軍的符海龍以後不久，南越當局在他的帝國主義主子指使下，派出軍艦和飛機，像蛆蟲和蒼蠅一樣，竄到西部永樂群島的琛航島附近海面，劫走我國五隻漁船，八十二個漁民，以及許多財物，污染了我們的純潔的領海領空，侵犯了我們的神聖的主權！

中國人民站起來了，中國人民不可辱！

二月二十七日我國外交部發表了嚴重的抗議聲明：

> ……西沙群島是中國的領土。中華人民共和國政府在一九五一年八月十五日和一九五六年五月二十九日對此曾作過莊嚴的聲明。現在，南越海軍竟公然侵犯我國領土主權，劫走我國漁民和漁船，這引起了中國人民的極大憤慨。中華人民共和國外交部嚴正聲明，南越當局必須立即全部釋放被劫走的中國漁民，交還被掠走的所有漁船和其他財物，賠償被劫走漁民的損失，並且保證今後不再發生類似的非法事件。否則，南越當局必須承擔由此而產生的一切後果。

中國政府和人民的正義呼聲，受到全世界革命人民的全力同情和支持。南越當局理虧心虛，不得不乖乖地放回我們的漁民和漁船。

遭劫的漁船裡，有一隻是永興島向陽大隊的。

這一天，全島軍民歡欣鼓舞地湧到碼頭上，迎接勝利而歸的親人們。

經歷了風暴衝擊過的帆船，鼓滿了強勁的東風，像一頭雄獅，在莽莽草地奔馳，劈湧斬浪，衝向島邊。

英雄的健兒們激動地站立在船頭，有的張開雙臂，有的揮動著大手，有的搖擺著帽子，齊聲歡呼。

岸邊的社員們，戰士們，還有幹部們，跳躍著，高喊著。有的年輕人，等不及船頭靠岸，就跳下海去；水花在他們身邊激動地飛濺起來。

第一個從船頭跳上岸邊的是一個年近六旬的老人。

他那檀木一樣顏色的胸膛硬棒棒地挺著。

他那刻滿皺紋的臉孔驕傲地笑著。

他那鐵錨一般的大腳，穩健而又有力地邁動著。

他被震耳的歡騰聲浪包圍了。

他被滾熱的手臂抱住了。

他用一種海嘯似的粗獷聲音，向親人們控訴起南越當局的累累罪行。

"……這些烏龜仔們，用毛巾矇住我們的眼，把我們運到峴港，關進監獄。先對我們來硬的：拿槍嚇唬，拉到毒日下曝曬。中國西沙的漁民，骨頭是硬棒的，不怕這一套，接著他們又使軟的，單個叫到小屋裡，敬酒，塞錢，嘻皮笑臉說好話聽。中國西沙的漁民，靈魂是乾淨的，不吃這一套！把他們急得乾瞪眼……"

一個名叫鄭太平的面色嫩白的小青年挺好奇地問一句："黎阿伯，他們為什麼要這樣對付你們呢？"

黎阿伯憤憤地說："狼心狗肺！他們妄想煽動我們背叛祖國，讓我們把西沙各個島子上有什麼機關，有多少軍隊，有哪種武器，告訴他們……"

眾人一聽，都憤怒地吵嚷起來：

"這是刺探情報！"

"真下流！"

工委書記程亮，代表西沙的黨政軍民跟勝利歸來的同志們熱烈地握手。他說："你們在這場複雜的鬥爭中表現得很好！不愧是社會主義西沙的新漁民，為祖國增了光，為全世界革命人民爭了氣！敵人是不會接受教訓、改邪歸正的，他們還得搗亂！我們要把憤怒變成鍛鍊咱們志氣的烈火，變成大躍進的力量，把西沙建設成堅不可摧的鋼鐵的南海長城！」

黎阿伯忍不住地插一句：「對啦，我一路上就打下了這樣的主意！」

程亮繼續說：「工委領導決定，支援你們大隊建網廠、造機帆船，大幹一場！」

眾人聽了，一齊歡呼起來：

「太好了，太好了！」

「用我們的新勝利給反動派一點顏色看看！」

黎阿伯一把扯住程亮的手：「我先報名。等新船造成，讓我跟上幹。我要把剩下的力氣都掏出來，在西沙搞社會主義，跟烏龜仔們拚到底啦！」

大隊長何望來在一旁說：「贊成，贊成。我推舉你到新船上掛帥領兵！」

程亮也說：「老將出馬，一個頂倆。除了自己幹，也要給咱西沙培養一批年輕的抓魚能手、鬥敵的硬漢。我相信你能幹得好的。」

碼頭上一片歡騰，控訴南越當局的罪行，表示保衛、建設西沙的決心，人人渾身長勁頭。

可是，許多人沒有留神，這裡有兩個異樣的人。

一個名叫鄭安。老中漁，小個子。遭劫前身體挺結實，經過這一場事故，圓臉變成長臉，小眼睛變成大眼睛。

他對那個替他拿行李、比他高一頭的兒子鄭太平，悲切地小聲說：「這回我算揀了一條命，差一指見不著你的面啦！」

鄭太平說：「開頭幾天我們也很著急，程亮阿叔開導我和阿媽，說南越不敢輕易殺害你們。」

鄭安一擺手：「算了吧。那雪亮的刀子都逼到胸口，差一指就進去了。"

鄭太平說："回來就好，回來就好。"

鄭安歎口氣："老天保佑，往後再別讓我遇見那些魔鬼害人蟲。"

在這父子倆身邊站著的獨眼蟹，是另一個異樣的人。

他也變了，變得胖了，變得神氣了；他好像沒有被劫持而是去療養院住了幾日轉回來。

他在人群裡故意扯開嗓子大罵南越："小小南越癩皮狗，不是人養的，成不了大氣候，掀不起風浪；我們這麼強大，根本就怕不著他們……"

他的聲音雖大，卻被眾人的聲浪所淹沒。

只有程亮瞥他一眼。

獨眼蟹怕這雙眼睛，心裡打顫，更用勁地大罵南越："南越西貢這些龜仔們，這回我算跟他們結下了不共戴天的冤仇……"

西沙漁民們激動的、歡快的聲浪，跟大海巨大的呼嘯匯合在一起，又一次把他的嘶叫淹沒了。

四

獨眼蟹回到他的茅寮裡。

劫持事件在西沙漁民中激起這樣大的憤慨，又化成這樣高的建設社會主義的熱情，是他意料之中，又好似意料之外；他的心裡邊翻覆著各種滋味。

進了他的家，他又變得高興了。

幾年來，他忍氣吞聲，裝腔作勢，暗暗地焦急地等著變天。可惜，天雖然在急速變化，卻一個勁地朝著窮漁民更有利的方面變，朝著他獨眼蟹這種人更有害的方面變 —— 西沙的社員們越來越開心，他是越來越難受的。在他漸漸感到夢想如煙消雲散般地渺茫起來的時候，天助一臂，把他推到南越特務面前……

他關了木門，齜牙咧嘴地對女人說：“笑吧，這回咱們可熬到出頭之日月。”

女人說：“人家像火上加了油，越幹越歡，咱們等著倒楣吧，不用想出頭日月！”

獨眼蟹解開破褲子，從裡邊掏一大把人民幣，“趴”地往竹床上一摔：“看看，看看，這是什麼！”

女人一驚：“哪來的？”

獨眼蟹低聲回答：“西貢人給的。”

“全都領了賞？”

“我獨一個。”

“你？”

“唉。這些年，咱們日夜盼著蔣介石反攻大陸，好重新上臺。哪料到，他像死了一樣，丟下咱們不管，多難受！這一回，真是柳暗花明又一村，一灶死灰又冒火星 —— 找到了親人！”

“那不是敵人嗎？”

“你呀，見識短。凡是程亮他們那種人的敵人，就是我們這種人的親人。”

“外國人怎麼成了親人？”

什麼裡國外國。南越西貢的頭目，跟蔣介石是一奶同胞兄弟，跟咱們親。他們這會兒正看著西沙眼饞，要奪到手裡，我想來個借刀殺人，拚出一條活路：先投奔他們，再讓他們把我送到臺灣去……

女人明白了，渾身卻直打顫，說：“你要小心些，程亮可不好惹呀！”

獨眼蟹聽到這句警告，立刻想到剛才在碼頭上，程亮向他投過的銳利目光。

他說：“你這個想法要緊，快收了錢，我得走到他前邊堵住漏……"

"嘭嘭嘭",有人用力地敲打他的門板。

獨眼蟹等女人收了錢,又讓自己穩穩神,這才應聲去開門:"哪位呀?"

外邊傳來鄭安的男仔鄭太平的聲音:"快些,快些,程亮書記讓你去辦公室一下。"

獨眼蟹急忙拉開門,上下打量這個顯然有幾分高興神色的年輕人,就問:"為啥讓你來叫我呢?"

鄭太平回答:"書記剛跟我和阿爸談了話。"

"都談了什麼呢?"

"讓我學開機器船,在西沙紮下根……"

"你是個念過高小的學生,在西沙紮下根?你阿爸能贊成嗎?"

"我阿爸怕留在這裡有危險,想打發我進城當工人;經程亮書記一說服,他也同意了。"

"唔……"

獨眼蟹背著雙手垂著頭,慢慢地往工委辦公處走。

他把鄭太平透露的消息跟程亮上午在碼頭公佈的開發建設西沙的宏偉計畫聯結在一起,不由得打個寒顫。他明白了程亮的用心。程亮的用心,跟他獨眼蟹要開始的新追求是水火不容、針鋒相對的。

他暗暗地咬牙切齒:"哼,你想讓窮漁民的仔們在西沙紮根?你想死保住這個寶地?"

他痛苦萬端地搖搖頭:"唉,西沙有程亮,我的船就難開,我的打算就難成功呀!"

他走進辦公室。

一陣勝利者的歡笑震耳。

一股熱氣騰騰的氣氛撲打臉孔。

程亮坐在靠窗的地方，好幾個幹部圍著他。裡邊還有大隊的何望來和剛轉回的黎阿伯。

獨眼蟹左右看看沒他的位子，就坐在門檻上了。

程亮停住對眾人的談話，轉臉衝著獨眼蟹，目光銳利、口氣平和地說：「讓你來匯報一下被劫持後的情況。」

獨眼蟹趕緊開口：「我們當時正在洋面上作業，南越的大軍艦 —— 好大的傢伙呀！大軍艦朝我們撲過來，讓我們跟他們走。黎阿伯抄起魚叉要拚，他們跳過船來，把黎阿伯和我們一個一個拴綁得牢牢的，又把我們的眼睛矇個死死的……」

程亮打斷他的話：「請你講講，他們對你進行非法個別審訊時候的詳情……」

獨眼蟹心頭一悸，立刻又鎮靜下來，故意皺眉、咧嘴，用一種哭腔說：「烏龜王八蛋們虐待我，用皮鞭抽打我，問我西沙各島子上有多少軍隊，有啥工事；問我中國政府有啥打算……」

「你如何回答的呢？」

「我說，唉，我一個抓魚的，哪知道這些？」

「又講了什麼？」

「我死不開口。我再落後，還是愛國的，我絕不能給中國人丟臉面！」

「要跟你說明白，我們對你回答的這些話，是不能完全信任的！」

「這我就沒辦法洗清白啦！」

「完全有辦法，那就是用你從今以後的行動來證明！」

獨眼蟹渾身發涼，下意識地瞥了程亮一眼。

他看到一張赤紅的臉，一雙明亮的目光，緊閉著的堅強的嘴唇……

他又看程亮一眼，忽然，他發現這位掌握著西沙大權的共產黨的領導幹部，兩鬢已經花白，額頭的皺紋也加深了許多 —— 他那冰冷的心，像死灰的餘燼一樣，一閃又一亮：啊，啊，程亮老了，他操心又費力，比我老得快，我能熬過他，我有出頭之日……

獨眼蟹準備在這裡泡下去。

程亮心裡早有數：獨眼蟹這種人，如果在敵人面前搞了出賣勾當的話，是絕不會輕易吐露的，警告一番，以後多留心觀察，目的就達到了。於是，他果斷地一擺手說：　"你回去休息吧。再想想，有什麼說的，找治保委員，找大隊長，到工委找我都行。"

獨眼蟹說：　"天地良心，天地良心，該說的，我全吐淨了……"

程亮一擺手，說：　"算了吧，我們不求你，也不強迫你。黨的政策你懂得，無產階級專政的威力你也清楚，走什麼道路你自己選定吧！"

獨眼蟹腳步紊亂地走出辦公室，臉上的皮肉縱了縱，肚子裡生發出一條新的毒計！

五

西沙的人民，把怒火化成了力量。

永興島上大躍進的氣勢，像南海的潮水一般，猛升猛漲。

向陽大隊新建立了網場。網場織新網，精織最上等的大魚網！

向陽大隊新建立了船場。船場造新船，試造大號的機帆木船！

向陽大隊擴充了民兵。擴充的民兵都是最強壯的小夥，日日夜夜操練忙。

開發金銀島的捕撈小隊也成立了；機手鄭太平也托海軍給培訓好了；單等新船造成以後就出航。

人人意氣風發，鬥志昂揚，都要為保衛西沙、建設西沙出力氣、立新功。

有一天，發生一件出人意料的事情：黎阿伯爲了機帆船的問題，跟鄭安爭吵起來，鬧得滿島子亂哄哄。

何望來趕到船場，硬把他倆拉到大隊部辦公室，進行調解。

他說：“如今各島各船上的人都借東風、鼓幹勁，比過去團結得更緊密，咱隊的生產就要躍上去了，一切都太太平平的，你倆爲何自起矛盾呢？”

黎阿伯火沖沖地指著鄭安說：“他家的男仔太平，是大隊決定，選送到海軍那裡訓練成機手的；還沒有上陣，他就指使男仔繳械不幹了！這不是敲咱人民公社的船底吆？”

鄭安理直氣壯地說：“老哥，話不能這麼講。如今大躍進，要使機器行船抓魚了，漁業社用不了好多人手；城裡呢，要大發展，忙著招新工，趕鮮去，就能當幹部，再遲了，就是工人 ── 人往高處走，鳥往高處飛，船要順風行，誰不想要自己的仔進步呢？”

黎阿伯說：“你這些全是糊塗話，是攪亂人心！”

“嗨？前有船行，後有航道，又不是我一家，爲何抓住我不放？”

“你睜開眼看看，咱向陽大隊，沒有幾個像你這樣的人家！”

“莫打包票，大隊長的女仔亞娟，也不在這裡幹了。”

何望來一見把自己牽扯進去，就忙解釋：“我不知道此事的，不會吧？她可能還想考中學，又想到海南尋問尋問。再說，她並不是機手呀！”

鄭安有意拉個伴，不會輕易放手的，就接著話口說：“亞娟還拉上一個女伴哪！……上中學，找工作，都爲了給國家效力，這是沒有什麼過錯的！”

黎阿伯著急地說：“沒過錯，沒過錯，全都走了，我們的新船還出海不？我們金銀島的漁場還要不要開發？我們跟敵人的這口氣還爭不爭？"

鄭安不以為然："這話不能對我講。我不是當幹部的，我只管我一家人不走偏道、不觸礁石就夠了。"

黎阿伯大手一擺："算了吧，你這樣胡來，就是帶著一家人走邪道、碰礁石哪！"

鄭安氣了："你不要扣帽子！"

何望來趕忙拉住他們："莫吵了，莫吵了。這次造機帆船捕魚，是咱向陽大隊開天闢地第一次，是咱全西沙的大事情，是我們大家臉上有光的事，可不能落了空。太平是機手，萬萬不能鬆手走掉。你快回家勸勸他，去上班！"

鄭安說："勸不了啦。"

何望來說："我幫你去勸。他會聽我的話。"

鄭安說："他們清早就搭貨船走了……"

何望來一拍手："真自由主義！誰允許的？"

鄭安翻白一下眼睛說："我見他跟亞娟一夥六個人同行，就放下心，也就沒有再來請假。"

何望來的喉嚨被噎住，說不出話來。

黎阿伯又怨又怒地說："哎呀呀，一走就是六個，一走就是六個，如若後邊再有人跟著他們的船尾搖櫓柄，咱就要唱空城計，是存心要把西沙群島扔掉嗎？"

這番話非常有力地撞擊在何望來的心上，臉上一陣陣發白。

他顧不上對別人解勸，也沒說句收尾的話，就慌亂地跨出辦公室，急步地朝工委辦公處走。

自從程亮的女仔阿寶上了中專以後，何望來的女人的心裡就漲了潮，逼著女仔亞娟去考學，催促何望來到海南去托朋友、找門路。何望來當時雖然沒有明確表態，可是，他內心深處跟女人是同搖一把槳的。他就一個女仔，他多麼希望女仔像阿寶一樣有出息，一樣踏上美好的前程！因為這是他的光榮，也是他的安慰……

他歎口氣：沒想到，自己一放任，被鄭安抓住了小辮子，給當前正開展的工作造成了被動；或許，真像黎阿伯說的，再有人跟著搖櫓柄，一直拿優勝紅旗的向陽大隊，就要落在後邊啦！

他到了辦公處，見程亮的屋門鎖著，又去找秘書：「喂，老程哪？」

秘書說：「三天三夜沒有回來了。」

「到何處去了？」

「到各島和洋面上找被南越劫持過的漁民做工作，點火鼓勁，給大躍進助威！」

「有造成的機帆船嗎？」

「好幾對都成形了。」

「這麼快？」

「你們得猛追，爭取第一個把船開出去呀！」

何望來有苦難言，皺皺眉頭，往回轉。

他的心更沉重了，腳步越來越遲鈍。

藍澄澄的大海，在他的面前翻卷著銀白的浪花。

浪花中，點點漁帆在移動。

大躍進的東風，在西沙永興島上遇到了一股邪氣的阻力。那麼，最後的結果，到底誰壓倒誰呢？

六

黃昏後，一灣漁火，一岸清風，一村炊煙摻和著花與果的香氣，還有人們的歡聲笑語。

程亮從向陽大隊的隊部出來，舒展一下腰肢，吸了口新鮮空氣，往他家高足屋走。

他一直在各島上開展工作，有兩個多月沒回家了。他想把竹床刷洗刷洗，吃些飯，裝些煙葉，再去向陽漁村參加黨支部委員會，幫助大隊把近幾天刮起來的一股歪風煞住，把幾個盲目外出的青年動員回來；再趁此機會，把社員的革命勁頭鼓得足足的，把躍進的氣氛搞得濃濃的，奪取保衛西沙、建設西沙的新勝利。

他穿過一行椰子林，又繞過兩叢香蕉樹，發現屋裡閃著燈光，不由得遲疑了一下。

他立即又加快腳步，進了屋。

他首先發現整個屋子變了樣，瞧見裡間屋那張一直空著的竹床上放著一個行李，還有用網袋裝著的一隻紅花面盆，地下有一捆書籍。

他一轉身，看到外間屋方桌上有兩個盛菜的盤，盤上扣著碗，那飄著油珠的菜湯，從邊沿溢出，冒著熱氣。還有兩隻飯碗，兩雙筷子，擺在那裡。

他走到桌跟前，又看到桌的另一端，放著一方疊著的藍花頭巾，上邊托著一顆亮晶晶的花貝殼。

他忍不住高興地自言自語："哎呀，阿寶回來了，阿寶回來了！"

他轉身往外跑，剛到門口又停住。

女兒披著月光，踏著樹影下的小草走來，登上了木梯，邁進了門口。

幾個月不見，女兒好像猛然長高了，長壯了，健康的紅臉，彎細的黑眉，明亮、深沉的眼睛，秀氣的中等身材，穿著印花的小衫、肥角的褲子、青布的鞋子；兩條長辮在她的背後，隨著腳步很神氣地搖動著。

女兒一手提著瓶子，用另一隻手扳住阿爸的肩頭，臉兒貼在阿爸的胸前，跟阿爸親熱著。

程亮撫著女兒滿頭烏黑的頭髮，心裡非常激動：他彷彿第一次感到女兒已經是個大姑娘了，已經長成人了。

「阿爸，你好嗎？」

「很好，很好，你呢？」

她舉了舉手裡的瓶子說：「我更好。你看，我給你買了酒。」

程亮說：「你應當再買些糖果，我沒準備下。你是喜歡的呀！」

「阿爸，你為什麼總把我當小仔看待呢？」

「在阿爸面前，多大也是小仔。」

「不。今天，我要跟阿爸平等地談一些問題。」

「阿寶，阿爸對你何時不平等過呀？」

「我是說，像革命的同志那樣。」

這句話打動了老書記的心 —— 胸口湧起一股熱浪，一直溢到喉嚨。

他終於嚴肅地微笑著，向女兒點點頭：「好吧，好吧，一個共產黨員，一個共青團員，一個階級，一條戰線，應當是同志嘛。」他坐下來，又說：「我總可以先問一聲吧，你為何把這些東西都搬回家來？現在並不是假期，也不是什麼節日呀！」

阿寶沒有立刻回答，只是天真而又神秘地朝爸爸微微一笑。

她放下酒瓶，揭開盤上的碗，說：「阿爸，看菜都冷了，我們一邊吃，一邊談好嗎？」

「可以的，可以的。」

他們開始用飯。

程亮接過女兒斟滿的一杯白酒。

「阿爸，我想跟你探討一個問題 —— 什麼樣的人才能成為祖國最可靠最有用的人材呢？」

「首先必須是一個從心裡熱愛社會主義祖國的人。」

那麼，一個人，連生他的家鄉、養他的南海、供他吃穿讀書的勞動者和勞動都鄙視，他能成為一個從心裡熱愛社會主義祖國的人嗎？"

"不能。對的，肯定不能！"

"如果他熱愛生他的家鄉、養他的南海、培育他的勞動人民，這種感情一分一毫也不改變，這算不算兩個多月前，你送我入中專的時候所說的：在革命的新的大道上一直前進呢？"

"算的。對呀，算的！"

"阿爸，我要做這樣的人，你高興嗎？"

"當然。"

"阿爸，我如今回漁村來了。"

"回漁村？"

"對。我已經申請退學了，要回來當漁民，參加建設西沙保衛西沙的革命大軍……"

程亮愣了一下，仔細地看看女兒臉孔的表情，問："你怎麼想到這一步的呢？"

阿寶抑制著激動地心情，慢慢地回答："理由是很多的。首先因爲我從小就立下志願，要把西沙先烈們的光榮革命傳統接受下來，發揚下去，要把先烈們用鮮血和生命保衛的南海西沙牢牢地守住，建設得更美更好……"

"你當初對升學是很高興的呀！"

"當時真高興。我本想多學點科學文化知識，再回西沙出力氣。可是在學校這幾個月，使我漸漸看清楚，他們往我頭腦裡灌的，不是建設西沙、保衛西沙的知識和思想，給我領的路子不是越走離西沙越近，我還看到，有的同學經過他們的調理，一心只想搶著升學、當工程師，有的考不上還哭鼻子，或者托親求友，在城裡找工作，千方百計地不回漁村抓魚……這些使我對這樣的學校起了疑心。我仔細想想、考慮，覺得青年人裡邊流傳著這種風氣和行爲，恰恰是你說過的，是在舊的小路上踏步徘徊！我要走跟他們相反的路！"

　　程亮又問女兒：“阿寶，，這些就使你決定要回漁村當漁民嗎？”

　　阿寶搖搖頭：“開頭我沒有下這個決心。”

　　程亮越發有興致地接著問：“後來呢，是什麼力量把你推到這條路上了？”

　　阿寶不由得提高聲音回答：“是南越反動派劫持我們漁民的事件！”

　　“是這樣呀？”

　　“黨和人民需要就是前途；現在西沙的革命鬥爭最需要我！”

　　“是需要你，需要大量大量的革命青年！”

　　“對，對，最後，我就這樣決定了。我要在實踐中學習知識、增長本領，一輩子生活、戰鬥在祖國的南海西沙，絕不允許帝國主義和他的走狗在我們的大海上任意地胡作非爲！”

　　程亮聽到這裡，激動地站了起來。

　　啊，在我們這嶄新的、戰鬥的、蓬勃向上的時代裡，生兒育女不足爲奇，種瓜得瓜不以爲罕，只有一個無產階級革命者，他的信念、理想、精神和意志在後代身上得以繼承、發揚的時候，這才是最大的幸福 —— 因爲這是他的階級的勝利！

　　他望著女兒那張開朗的、熱情的面孔，一字一句地說：“阿寶，阿爸完全支持你的行動！”

　　阿寶抱住阿爸的胳膊：“我相信你一定支持我！”

　　“無保留地支持！”

　　“好阿爸！”

　　“可是，阿寶，我還要批評你一句，可以嗎？”

　　“可以。”

　　“你剛一進屋的表現，顯出對阿爸還不夠無保留的信任，對嗎？”

"當我悄悄地把自己打算告訴幾個要好的同學的時候,他們都大驚小怪起來,說我發了瘋;校長還親自主持團支部會,批判我思想落後;老師找我談話,說這一次是決定我前途命運的大事情,你阿爸是老幹部,對你抱著很大希望,不會同意你的打算……我把這些都不放在眼裡,跟他們猛辯論,全給頂住了!"

"你頂得好!"

"他們拿我沒辦法,最後校長親自寫了信,讓我帶給你。"

阿寶說著,從床頭背包裡抽出一封信,遞給阿爸。

程亮接過來,打開一看,微微一笑,又還給阿寶。

阿寶看見上邊寫著這樣一段話:

> 我校本來名額有限,為了照顧西沙這個偏僻的地區,也出於對您這位老革命幹部的尊敬,千方百計才把阿寶安排上的。該生各方面都非常優良。我們曾內定將來保送她上大學深造,前途將是不可限量的。可是,十分的令人遺憾……

程亮微微一笑說:"前邊有這麼多的周折,我就不怪你了……阿寶呀,你阿爸是共產黨員,是毛主席教育下生活、戰鬥在社會主義戰場上的革命幹部,凡是革命的向上的行動,我都有支持的義務,沒有拖腿的權力!你應當信任我……"

"阿爸,說真的,今日,我又進一步地瞭解了你,你真是無私的。"

"阿寶,阿爸還是要繼續革命的。你比阿爸進步快。我本來正為你所說的那樣的舊習慣勢力煩惱著,你卻向它猛烈地衝鋒開火了。你知道嗎,連你阿來叔家的亞娟都要離開我們的戰場……"

"阿爸,我已經在半路上把他們六個截擋回來五個,只有鄭安的男仔不肯回。"

"是嗎?"

"看樣子回來的人思想並沒真通,可是被我說得不好意思了。"

程亮更加激動地說：“看看，你幹得多麼堅決，比我們先進多了。阿爸要好好向你們新一代學習呀！”

阿寶不好意思地晃著頭：“阿爸，你說得太過分了吧？你為什麼這樣說呢？我還是幼稚的呀！”

程亮誠懇地說：“你剛才不是要求和我作一番同志式的談話嗎？同志間，就不能分長輩晚輩，誰做得符合毛主席的教導，符合革命的利益，就應當虛心、誠懇地向誰學習。在這一點上，在我們這個家庭裡，也要堅持這個新的規矩，好嗎？”

阿寶想了一下，朝阿爸點點頭。

程亮說：“我還有個想法，提出來供你參考。在革命的新道路上一直前進，光是獨自行走是不行的；要把眾多的人都團結起來，擰成一股勁，舊勢力的阻攔才能突破，新西沙才能建成，革命的目標才能走到底！你這次回西沙的行動，一定還要遇到礁石湧浪，不會一帆風順！”

阿寶說：“你看得極對。我想到這一點了。我的回答只有一個，更勇敢，戰勝它，定要在西沙青年裡邊開一個新風尚！”

父女兩個，共坐在油燈之下，熱烈地暢談了很久。

七

阿寶一覺醒來，第一個念頭就是趕快去找亞娟談談心，把她說服了，再一起去說服另外的幾個夥伴，把眾多的人團結起來，組成一隻浩浩蕩蕩的建設西沙、保衛西沙的革命大軍。

可是她沒有馬上起床，怕驚動阿爸。阿爸夜裡在向陽大隊召開支委會。她睡下的時候都過了半夜，還沒見阿爸回來。

她躺在床上，冷靜地想了幾個說服亞娟的具體辦法；仍舊聽不到外屋的動靜，就輕輕地撩開帳子，探頭一看，阿爸那屋沒有人，帳子已經掛起，棉絮疊得整整齊齊。

她一邊下床一邊想：阿爸一夜沒有回來嗎？

她走到外間屋，見桌子上放著一本《毛澤東選集》，一個眼鏡盒；再看看燈盞，裡邊的油都熬乾了。

她的心裡熱乎乎的，忍不住用手輕輕地撫摸書本。她又想：阿爸一直堅持著他的好習慣，遇到什麼問題，開展艱鉅的工作，總要事先讀毛主席的書，從偉大領袖的教導中尋找方向、方法和力量；我從今天起走上新的戰鬥崗位，開始了新生活的第一步，在這方面也應當學習阿爸的樣子。

她坐下來，打開書，翻到《青年運動的方向》一篇。她見上面用紅鉛筆劃著許多重點符號，可見阿爸昨夜學習的也是這一篇。

她讀了一遍，思考一陣，又讀一遍，這才洗臉、梳辮子，又滿懷信心地往外走。

野草剛剛放開鮮亮的花朵。

椰樹葉輕輕地滴下露珠。

爬滿豆莢秧蔓的籬笆下邊，有幾個羽毛美麗的雞婆和幾隻肥大呆笨的白鵝在遊逛著、啼叫著。

阿寶走到何家的屋外，就感到了一種緊張的氣氛，接著，又聽到何嬸數說亞娟。

何嬸怒氣地說："阿寶說什麼你就聽？她管得著咱家的事情嗎？"

亞娟小聲地分辯："她說的有道理。"

"道理誰不會講幾句？你的嘴呢？"

"我講不贏她……"

"講不贏她，你往我們身上推呀，就說你走是我的主意。讓她找我來，看我不把她罵出去才怪！"

阿寶聽到這裡，腳步有些沉重，就停下，皺著眉頭想：怎麼辦呢，是進，還是退？進去，肯定要吃一場無趣，可是退呢？

她想起昨晚阿爸囑咐的話：你這次回西沙的行動，一定還要遇到礁石湧浪，不會一帆風順……她立刻鼓勵自己：這是鬥爭，這是戰場，只能前進，不能後退！

她一鼓勇氣登上木梯，進了屋。

亞娟剛起床。這個比阿寶小幾歲的姑娘，長得胖呼呼的，人也滿靈俐，只是有些嬌氣和軟弱。她本來跟阿寶很要好，每當阿寶回西沙過寒假、暑假的時候，兩姐妹總是廝守在一起。她跟阿寶學了不少的東西，阿寶對她具有很大的影響力量。因此，昨日在中途相遇，阿寶一勸一攔，她就第一個跳船換乘，轉了回來。正像阿寶估計到的那樣，人轉了彎，思想並沒轉彎，心裡又矛盾，又難受。這時間，她見阿寶走進屋，不由得一陣驚慌，恐怕阿媽說出難入耳的話，碰到阿寶硬性子，十之八九要吵翻的。於是，她急忙站起身，扯住阿寶的手，往外拉：「阿姐，我正要找你，到你家去談吧。」

阿寶明知亞娟有意給她安排後退的腳石，她偏不後退而向前，輕輕地推開亞娟，平平靜靜地朝何嬸說：「阿嬸，我來找你談談心……」

何嬸坐著不動，沉著臉說：「好吆，我倒要看看你的好心意。」

阿寶不緊不慢地說：「昨日，是我把亞娟妹從途中擋回來的。……」

「她要上中學去，你懂嗎？」

「她並沒有被正式錄取呀！」

「她阿爸縣城有朋友，答應到中學去給疏通！」

「這是不正當的做法，幹部不該做。我看，疏通不成；就是成了，我也要帶頭反對！」

「好厲害！你有權上中專登高門，我女仔就無權上中學了嗎？」

亞娟受不住，忙阻攔：「阿媽，你和氣些……」

何嬸不肯聽,聲音更高了:"我倒要問個底,這是爲什麼?上中學犯罪嗎?"

阿寶說:"這個底十分清楚,我就是來對你講的。你讓亞娟上中學不犯罪,你讓她上大學也不犯罪,必須是爲革命需要!可是你相反。你讓她鄙視漁村,鄙視南海,鄙視勞動和勞動人民,丟開建設西沙、保衛西沙的責任心,這是忘本的,也可以說是罪過!"

何嬸跳起來了:"這樣的章程在何處寫著?"

亞娟被夾在兩個人當中,急得要哭了:"阿姐,莫理她,咱們快快躲開她……"

阿寶推開亞娟拉扯她的手,說:"不能,鬥爭是不能躲開的,躲開就不能勝利,而是失敗!"她轉身對何嬸,"你問這章程在何處寫著嗎?在這裡。"她說著,打開手裡拿著的藍花頭巾,"這是當年我阿爸給我阿媽買的,她沒見著就死去了 ── 這前前後後的事情,你比我清楚!那時候,海南的大地,西沙的大海,是什麼樣人的天下?在那個自己祖國的領土失去主權的時候,我們貧苦漁民,我們漁家的婦女,有半點生活的權利嗎?你家有一隻船嗎?你家有一間避雨的屋嗎?你有一點自由和幸福嗎?你被窮苦逼得進了鯊魚牙的院裡當洗衣婦,我阿媽被日本侵略者搶去當奶媽……"

忽然,門外傳來"嗚嗚"地哭聲。

旁邊有人勸解:"阿婆,你莫要這樣呀!"

屋裡的人急忙迎到門口觀看,才見到站在外邊的是白髮蒼蒼的符阿婆和大隊長何望來。

兩個女青年急忙跑去攙扶老人進屋。

符阿婆被扶坐在竹椅上,兩隻昏花的眼睛紅紅的。她把屋裡的每個人仔細地看一遍,拍著阿寶的手說:"孩子,你講的話,我全都聽到了,你講得對,講得好。我們今天陸上一寸土,海裡一滴水，桌上一餐飯，都是得來不易的！我們切不可忘了根本，不能嫌棄咱這社會主義天下的新漁村，不能丟開南海西沙⋯⋯本來，阿來是請我到這裡幫他勸你和你阿爸的，倒讓你先把我勸活了。阿寶，你是對的。」

阿寶激動地說：「多謝阿婆，多謝阿婆！」她又轉身對何望來說：「阿叔，你是領頭的幹部，又開了支委會談過心，你為什麼還不通呢？」

這時候的何望來，面對著晚輩人更是有口難言呀！

亞娟和幾個青年意外地從海南島轉回西沙，給他解了圍，使他能伸出舌頭說話了，使他能挺起腰桿抓工作了。可是，他肚裡的小角落還結著一團疙瘩。

他看阿寶一眼，十分難為情地說：「講實話，對眼前鬧騰的這場事情，我通了一半。亞娟不該逃避漁村，因為她沒有上那麼多年學，也沒有考上中學。你阿爸批評我是對的。社員們不滿意我也應該。平時，我和你阿嬸對亞娟的家教不好，沒幫她安心建設社會主義的新西沙。往後我要說明她⋯⋯」

阿寶高興地點頭：「這就對了。你還有哪一半沒通呢？」

何望來說：「為你，你上了中專，不應當退學。」

何嬸聽了一愣，忍不住地問阿寶：「你不打算再去上中專了？」

阿寶肯定地說：「不是打算，而是堅決地不上了。」

何嬸吃驚了：「喲，這是為什麼呀？」

阿寶說：「為的是建設南海、保衛西沙，為的是走咱們社會主義的漁民應當走的大道；為的是走咱們新時代的婦女應當走的大道，為的是爭口氣！」

阿嬸眨著眼，不知如何說。

何望來接著講：「阿寶，應當上中專，這個樣子光彩，這口氣有力，因為這個對國家貢獻大⋯⋯」

阿寶打斷何望來的話說："你後邊這句不是真心的……"

"你也這麼不相信我嗎？"

"阿叔，我揭你的老底吧。兩個多月前，我上中專去，你就明明白白地說過，念書，就是爲了當工程師，當幹部，不再留在漁村受苦！"

亞娟在一旁揭她阿爸一句："他前不久，還對我說過這樣的話……"

阿寶大聲說："阿叔，看看，你這不是老病根沒除嗎？看法、做法都是非常非常錯誤的，一個革命者不應當有這樣的思想和認識。"

何嬸見男人還要爭辯，就忙說："算了，算了吧。連人家阿寶這樣的人材，都在陸上的大城市找到了高樹枝子還不去登攀，甘心往咱西沙漁村飛，我們爲什麼還要把女仔往外趕呢？"

符阿婆說："這話有理，阿來你快通吧。"

何望來垂著頭，抱著竹煙筒抽煙，不再爭論了。

何嬸這才顧上給客讓坐、倒茶，爲了調和一下剛剛的緊張關係，又不好意思地對阿寶說："阿寶，說真的，不論你阿叔，還是你阿嬸我，腦筋許是沒你靈，倒是實心實意真疼愛你們的。"

阿寶卻不肯含糊地說："我們很需要長輩的疼愛。拿我來說，一百天就死去阿媽，要不是阿爸，還有在座的阿婆、阿叔和阿嬸的疼愛，要不是許多革命前輩的疼愛，我能活到今天嗎？我們長大了，不是爲享受而活著，而是要爲革命活著。"

她說著，邁一步，站到何望來跟前，深情地說："阿叔，我們趕上了新時代，新社會，革命先烈給我們開闢了這美好的前程，我們有什麼理由不往前走，而往後退呢？我誠懇地要求你們這些長輩，幫我們在新的革命大道上一直前進，別拖著我們到舊的小路上徘徊！"

這番話觸動了何望來的心，使他真正地苦思起來。

八

在西沙群島回到人民的懷抱，又經歷著一個關係重大的歷史事件的時刻，它的後代阿寶毅然地勇敢地來參加戰鬥。

阿寶的行動，像一聲春雷，震動了永興島。

永興島上的空氣一下子變了，每一個人都在心裡掂量著阿寶這個行動的分量。

男女漁民們發出由衷的讚美的聲音：

"阿寶真是個好樣的，不虧是個革命的後代！"

"阿寶這個帶頭作用起得太好了，給你們領了航。"

"這一來，歪風邪氣不用再想抬頭！"

"咱們也要向人家學習，為大躍進拚命呀！"

……

阿寶和亞娟在海灘上走著的時候，聽到了人們對她的議論。

阿寶感到這是群眾對她的支持和鼓勵，堅定了信心，長了勁頭。

她倆已經跟那幾個被"阻攔"回來的夥伴和家長談了心，都得到了成功；這會兒，到處找鄭安，要設法攻破最後一個堡壘。

網場的人告訴她們，鄭安跟黎阿伯一夥到石島去了。

阿寶對亞娟說："我們到石島去！"

亞娟說："程亮阿伯說，要借風使勁，開青年會歡迎你，還有我們……"

阿寶想想；說："你參加會去吧，我獨自去找鄭安。"

亞娟說："你是主角呀！"

阿寶推她一把："我們都是主角。你已經瞭解了我的心意，你能代表我……"

"你起碼要對大家表表態呀！"

“用嘴表態，不如用行動回答！”

“你已經有行動了。”

“行動剛剛開始，艱苦的步子還在後邊。眼前的重要一步，就是要把鄭太平找回來，團結住！”

亞娟還有些猶豫不定：“聽說符阿婆還要給你戴一朵光榮花哪！”

阿寶推著她說：“爲了戴花，我更可以不參加了。你快去吧。跟大家說說你的認識轉變過程，讓那些腦殼裡還存在你過去那樣思想的人，也提高認識，也轉變，這就是最好的光榮花。我們一齊把它戴在身上，開在心裡！”

亞娟終於被阿寶勸住了。

因爲漲潮，到那個平時相連的石島去的路被湛藍的海水遮閉起來。

阿寶找了一隻小舢舨，往石島的方向搖去。

浪花在船頭歡快地飛跳。

航跡在船尾輕巧地鋪展。

海鳥如同小飛機那樣在空中升降俯衝。

海蜇好似降落傘一般在淺水飄動遊行。

高高屹立的石島出現在前方。

嘩嘩喧嘯的浪濤衝撞著海岸。

礁盤下停泊著兩艘人民海軍的巡邏艇。

靠岸的地方，密集著一片各地來的捕魚船。

礁石磷磷的灘頭上，擁擠著許多男女。裡邊有漁民和海軍戰士。

那裡被一種異常緊張的氣氛籠罩著，好似發生一件危急的大事。

有人凝神地盯著礁盤邊上的海水。

有人焦急萬端地小聲議論。

　　有兩個漁民模樣的青年站在礁盤的淺水中，朝前傾著身子，要往水裡跳，被幾個水兵緊緊地拉住不放手。

　　阿寶警覺起來，用力搖櫓，靠近一條漁船。

　　漁船的人都站到船頭上，同樣緊張地注視著海面。

　　阿寶大聲喊："喂，喂，出了什麼事？"

　　一個漁民回答："那個地方過去能靠船，今朝不知爲什麼撞壞了一條。一位海軍同志下去摸底，好長時間不見上來！"

　　阿寶又朝前靠一下，問："他在什麼地方下去的？"

　　漁民說："就在前面的礁盤邊上。"

　　阿寶摘下頭上的竹帽，解下胸前的圍單，身一彎，腿一併，"嗵"的一聲紮進水裡。

　　藍澄澄的海面卷起一朵浪花，立刻又旋轉平復，泛動著大理石似的紋絡。

　　空了的舢舨放任地飄，櫓柄一下一下地攪動著水波，扣打著船舷。

　　船上、岸邊的人全都驚呆了。

　　阿寶潛入水底，左右地遊著、摸著。

　　一條肥大的魚挨著她的背，驚慌地跑過。

　　一束綿長的海帶擦著她的胸飄動。

　　突然，她的手觸到一隻柱子一樣粗壯的胳膊，同時自己的胳膊也被一張強硬的大手扯住。

　　她身不由己地隨著那只手往上升浮。

　　她跟著那只手把頭露出水面。

　　她彷彿聽到岸邊和漁船上一陣熱烈的歡呼聲。

　　她又跟著那個從水裡同時浮上來的水兵，爬上了飄泊的小舢舨。

　　她透了口氣，用手抹了抹滿臉的水，一抬眼，猛地愣住了。

　　水兵先喊道："是你呀，阿寶！"

阿寶也忍不住地連聲說："海龍哥，海龍哥，真有意思，在這兒見到你了！"

意外的相逢，相逢的喜悅，使這一對在西沙相伴著長大成人的夥伴忘掉了周圍的一切。

"你來做什麼？"

"建設西沙唄！你呢？"

"保衛西沙呀！"

礁盤上淺水裡的一個青年漁民忍不住地讚美："這個海軍同志水性真好。"

一直拉著他的一個青年水兵說："當然啦。他是在西沙風浪裡闖大的。"

旁邊另一個水兵說："那位女同志的水性也不錯，特別是勇敢！"

他後邊的一個中年漁民說："她也是在西沙風浪裡闖大的。"

"她好像認識我們班長。"

"都是向陽大隊的人嘛。"

小舢舨在海面上飄蕩著。

阿寶望著符海龍從茂密的頭髮茬和赤紅的臉上往下流水，就把圍單扔給他："快些擦擦吧。"

符海龍接過一看，那圍單彩絲密繡的花邊，銀環連接的項帶，繫在背後的兩條鏈子上，串著幾枚亮晶晶的永樂古錢："呀，這是小時候保留下來的？"

阿寶點點頭："對啦。它跟阿媽留下的頭巾、韋阿公留下的貝殼，永遠鼓勵我不要忘記西沙。西沙是我們的，西沙太美了，我們要紮下根來，不惜一切，把它建設成新社會主義西沙、千秋萬代不變色的鋼鐵長城。"

符海龍連聲誇讚阿寶講的對，又感歎地說："自從我參加了人民海軍，在這個大學校裡，受到老同志和光榮傳統的教育，一直在想一個問題 —— 翻翻歷史吧，為什麼帝國主義者，一個被趕走了，一個又接著來，總是千方百計地想吞併咱們的西沙；直到今天，南越西貢小丑，還敢劫持我們的漁船，爬到我們的珊瑚島上鬼混呢？」

阿寶立刻回答：「因為西沙美麗富饒，他們要掠奪我們的財寶；因為西沙是我們國家的大門，他們懷著一個更狂妄的侵略野心！……」

符海龍說：「對。你的認識太對啦，最重要的方面因為西沙是個軍事要地！」

他望著藍天碧海，從軍事角度，談起自己對建設西沙、保衛西沙重要性的心得體會。

淺灘的人和船上的人都朝他們呼喊：

「快上岸來，換換衣服呀！」

「海底下是不是滾下礁石啦？」

岸上有一個老人高興得直抹淚花。他是黎阿伯。

還有一個老人，驚疑萬狀，直發呆。他是鄭安。

黎阿伯連聲說：「多好的仔，多好的仔呀！」

鄭安忍不住自言自語：「那個女的真是阿寶？」

「那還有錯！」

「她真退了學，回到西沙幹？」

「事實不就在面前嘛！」

「這是為啥呢？」

「我不是對你講了底呀！」

「她為什麼能這樣走呢？」

「因為她心紅根子深！」

「我，我明日回海南……」

「怎麼，你也要逃跑？」

"不，不。我把男仔拉回來，讓他學阿寶樣子。"

"哎，這才是正理、正道！"

小舢舨朝著岸邊，輕巧、歡快地劃過來。

阿寶攢著拳頭，嚴肅地說："毛主席號召大辦民兵師，男子拿槍，我們女子也要拿起槍來，保衛西沙！"

符海龍說："就應當這樣做。建設西沙，是為了保衛西沙；只有保了西沙，才能建設。我們並肩一齊幹下去！"

阿寶激動地連連點頭。

當他們駕駛的舢舨一靠灘頭，海軍戰士和漁民群眾歡呼著，從四面八方圍攏過來。

大海喧騰著歡樂的湧浪。

湧浪，一排趕著一排，像五指山的山巒，一山更比一山高。

九

喜悅的氣氛，像大潮中的浪花，在永興島向陽大隊翻騰著，一直持續到第二天早晨；本來還要伸延下去，卻被一件意外的事情戛然打斷。

因為阿寶丟了。

"胡扯，阿寶那麼大還能丟？"

"大隊長正在到處找，急壞啦！"

何望來一找一急，造成緊張的氣氛。

他跑到船場。

"阿寶來這裡嗎？"

"昨日來一下，問新船何時下水，幫著抬了幾趟木板，就走去了。"

他跑到網場。

"阿寶沒在這裡？"

　　"昨日在這裡看看，問問新網哪天完工，跟著纏一陣絲線，就離開了。"

　　他跑到保管的庫房院內。

　　紅太陽高高升起，溫暖的光芒，照耀著高足屋的草頂，照耀著檳榔樹的綠葉子，照耀著當籬笆用的羊角叢和仙人掌，還有無名的點點花朵。

　　院子裡擺滿了竹竿、籮筐、錨纜、櫓槳、魚網和帆篷。像晾曬，也似展覽。

　　老保管在中間細心地挑揀。

　　何望來喊一聲："喂，阿寶來這裡嗎？"

　　老保管回答："昨日夜間在這裡……"

　　"夜間還在這裡？何時走的？"

　　"月亮都這樣高了……"

　　"她來幹什麼？"

　　"看那台準備裝在新船上的大機器。她還跟我要去說明書，又要去一盞油燈，就鑽進倉屋裡。她在那兒翻翻書，看看機器，寫呀，畫呀，翻來覆去，沒終了，把我等得好煩……"

　　"老哥，你太大意了。一個青年婦女，深夜獨自回家，多不安全！"

　　"我不曉得她啥時離開的。我等煩了，回屋裡睡一覺，醒來再去看，她已經熄燈走了。"

　　何望來一面往外邁步，一面胸口"砰砰"地跳。他想：每日夜晚，這庫房左右都有巡邏的民兵，阿寶不會出什麼差錯吧？他想：阿寶一個人走夜路，會不會闖到水邊上，掉下去，讓湧浪卷走……

　　他急忙轉回身，問："阿寶在哪屋待過？"

　　老保管指指靠邊沿的那間。

　　他一看上著鎖，說："快些打開！"

老保管慌忙開了鎖。

他們同時跨進屋，同時愣住了。

紅太陽透過天窗照進屋，照耀著頂上掛的網，照耀著牆邊靠的槳，照耀著中央堆放的發動機的包裝木箱。

箱上放著的小燈，油熬乾了。

箱上伏著的阿寶，睡著了。

溫暖而又柔美的陽光，在她那烏黑的頭髮、紅潤的臉孔，還有握著筆的手上歡樂地跳動……

老保管先笑了。

何望來也喜得說："還笑？你多糊塗！"

"沒丟掉她，就不算糊塗。"

阿寶被驚醒了。

她揉著眼，愣愣地看看站在跟前的人，奇怪地小聲說："呀，幾時了？"

何望來開玩笑說："天不早了，到點燈睡覺的時候了，快些回家吧。"

阿寶趕緊站起身，收拾著筆紙，不好意思地說："沒想到睡著，又睡這樣久……"

何望來朝她手上的東西掃了一眼，說："你可把人嚇壞了。不到家裡睡，鑽到這裡做什麼？"

阿寶一面往屋外走，一面說："我和亞娟幾個人商量一下，想學學用機器，當機手……"

"鄭安今日就去海南找他的仔回來幹，用不著你們再學了。"

"他如果不回來呢？"

"我去找。"

"他勉強回來，不正經幹呢？"

何望來被問住了。

阿寶微微一笑說："我們得有幾手準備，這才能掌握主動權 —— 我們幾個學會對付機器了，他不回來我們就自己開；他回來了，我們幫他開；會使用機器的人多，再不是缺的爲貴，對集體有利，對改造那種人的舊思想，也是有益處的。阿叔你說我們的想法有道理嗎？"

何望來看看放在地上的發動機，看看熬乾的油燈，看看面前的阿寶，心胸不由得一陣發熱。

阿寶收起筆和紙片，兩眼望著機器，又沉思地說："阿叔，我還想一個問題。毛主席說農業的根本出路是機械化，咱們漁業生產的大躍進也要機械化。要把西沙的躍進步子邁快，就要快發展機器船；機器船要人來用，得快快地多訓練會使機器的人哪！"

何望來表示同意，連說："你看的對，想得周到，我們應當這樣安排……"

站在一旁的老保管很感動，又覺著大隊長沒把心意表示出來，就忍不住地補了一句："我們貧下中漁呀，就應當有這樣的革命的眼光和革命的志氣！"

這句話，真正說到阿寶的心上。

經過一夜研究、琢磨，阿寶初步地掌握了發動機的構造和原理的知識。她想，有了這樣的基礎上，再等海軍巡邏艦艇開過來，請那位曾經訓練過機手的同志教教，一定會學得快，學得好。

她的心已經長了翅膀飛到金銀島。她要千方百計地促使新船早日出發。

她沒有跟何望來回家，想先找到幾個夥伴，再把下一步的行動計畫商討一番。

她十分的高興。因爲她對追求的目標十分有信心。

她在那個漁業專科學校看到一些怪現象，敏感地認識到投奔的航程有偏差；她得知南越劫持我國漁民，侵犯我主權的消息，立刻想到了自己保衛西沙，建設西沙的責任，毫不猶豫地踏上了光輝燦爛的征途。那時候，她是明明確確上戰場當戰士的。這一兩夜間，她得到了父輩的支持、群眾的鼓勵、海龍的啟發，她得思想認識昇華了，奮鬥的目標更明確了。她決心勇猛地往前衝。

她拐過網場，穿過幾株椰子樹，就見亞娟和另外兩個女青年急沖沖地朝這邊走過來。

亞娟很遠就說：〝我阿爸偏吵嚷你丟失了。我估計你藏到一個秘密地方去弄機器，對不對？〞

阿寶笑笑，說：〝我們做的是光明正大的革命工作，為何要躲躲藏藏呢？是我睏著了，燈油熬乾滅了，老保管無意把我給藏起來了。〞

她把事情的經過和對機器摸索的結果告訴了大家。

眾姐妹又高興，又好笑。

亞娟忽然沉著胖胖的圓臉說：〝阿寶姐，有人造我們的謠言！〞

阿寶機警地問：〝造的什麼？〞

〝說咱們是解放後長的女子，是蜜罐子養的，下海就得趴在船上吐！〞

〝還有什麼？〞

〝說咱們出海是添累贅，不頂用！〞

〝還有什麼？〞

〝這還少嗎？〞

阿寶朝前走幾步，又仔細地問：〝這些話都是什麼人講的呢？〞

亞娟氣憤地說：〝黃家那個五保戶帶頭吵嚷！〞

阿寶沉思地說：〝黃阿公不會有壞意吧？〞

“我看是他上了壞人的當。”

“亞娟，黃阿公受了一輩子剝削，跟壞人的仇恨永生難解；他肯學習，雖不識字，總守著收音機聽，思想開通。他是不會上當的。”

“他不是上當，從肚裡生的謠言，更不能原諒。開個大會，壓壓這些謠言！”

阿寶又朝前走幾步，說：“亞娟，你把矛盾給搞混了 —— 毛主席指示我們，對不同性質的矛盾，要用不同的方法來解決。我們絕不能拿對階級敵人的方法，處理我們跟黃阿公的矛盾……”

亞娟打斷她的話：“他跟我們是什麼矛盾？”

阿寶立刻回答：“是人民內部矛盾！他屬於認識問題，頭腦裡還有輕視婦女的封建殘餘……”

亞娟忿忿地說：“他販賣這些很有市場，好幾個年輕人都贊成他的話……”

阿寶往前走著，說：“我們還應當冷靜地想想這個問題，他的話裡也有合情合理的地方……”

亞娟愣住了：“什麼，落後思想還有合理的？”

阿寶說：“我指的是另一面。比如，我是南海生、西沙長的，可是解放後就上學，六七年沒有跟船出海了，海上的氣候千變萬化，我們對那種生活還習慣嗎？你們呢，從來都沒有出過遠海，對風浪顛簸適應嗎？”

另外兩個女青年贊成這個看法：

“阿寶想得對。我一聽黃阿公的話，就擔心自己趴到船上成了累贅。”

“真成了那樣子，自己丟人小事，給咱們新漁村的婦女丟臉面呀！”

阿寶看看這兩個夥伴，鼓勵她們，也鼓勵自己似地說：“你們不要掃興，也不要膽怯；世上凡是男人能幹的事情，我們婦女就能幹！我們要爭氣，闖路子，想辦法做到出海的時候不吐、不趴、不成累贅，用實際行動教育看不起咱們的人，比喊空話有效果。"

兩個女青年拍手贊成。

阿寶一面往前走，一面說："以後，我們都不要把一些小事放在心上，要把眼光放遠，把勁頭使在刀刃上。我們這一代人擔負的不是一般的保衛、建設任務 —— 我們面對的是國際階級敵人，要當祖國南海長城上的最堅強的磚石 —— 流汗水建設，拿起槍保衛，這才是我們的大志！"

夥伴都被她這番話說得心裡熱呼呼。

亞娟說："阿寶姐，那就照你的話做！"

阿寶說："我也是一邊實踐一邊學習。有什麼事情，我們姐妹們多商討，就有辦法，就有力量。"

這當兒，一隊海軍戰士，排著整整齊齊的隊伍，邁著矯健的步伐，從椰林深處朝漁村走來。

亞娟小聲地告訴阿寶："他們都是小島雷達站的新戰士，那個小個姓呂，是黎族人，那個黑臉的姓萬，叫萬德，是開運輸船的，那個……"

阿寶聽著，不由笑了："部隊的同志你全認識？"

亞娟說："他們每週到村裡來一趟，跟基於民兵一塊學文練武，我們常去觀看，還能不認識嗎？"

阿寶從小生活在戰士們中間，對解放軍的同志有一種特殊的情感；今日遇上這些沒見過的同志，很想認識一下，有機會好到站上玩一玩，看看老同志。

她帶領眾姐妹，抄個近道，比戰士們先一步來到大隊部門外。

一班的戰士都到民兵連部去了，只留下那個黑臉的戰士萬德停在屋門口。

他有些拘束地問："同志，大隊的幹部不在嗎？"

阿寶熱情地回答：“就來，你有什麼事？”

戰士萬德看她們一眼，不肯講。

亞娟故意逗笑：“你對她說吧，她是工委書記的女仔……”

萬德立刻腿一併，手一舉，行了個軍禮：“你是阿寶同志！你的事蹟我們連隊都討論了，向你學習呀！”

阿寶被他這一舉動弄得很不好意思，說：“我一步還沒邁出去，有何事蹟呀！”

萬德說：“你熱愛西沙，熱愛漁村，自覺地、堅定地走毛主席指引的道路，要為建設社會主義的南海長城貢獻青春，對我們是很好的教育。聽說你們的機手去海南了，新船很快要下海到金銀，這是一個矛盾……”

亞娟說：“你們的耳目倒滿靈通！”

萬德笑笑：“應當互相關心嘛。”

阿寶鄭重地回答萬德說：“對的，我們是遇上了一點困難；但是能夠立即克服掉。”

萬德說：“我在老家的時候是機手，入伍以後又開運輸船；我要求來支援你們，一定讓新船按時出海……”

眾姐妹一聽都高興起來了。

阿寶說：“這不行。你們在這裡擔負著重要任務，我們應當支援你們，絕不能影響你們的工作。”

萬德說：“這是我們站領導決定的愛民任務，艾指導員親自通知我……”

“老艾同志在這裡呀？就是手背上有一塊傷疤的老艾同志？”

“對，那是他小時候，給地主的柴刀砍的！”

“我曉得。他是我的老師。那年漁村成立第一個小學，請不來教師，部隊就派老艾同志教我們。”

“他那年剛從掃盲班畢業。”

"對，對。他一邊教我們，一邊學，整夜不睡，眼熬紅了，身體搞瘦了。我們一直記著他。他和海軍基地的許多同志們，為我們翻身漁民紮根邁步，做了好事，大家都不會忘記的……"

萬德聽到這裡，連忙說："今天我也來做好事呀！為了支援漁業生產大躍進，鞏固西沙國防，我發誓不怕苦和死。你為何不支持我呢？"

姐妹們都"哈哈"地笑起來了。

阿寶兩隻烏黑的眼睛一眨巴，拍手說："有了辦法，請這位萬同志當老師，教我們當機手吧！"

萬德又看看她們："女同志也要當機手？"

阿寶點點頭："為了革命需要，一定得學會我們不會的東西。"她轉身對姐妹們說，"我們就要到雷達站的運輸船上學習、鍛鍊；幫他們執行運輸任務，他們教我們使機器；我們學了開機器，也練了海上活動本領，一舉三得，為到金銀去做好準備。大家的意見怎麼樣？"

沒容振奮起來的眾姐妹回答，身後忽然有人大聲地說："我贊成！"

眾人轉頭一看，工委書記程亮笑瞇瞇地站在那兒，又都放聲地大笑起來。

在笑聲裡，漁村的五名女青年登上了海軍雷達站的運輸船。

她們學習發動機的操作和檢修。

她們鍛鍊在風浪裡勞動、工作和吃飯、休息。

她們吃了不少的苦頭。

她們最後嘗到了甜頭。

她們又放聲地大笑了。

在笑聲裡，她們獨自操著機器船，邀游在西沙風波浪裡。

空中跑雲彩。

海上滾浪花。

一群群尋食的鰹鳥歸林了。

一條條捕撈的船隻回港了。

何望來跳下船頭，顧不上幫著社員收拾帆纜用具，就一邊抹著腦門上的汗水，一邊在碼頭上快步行走，急切地數點著返航的漁船。

"一條，兩條，三條，四條……喂喂，怎麼還差一條呀？是誰的船還沒趕回來？"

有人回答："是黎阿伯的那一條。"

"沒把天氣預報通知他嗎？"

"不曉得。"

"就算接不到預報，他是有經驗的，看到天色變了臉，也會轉回來呀！"

人們呼喊著，忙碌著：

有的拴纜繫船。

有的擔魚扛網。

那條通往漁村的小路上，結成長長的一隊，好像趕市、進城一樣。

六個女孩子，從網場那邊，迎著人群走過來，又急匆匆地走過去。

她們有的扛著櫓，有的背著繩索。

她們一個個抑制著臉上的興奮，顯出嚴肅的表情。

何望來朝她們喊："你們來幹什麼？"

走在前邊的阿寶回答："我們去出海……"

這句話驚動忙在船上的人和走在路上的人，都不由得直起身，或扭轉頭，看她們。

何望來說："你們不知道要起風嗎？"

阿寶說："知道了才商量這樣做的。"

何望來說："你們沒見船隻都往回轉嗎？"

阿寶說:"看到了才動身的。"

"爲何總逆著天勢辦事情,瘋了嗎?"

"我們借這樣的天勢練行船,闖海浪,長本領!"

"唉,如今科學發達了,有風有浪提前知曉,抓魚的人用不著冒險了,這種本事沒用項。"

"我們練的是參加戰鬥的本領;敵人進攻是不會發預報,也不會挑揀好天氣的呀!"

女孩們哈哈大笑。

何望來呼呼喘氣。

阿寶先一步跳下水,拉過一條小漁船。

幾個女孩嘩啦嘩啦上了船。

起風了。

空中的雲彩飛得更快。

海裡的浪濤蹦得更高。

島上的樹木搖擺、呼哨。

何望來追上來,發急地說:"阿寶,阿寶,這可不是鬧著玩的。要練,開大船;將來發展,船越造越大,小船要報廢了。"

阿寶說:"海軍首長說過,打起仗來是人民戰爭,大小船都要用。"

何望來抓住纜繩:"一定要練,等我組織幾條大船護著你們。"

阿寶說:"我們討論過了,有護衛,有依靠,保了險,就闖不出膽量,練不出功夫。你看,我們都帶上救生圈,如果發生意外,也保險轉回來。"

何望來扳住船頭:"不行,不行。阿寶,你退學回西沙我支持,你學機器開船我贊成;跟船走幾趟,轉日就到隊裡幹點文墨工作……"

這回沒等阿寶開口,站在船頭的亞娟開腔了:"阿爸,看你說的這是什麼話？阿寶姐講過不只一次，她不是來這裡鍍金的，是真拚真闖、實打實煉的！」

何望來朝女兒瞪眼：「你也來逞能胡來，出了危險誰負責任？」

左邊海岸一條剛返回的大船上傳來宏亮的回聲：「我來負責任，我來負責任！」

女孩們扭頭一看，搭腔的人是黎阿伯。

黎阿伯帶著一頭汗痕和一身魚腥氣味，手提煙筒，掀動著漁民獨有的寬闊的大腳板，穩穩實實地走過來。

他問：「大隊長，你對她們女仔不放心，我這把老手你總能信得過吧？」

何望來回答：「對，對。你經驗豐富，你說說，這樣的天勢，人們躲避還來不及，她們倒硬要迎著去闖……」

「這果真是打破常規的事！」

「不行吧？」

「這得分用什麼眼光看。阿寶這孩子回西沙這些日子，我聽她的言、觀她的行，她果真是一個全新的有志氣的女仔；闖闖風浪，練練膽子，長長本事，將來必有大用。應當，應當呀！」

「你……」

「我陪她們去！」

阿寶激動得一把拉住老人家那青筋暴露的胳膊，用力地搖了許久才說出話來：「黎阿伯，你真好！」

黎阿伯抬起另一隻手撫著她的頭：「不，不，先是你們好，才激起我這個好：老小一齊好，兩好並一好，西沙寶島才能保！哈哈哈……」

女孩們都隨著笑了。

惟有阿寶沒笑。

她在心裡品著老人的話，掂著老人的情。

她品著、掂著，膽子更壯，信心更足，渾身更加有了力氣。

她高聲喊："同志們，開船！"

櫓柄吱吱響，小船鑽進歡騰跳躍的浪濤中。

十一

烏黑的雲往下壓。

深藍的水朝上漲。

南海呀，像一鍋沸騰的水。

小船呀，似一片飄卷在高原旋風裡的羽毛。

阿寶和亞娟在船尾掌著舵。

四個夥伴，分別站立船舷，兩個人夥搖一把櫓。

黎阿伯穩坐在船中間，一手抱著竹管煙筒，一手捏著潮濕了的煙絲。

白浪淘天，無邊無沿。

遠望，是五指山巔，嶺嶺接連，川川相牽。

近看，如峭壁碎裂，飛石揚沙，吐霧噴煙。

一排大浪，把小船擲向峰頂。

大浪過後，把小船拋進深淵。

阿寶感到一陣噁心、眩暈；看看夥伴，一個個臉色發白，嘴唇發紫。

她又看看黎阿伯。

黎阿伯兩隻發亮的眼睛正緊緊地盯著她。

"阿寶，轉回嗎？"

"不！"

"我看你們都難受了。"

"這證明我們需要苦練！"

"往前走可就更危險了。"

“不闖險怎麼能戰勝它！”

“好，左打舵！”

小船向左方轉向，直奔鳳凰礁。

風更大了，把雲撕爛。

浪更高了，把水攪翻。

行船更艱難了，風截著，浪擋著，彷彿被繩索拴著，黏在水面上。

一個浪頭猛衝過來。

黎阿伯喊一聲：“照直闖！”

大浪從船上竄過去，落下半艙海水，潑濕了人們的頭髮和衣衫。

一個大湧鼓動過來。

黎阿伯喊一聲：“右轉！”

大湧從船底滾過去，頂斜了船，又落下半艙水，折斷了一隻大櫓。

黎阿伯又喊：“小心船沉，快往外掏水！”

兩個女孩拚命地掄著盆子，一連氣地掏水往外潑。

又是一排大浪，又是一股大湧，又是半艙海水……

阿寶緊握舵把，精神更抖擻：“同志們，海浪就是帝修反和它的走狗！看，朝我們撲過來了！我們要下定決心，不怕犧牲，排除萬難，去爭取勝利！”

搖櫓的越搖越熟。

掏水的越掏越快。

全船的人，齊心合力地跟風浪搏鬥，越戰越有勁了！

闖過一道大浪，又闖過一道大浪。

掏幹一艙海水，又掏幹一艙海水。

……

一條人民海軍的巡邏艇，乘風破浪地開過來。

何望來站在艇上，用望遠鏡四下搜尋。

大海咆哮，浪濤翻滾，天水一色，根本看不到任何目標。

何望來壓不住驚恐："莫不是讓浪捲翻了？"

艇長安慰他："阿寶水性很好，黎阿伯行船老手，不會翻船的。"

"這麼大的風浪，哪能開出這般遠呢？"

"他們就是有意來闖海浪的嘛！"

一個戰士發現小船："看，看，左前方！"

艇長立刻下令："左十度，全速！"

左前方的洋面上，大浪滔滔，一排追著一排，像萬匹駿馬，馳騁在茫茫的塞罕壩的草原上。

一隻小船，像靈巧、輕盈的海燕，從雲翻雪飛般的浪花中飛出來。

阿寶從容地掌著舵，口中喊：

"直衝！"

"左轉！"

"向右！"

女孩子們齊心協力，個個有精神。

黎阿伯坐在那裡，只觀看，不開口了。

艇上的海軍戰士們發出一片喝彩聲：

"真棒！"

"真勇敢！"

何望來這才把懸著心放下，深深地透口氣；隨後也不由得看出了神。

風急驟，雲亂卷，大海呀，放開喉嚨吶喊！

十二

前幾天，獨眼蟹十二分的得意。

他醒著的時候總想笑，睡著的時候常做夢。

他黑了心，紅了眼，一定要搞亂。可惜，空子不好鑽。他找哇，找哇，好不容易找到了中漁鄭安，就挖空心思設計了一套鬼辦法，企圖煽動公社青年不安心漁村的社會主義革命和社會主義建設，盲目地往大城市裡邊跑，讓西沙大躍進的計畫落空。計已成，人已走，混亂攪起來了。獨眼蟹認為十拿九穩，只等邁第二步的機會。

他回到家，找出酒瓶，自斟自飲，慶賀一番。

女人見他眉眼帶笑，就湊過來小聲問：“今朝又有青年離開西沙？”

獨眼蟹點點頭：“六個！”

女人歎口氣：“海龍離開漁村當了海軍；阿寶離開漁村上了中專；他們離開漁村就爬高枝，你為何還幫著往外趕他們呢？”

獨眼蟹咬牙切齒地說：“不把他們趕出漁村，讓他們睜著眼睛監督我？不把他們趕出漁村，讓他們把西沙建設得紅紅火火的氣我？他們散了群，成了空城計，我們才好奪江山、坐天下！”

女人聽到這兒，也陪他笑了；躺到床上以後，也隨著他做開了夢。

可惜，可惜，他笑得不久，好夢不長。

阿寶出乎意外地回到西沙，把他的笑嚇跑了，把他的夢驚破了。

他唉聲歎氣，整夜在床上翻滾。

他想：看來勢，程家的女仔立下大志、紮下了根，這根看不到、挖不著，越紮越深了；將來西沙群島上都是這樣的一代人，復辟的大業如何成功？

他想：看進程，大隊的新機帆船要下海，要奔金銀；這對南越西貢吞吃西沙很不利，殺人的刀借不成，反而會有被刀殺的危險呀！

他丟魂落魄地到岸邊轉一圈。

女社員在椰樹下紡紗，紡車飛轉，好像一朵朵花。

男社員在海灘上織網，手臂跳動，好似小鳥抖翅膀。

獨眼蟹咬牙切齒：阿寶這一舉，給他們加了油、鼓了勁，看把他們美的、歡的！

忽然，岸邊嬉笑聲響成一片。

"回來啦？"

"辛苦呀！"

鄭安滿面笑容，帶領他的男仔鄭太平跳下剛剛靠到碼頭的運輸船。

鄭太平的臉色很複雜。

這小夥在海南撞了釘子。

他去走親，想托人家找個工作。

親戚全家都為大躍進忙著，沒人管他的閒事。

他去訪友，想求人家尋個門路。

朋友全家都為大躍進出力量，沒人看得起他這種人。

青年們向他宣傳黨的政策。

幹部們給他做思想工作。

……

他回來了，慚愧地走在人群裡。他發現迎過來的阿寶和一夥青年男女，急忙低下頭。

阿寶快步地走上前，熱情又誠懇地打招呼："太平，我們歡迎你回來！"

鄭太平抬起頭。

阿寶朝船場那邊一指，高興地告訴他：「太平，咱們的船就造好了，一同上金銀！」

鄭太平看一眼。

阿寶挺挺胸，很莊嚴地說：「我們爲了建設西沙、保衛西沙，很快成立民兵排，希望你們參加！」

鄭太平呆呆站立，兩隻手都不知往哪裡放。

站在一旁的鄭安氣了：「你快說聲謝謝呀，還不開口，啞巴啦？」

鄭太平摀著臉，「哇」的一聲哭了。

……

獨眼蟹想哭沒敢哭，吞著苦澀的淚水回到他那低矮、陰暗的茅寮裡。

這一夜，他難受得不要說做美夢，連眼睛都沒合上，在竹床上來回翻個。

小蟲在他的床下「唧唧」叫。

蚊子在他的頭上「吱吱」飛。

窗戶上邊有一點光亮，外邊突然一聲哨子響。

好像一個霹雷，嚇得他全身一哆嗦。

十三

玉石般的海灘擺下了練兵場。

練兵場上響起嘹亮的哨聲。

哨聲震撼著海空。

海空噴出萬道霞光。

霞光裡，跑來一群朝氣蓬勃的女青年。

她們列成整齊的隊伍，一個個精神抖擻，

面色特別的莊嚴。

阿寶站立在隊伍的前邊。

她頭戴竹帽,胸掛圍單,腰繫武裝帶,顯出一副颯爽英姿。

她莊嚴地挺起腰桿,用高亢的聲音操練她的隊伍:"立正!向右看齊!報數!向左轉!齊步走!⋯⋯"

女青年們按照她的口令動作著。

有的人不習慣,邁錯了步子。

有的人不好意思地捂著嘴笑。

阿寶不管這一些,照舊指揮操練。

漁村傳來起床的鐘聲。

⋯⋯

阿寶把隊伍停住,很高興地說:"同志們,今朝咱們第一次集合,第一次訓練,大家都很認真,別看不熟,久練就熟了。"

有人忍不住問:"阿寶,咱們這些人,算不算正式的民兵呀?"

阿寶說:"當然算。"

"還沒有經過大隊批準呀!"

"放心。毛主席早批準咱們啦!"

大家都"哈哈哈"地笑起來了。

亞娟說:"你們別急。等我阿爸出海回來,大隊立刻就會批準咱們的。"

阿寶說:"不能空等著,趁造船、織網的空隙,咱們得爭分奪秒地訓練。不光要練佇列,還要練使槍。"

亞娟說:"咱們沒槍呀!"

另一個女青年說:"就是嘛。出海的男民兵把槍帶走了;就是回來,也不會讓咱們隨便摸他們的槍。"

阿寶說:"我想了個辦法,昨天去找海軍的楊政委幫助,他答應派一個輔導員教我們,還帶著槍來。"

眾人都高興了:

“太好啦！太好啦！”

“我做夢都在打槍哪！”

“阿寶這位領導，真想得周到！”

……

往日半天的時間顯得特別短，今朝顯得特別長。

女青年們一邊織網，一邊小聲嘀咕，還不斷地悄悄看太陽。

阿寶只幹活，沒說話，可是心裡更著急。

好不容易熬到正晌午。

阿寶收了工具，抽身站起就要走。

“你到我家吃飯吧，吃了好快走！”

“對，到我家吃去，免得現燒誤時間。”

阿寶朝姐妹們擺擺手：“吃飯小事，我先去吧。”

她說完這句話，就急忙動身了。

阿寶帶著夥伴們的重托，到石島那邊的巡邏艦艇中隊去一趟。邀請那裡的同志來永興，幫助女民兵搞訓練。

她繞港灣，走海灘。

她穿椰林，過石山。

她抬起頭，眺望著浩翰的大海。

亮閃閃的湧浪衝擊礁石。

礁石邊，停著幾艘登陸艇和戰艦。

岸上是一個平展展的自然的操場。

操場上立著籃球架、單杠和浪橋。

烈日照射下，草梢暗，沙粒亮，小路像燒過一樣烤人。

阿寶一面走，一邊怪自己動身晚了些，人家吃過午飯正休息，這時候找來談工作，有些不方便。

她想找個樹蔭坐一坐，等一等，發現一個海軍戰士，獨自站立在東南角上。

戰士站立在火熱的陽光下，赤著臂膀，那寬厚的、紫紅的臂膀上淌著汗。

戰士的兩隻胳膊高高地舉著,手掌上托著一發金光閃閃的大炮彈。

戰士把大炮彈放到胸一般平,再高高舉起,又放平,又高舉。

阿寶看著他那不停地單一動作很新奇。

阿寶看著他的背影特別熟悉。

阿寶喊了一聲:"海龍哥!"

符海龍被驚動,猛一轉身,紅珊瑚一樣的臉上,串串珍珠往下滴。

符海龍先一愣,接著一喜,放下炮彈,迎上一步:"阿寶,阿寶!"

阿寶說:"你不是去執行任務嗎?"

符海龍指著海港裡像一幢幢樓房似的艦艇,回答:"剛剛回來呀。"

"你剛回來,中午不歇休,在做什麼?"

"我在練裝填炮彈。隔些日子沒摸它,臂力差勁了。"

"聽說你當了幹部?"

符海龍點點頭,又說:"槍炮是打擊入侵敵人的鐵拳頭,馴服它、掌握它很重要。打起仗來,既當指揮員,又得當戰鬥員;當好戰鬥員,才能當好指揮員呀!"

阿寶笑了,心想:我以後也應當像他這樣,苦練殺敵的本領。

符海龍抹抹頭上的汗,從地下拾起海魂衫穿上,又對阿寶說:"走吧,先到我們艦上看看。"

"今朝不去啦,我還有事。"

"你辦完事,咱們一塊回去。"

"看看阿婆?"

"我可沒功夫,去跟你們漁村女民兵一塊學文習武!"

"啊,我明白啦。你去我們那裡當輔導員?"

“我們互相學習。”

“請帶上你們的槍，教我們使用。”

“要先教同志們槍支的構造、性能和使用要領。”

“你還要多給我們講講東海漁村民兵的情況。特別是那邊的女民兵情況。從報紙上看，他們是非常先進的。”

“我想先給你講北京。”

“北京？你到過了？”

“對，我就是從那裡來的 —— 天安門前造起了人民大會堂、革命歷史博物館，那廣場非常寬大，幾十萬人可以在那裡開會；那英雄紀念碑立在廣場南端，非常雄偉。五一國際勞動節，在天安門上，我見到了我們偉大領袖毛主席！”

阿寶狂喜地抓住符海龍的胳膊，跳躍著，說：“阿海哥，你太幸福了！”

符海龍說：“你也幸福。我向毛主席問好的時候，也代表了你，還有咱們南海西沙的新一代。毛主席在一九五三年視察海軍艦艇，親筆題詞是：爲了反對帝國主義的侵略，我們一定要建立強大的海軍。這是我一生奮鬥的目標！”

阿寶點點頭說：“毛主席還指示，‘我們不但要有強大的正規軍，我們還要大辦民兵師。這樣。在帝國主義侵略我國的時候，就會使他們寸步難行。’ 我正在照這個指示做，也要做一輩子！”

符海龍說：“聽政委講，你們做得滿好！”

阿寶說：“我們西沙的軍民應當聯合起來，攢成一個鐵拳頭，狠狠打擊敢於進犯的敵人！”

毛主席的偉大教導在阿寶的心頭翻騰。祖國的陽光普照，大躍進的步伐一日千里，萬紫千紅的燦爛的前程在她眼前展現。這使他進一步也明白了緊握手中槍的深遠意義。

十四

何望來出海回到向陽漁村。

他沒顧上進家,就往各處檢查生產工作。處處都使他遂心。

新船快造好了。

新網快織好了。

各個捕撈小隊都超定額完成了生產任務。

他得到一個通知:又有一批新槍要發給向陽大隊,加強他們的民兵連。

他又接著到處奔跑。

他找幹部商量。

他找青年小夥談話。

他精心物色,挑了又挑,揀了又揀,又搞起一個新的武裝民兵排。

晌午,他把民兵們全部集合到練兵場上。

老民兵,新民兵,威威武武地站了一大片。

何望來的心裡更高興:向陽大隊有這樣一群年輕力壯的小夥,生產還能不躍上去嗎?別的大隊呀,誰也不用想趕到前面去啦!

他大聲地說:"同志們,上級非常關心我們向陽大隊,又發下一批步槍,全是咱們自己的兵工廠造的最新式的步槍!你們要好好地學著使用,你們要精心地保管妥當——搞民兵,就是為了使我們的生產活動更安全,民兵都要當個生產抓魚的模範!大家聽清了嗎?"

眾人齊聲回答:"聽清了!"

何望來大手一擺:"好極啦。我就去請咱們的工委書記程亮同志來,馬上給你們發槍!"

他說著，剛要轉身走，見隊伍的後邊出現一陣騷動，就停住了。

阿寶帶領一群女青年跑來了。

阿寶帶領一群女青年從隊伍後邊擠過來了。

阿寶的臉色紅紅的，氣喘吁吁的。

阿寶看看民兵隊伍，衝著何望來問："阿叔，聽說今日要發新槍？"

"對的。"

"太好啦！"

"歡迎你們來參觀呀！"

"參觀？站在一邊參觀？我跟你講多次了，我們成立了女民兵排，我們要參加這個民兵連隊呀！"

"可以。在表冊裡添上你們的數目。"

"那就發給我們槍！"

"你們也要拿槍？"

"當然啦！"

"哈哈，哪有女人拿槍的呀！"

"社會主義西沙的女人，就是要拿槍的 —— 拿起槍來保衛西沙，保衛祖國！"

何望來又好笑，又好氣，見一群女青年圍上來，都要開口，又怕她們七嘴八舌地一吵吵耽誤時間，就說："好好，你們的意見我知道了；以後，抽個空，研究研究……"

沒等阿寶開口，女青年們就吵嚷開了：

"過一時就發槍了，等以後研究怎麼行！"

"隊長這話，是往外邊推我們哪！"

"不行，馬上就得研究！"

何望來用手勢壓她們不要再吵嚷，說："馬上研究，也要等這個會散了，我再召集一個幹部會，還要請示上級黨委批準。發槍，可不是那麼簡單的事情。"

女青年們不聽他的話，還是吵嚷不停，而且越來聲音越高。

阿寶大聲說："同志們，莫要這樣的急躁，咱們有理好跟他講嘛！"

大家聽阿寶的，不再吵嚷了。

阿寶轉身對何望來，盡力地使自己心平氣和些說："阿來叔，你研究、請示，我們都同意。只有一個要求，你當眾表個態，對我們女民兵排，你到底支援，還是反對？"

何望來也壓住火，看看圍著的女青年們，對阿寶說："你們哪，還是好好地練織網，學加工，安心地搞生產吧。咱漁村這麼多的小夥都使不開，用不著你們女仔當民兵拿槍弄炮的……"

阿寶說："生產是為了建設西沙，保衛西沙，拿槍更是為了建設西沙，保衛西沙，這是我們的義務，也是我們的權利，誰也剝奪不了！"

"拿槍不是好玩的，保衛更不是好玩的；要巡邏、要放哨，遇到事情，得真打真拼，女人哪能幹呢！"

阿寶大聲喊起來："這幾句話，把你的思想根子全露出來了。你就是輕視婦女，是舊思想作怪！新社會，男女平等，男女一樣，男人能幹的事，我們都能幹，男人幹的事情，我們一定要幹。你今日不轉變態度，我們就不讓你把這批槍發下去！"

女青年們也喊起來了：

"對，對，今朝裡要跟他辯論到底！"

"不發給咱們槍絕對不行！"

何望來再也忍不住火了："簡直是胡鬧，槍不是竹梭子，也不是繡花針，給你們一隻，你們會使用嗎？"

阿寶把胸脯一挺："你會用的，我們就能會用！"

何望來說："不服氣，咱倆賽賽！"

那些一直站在佇列裡看熱鬧的男民兵，看到這裡，聽到這句話，都起哄似地喊開了：

「對呀，賽一賽吧！看平等不平等！」

「來個真打實幹試試吧，論論真行還是真不行！」

還有人帶頭拍起巴掌。

阿寶看看眾姐妹。

眾姐妹都被這樣意外的挑戰弄得又氣又惱，又有幾分緊張，都在看著阿寶。

阿寶又轉身衝著何望來，又把胸脯一挺：「隊長，我要是把你賽贏了呢？」

何望來有意要壓壓這夥調皮女仔，就說：「賽贏了的話，我寫八份申請書，讓上級領導批準，把這批新槍親自送到你們手上來。」

「好，一言為定！」

「可有一件，你要是輸了，以後可不許再吵吵當民兵要槍要炮的了！」

「以後再說以後，現在就試試吧！」

何望來拿過一個靶子，插到遠遠的海邊上，又從一個民兵手裡拿過槍來，對阿寶說：「你這麼能，那就請先來吧！」

有的男民兵又起哄地大喊大叫：

「小心，槍可咬手呀！」

「會拉槍栓嗎？」

「算了吧，莫如回去織網！」

「她寫字也是行的。」

女青年們對這些氣得不得了，見阿寶不理睬，也就怒目而視。

阿寶伸出手：「給我！」

何望來一笑：「好的！」

阿寶接過步槍。

步槍真重呀！有一百斤？有一千斤？有一萬斤？百斤、千斤、萬斤都比不上它的重量！

阿寶掂了掂槍，掃了眾人一眼。

眾人都停住了動，止住了聲，懷著各種各樣的心情，睜大眼睛看著阿寶。

阿寶覺得手裡接過的不是一枝槍，而是保衛西沙、保衛社會主義祖國的重擔。

西沙的新一代，西沙的漁家婦女，能把這一副歷史的重擔擔在肩上嗎？

阿寶朝前走了幾步，輕輕地臥倒在地，抬頭看看前邊的靶子。

她覺得，她要打的不是一個用木板制做的簡單的靶子，而是傳留下幾千年的舊的習慣勢力、舊的思想意識；她要打出的，將是西沙新時代婦女的威風和權利。

西沙的新一代，西沙的漁家婦女，能夠推倒這個障礙、躍步前進嗎？

阿寶的眼前閃動起各種各樣的圖景：

金銀島上，日本侵略者逼著革命老人胸口的槍！

永興島邊，革命遊擊隊員射向漢奸鯊魚牙的子彈！

解放大軍搶登海南島，漫天的炮火和硝煙！

還有天安門前飄揚的五星紅旗！

還有練兵場上符海龍對她認真、耐心地射擊技術傳授！

……

她渾身增添了力量，胸膛滿懷信心。她使勁地攥住槍栓，"嘩啦"一聲推上了一顆子彈，沉著地瞄準了靶子。

練兵場上靜下來，靜極啦！

人無音，海無聲。

樹葉不搖，白雲不動。

"砰"的一聲槍響。

靶子倒下了。

人聲喧騰起來了。

呼呼啦啦地圍上去了：

"好槍法！"

"正中靶心！"

……

何望來最後一個走過來，看一眼，呆住了，一時不知該說什麼好。

女青年先把阿寶圍在中間。有的抓住她的手，有的摟住她的脖子，有的把她抱起來。

"阿寶姐，嘿，好樣的！"

"阿寶姐，快，該讓隊長試試了！"

阿寶笑笑，又嚴肅地端起槍，走到何望來的跟前："隊長，請你來吧！"

何望來依舊木呆呆地站著。

趕來的兩位老人開口了：

黎阿伯說："阿來，別丟醜了。撒網你行，幹這個呀，不一定比上人家阿寶！"

符阿婆說："因爲你網撒得多，對槍嗎，你摸得太少，更少練呀！"

何望來心裡納悶：怪事呀，阿寶這女仔何時學會了使槍呢？

工委書記程亮帶著幾位幹部從人群外邊擠進來了。

他看看眾人，看看女兒，又拍拍何望來的肩頭說："望來同志，你太不瞭解今日新一代青年、今日新一代婦女的心意、志氣和力量了。"

他說著，又衝著女兒阿寶笑笑："把你的女民兵排集合起來吧！"

阿寶精神一抖，吹起哨子。

女民兵 "刷刷" 地列成整齊的大隊。

阿寶一步跨出隊前，面向阿爸報告："集合完畢，請首長指示！"

程亮迎著她們走，看著她們笑；像工人邁進產品堆積的倉庫，似農民站在壯苗成長的田野上。他的心頭，掠過一股老一代革命者所特有的自豪的激流。

這激流，如同祖國大地千江萬河匯南海，南海一浪趕一浪，波浪滔滔觸天高。

他向女青年們鼓勁："……中國共產黨的陽光普照南海，西沙群島進入了一個歷史新時代；你們是這個新時代的新婦女，是寶島海疆的建設者和保衛者。"

他向女青年們傳達好消息："……為了進一步落實毛主席關於大辦民兵師的指示，上級又運來我們自己製造的新式步槍，工委決定，把新槍發給向陽大隊第一個婦女民兵排！"

阿寶帶領女民兵振臂高呼：

"毛主席萬歲！"

"中國共產黨萬歲！"

"中華人民共和國萬歲！"

"誓死保衛西沙、保衛祖國！"

發槍的儀式開始了。

阿寶第一個從她的父輩手上接過一枝亮晶晶的新步槍。

阿寶，阿寶，用她那燒飯抓柴的手，打漁搖櫓的手，縫衣捉針的手，不僅執筆寫字，開動機器，又握起了槍桿子！

這槍是工人精心製造的，紫紅的槍把，烏黑的槍筒，雪亮的刺刀，沉甸甸的。

她含著熱淚，緊緊地握住鋼槍，心裡默默地發誓：這槍是人民發給我的，我要像愛我們的西沙，愛我們的南海，愛我們社會主義祖國那樣愛護它；我要用它保衛人民的南海西沙，保衛我們社會主義的新國家，絕不辜負黨對我的期望！

十五

夜是靜的。

西沙群島的夜是不靜的。

海水遵循著風的大小起伏呼嘯。

島上的各種各樣的人，都在按照自己的邏輯和志向，進行各種各樣的活動。

何望來為了讓向陽大隊的新機帆船搶先出海，正召集造船的人開會“促進”速度。

黎阿伯為了使新漁網織得又快又好，親自出馬，正跟網場的人打夜班。

符阿婆為了把海南帶來的菜籽播種在金銀島上，正坐在油燈下精心挑選。

鄭安為了讓男仔在遠離身邊的時候少吃苦，正陪著女人替男仔縫衣服、補蚊帳。

獨眼蟹為了完成南越西貢當局交給他出賣情報的任務，達到他不可告人的罪惡目的，趴在床下，打著手電光，匆忙地往小本子上寫著：

“……最近幾艘經常來往的共軍艦艇，又返回石島，有一艘‘勁松號’上邊的武器裝置好像更新了，也許加強了。我正設法進一步偵探。……永興島上又成立一個女的武裝民兵排，全部發了新式步槍，子彈十分充足，每日在海邊上進行操演……”

突然，遠方傳來一陣槍響。

一聲，兩聲，砰砰砰，響成一片。

女人哆哆嗦嗦地說：“出什麼事了？”

獨眼蟹心驚肉跳地聽著，猜測著，顧不上回答。

過一會兒女人說：“是打靶吧？”

獨眼蟹說："三更半夜的，他們看得著打靶呀！"

槍聲不停地響著。

獨眼蟹又聽了聽，往女人跟前湊湊："你聽，你聽，槍聲是在海上，"

"對，對，是在海上響。"

獨眼蟹忽然高興地說：

"許是我們的朋友打來了！"

"你的報告還沒法送去，他們怎麼會來呀？"

"他們敢劫漁船，就不敢搶島子！"

槍聲響得更緊了。

女人說："是開了火。"

獨眼蟹緊握手電筒，一邊往外走，一邊囑咐女人："把東西收拾好，準備兩把刀！

街上，暗淡的天空托出黑森森的樹影。

灘頭，喧騰的濤聲中閃耀著紅色的火光。

海面上有幾點銀白的燈光在飄動。

獨眼蟹把牙齒咬得"吱吱"晌，胸口興奮得"突突"跳；心想：報仇雪恨就在今天哪！

海邊又是一陣槍聲，一道道火光。接著就是大海的濤聲，別的一切都沉寂下來。

獨眼蟹想：一定是南越西貢的人把這邊的海軍收拾了，就要登島；我得立個功勞才行。

他立刻臥倒在地，按照在峴港規定好的信號，操動起手電筒。

他的身邊突然有人吶喊一聲："什麼人？"

他的後背感到被一枝硬棒棒的槍口拄著。

他趕忙回答："是我……"

"你來這裡幹什麼？"

沒容他再開口，海灘爆發起一陣歡笑聲，又有人對話：

“這回打得好！”

“我看差遠啦！”

獨眼蟹嚇一跳。他聽出對話的人一個是符海龍，一個是阿寶。

一群帶著汗水的熱氣和海水鹹味的歡樂人群，“哼哼”地踏著珊瑚沙走過來，到了跟前。

這邊的民兵說：“報告排長，獨眼蟹在這裡打手電！”

阿寶回答：“我已經發現了。”

獨眼蟹趕忙爬起來，說：“我知道民兵打靶，來看看熱鬧……”

阿寶追問他：“看熱鬧打手電做什麼？”

獨眼蟹吱唔地說：“看不清路……”

阿寶追問他：“照路為行路，為何趴在地下？”

獨眼蟹結結巴巴地說：“我，我怕子彈飛過來，碰著我的腦殼，要了我的小命……”

民兵們一陣嘲諷地大笑。

阿寶訓斥獨眼蟹：“以後民兵有活動，不許你這樣的人隨便出來！走開吧！”

獨眼蟹點頭彎腰，連聲說：“是，是，是……”

他往回轉，扭頭看一眼，黑夜茫茫，心裡好悲傷。

他長長地歎口氣，忽然間想到，幾個月前，他曾經從老革命家程亮兩鬢白髮上得到的幻想，不由得絕望地搖搖腦殼：厲害，厲害！西沙的窮漁民，一代跟著一代長起來，一代比一代硬氣，一代比一代不好惹，連女仔都這般厲害，都會使槍用炮，我這樣的人，出路越來越小了。

他又咬咬牙：得拼命找個辦法，把情報送到南越西貢人的手裡，快來奪島子，趁著他們的根子還沒紮得太深的時候 —— 拔掉它！

十六

在四周歡跳著浪花的礁石上，開完了打靶小結會。

歡樂的民兵們，評議著，爭論著，散開了。

青春的聲音和腳步，從海邊響到麻楓林，又響在漁村的街道上。

兩個領頭的人，留在珊瑚灘頭，簡單地交換一下意見，也準備往回返。

月光在島子上傾瀉。

濤聲在礁石邊起落。

符海龍就地一坐，把鑽進膠鞋裡的沙粒倒出來：重新穿好，一躍而起。

他依然是異常興奮的，對默默地站立在身邊的阿寶說："說實在話，阿寶，你們這幾位女民兵真不簡單；短短的日月，槍法練得這麼好……"

阿寶搖搖頭，打斷了夥伴的讚揚："我看哪，還得苦練。我們在白天打，還過得去，夜戰差火。你沒見好幾個同志都打脫了靶呀！"

符海龍聽出阿寶的口氣沉重，又借著初升的月色看她一眼，說："要高標準、嚴要求，你想得對，那就加強夜戰，明朝咱們再接著來。"

他們踏著碎玉般的珊瑚沙灘走。

他們又繞過礁石叢，穿過麻楓林。

植物的影子，模糊地搖擺著。

昆蟲的叫聲，這邊停了，那邊又響起。

他們來到往日分手告別的路口。

符海龍說："我送你回家吧。"

阿寶說：“不回家。你跟我一同到工委會走一趟，辦一件緊要的事情。”

他們又接著默默地往前走。

月亮高了，身影短了。

浪濤急了，腳步聲輕了。

含著鹹澀味道的海風，涼颼颼地刮著，吹著他們的臉，掀著他們的衣襟。

“阿寶，你累了？”

“沒有。”

“爲何嘴巴閉得緊緊的？”

“我在想一個問題。”

“能說給我聽嗎？”

“就是要說給你聽的。在這段日月裡，我心裡經常劃這樣一個問號：過去幾千年，剝削階級欺壓我們窮苦人，好似天經地義，誰也不能改變分毫；如今，我們讓天地翻了個身，把騎在咱們頭上的人打翻在地，管轄著他們，讓他們按著我們指定的航線走，他們能服氣嗎？能死心嗎？能聽從嗎？”

“不能，絕對不能。毛主席早就告訴我們，反動派是不甘心他們滅亡的；真實的事情，正是這樣的！”

“那麼，我們向陽漁村的獨眼蟹這個人，就是個例外嗎？”

“噢，你正想這個？”

“他的行蹤太可疑了！”

“不錯。今天他故意到艦上找我，說要枝煙抽，他明明知道我不會吸煙哪！”

“有鬼！”

“就是有鬼！”

“你沒質問他？”

“問了兩句。”

"他説什麼？"

"支支吾吾。"

"後來呢？"

"我嚴厲地警告他，以後不許再到軍艦跟前來，就讓他走開了。"

"你為什麼沒有扣下他？"

"沒有。"

"為什麼？"

"就像你剛才沒有立刻扣下他是一樣的原因。"

阿寶會心地笑了："對。沒有把柄，不能輕易地動他。得向領導請示。"

符海龍説："我馬上就找楊政委報告了。"

"我這回要越級！"

"不找阿來叔？"

"他的和平麻痺思想太嚴重了，滿腦殼生產，缺乏敵情觀念。前幾天，鄭太平跟我揭發，獨眼蟹暗地裡向他阿爸耳朵裡吹風，説城市裡在大批地招收工人，説漁業機械化用不了許多人。這樣，他阿爸才鼓動他去海南的。我立即報告了阿來叔。他簡直麻木了，口口聲聲説那是閒談，怪鄭安私心太重；還怨我大驚小怪太多心，不利於生產躍進……"

符海龍説："阿來叔對民兵工作，也顯著冷冷淡淡的。病在他的腦殼裡，一下難改。他是這個樣子，你更須多加小心哪！"

阿寶點點頭，感到肩上的擔子是沉重的。

他們走到臨近工委會機關的時候，瞧見好幾面小窗戶都亮著燈光，好像一塊塊金牌子懸掛在銀灰色的天幕上。

屋裡的程亮聽到女兒在門外的"報告"聲，就答應："進來吧。"

兩個青年進屋一看，除了程亮，還有海軍"勁松號"的政委老楊。

滿室的煙氣，說明他們談了許久。

老楊問他們：“今日這靶打得怎樣？”

符海龍回答：“從基礎看，應當滿意……”

阿寶接過來說：“從要求上看，差得相當遠哪！”

老楊笑了：“阿寶總是高速快車，不肯慢行，更不肯拋錨！有水準！”

程亮看看兩個年輕人問：“這麼晚來，有事嗎？”

阿寶爲了不影響兩位領導談話，就用簡短的語言，把她對獨眼蟹的懷疑述說一遍。

程亮聽罷，衝著政委老楊說：“看看，這回又發現一個腳印。”

老楊告訴符海龍：“我正跟程同志介紹你上午向我反映的那個情況。你們的警惕性高，眼睛銳利，極對。作戰的人，首先要善於發現敵情。今後要保持發揚。”

阿寶說：“我在海南上學的時候，聽過一位公社幹部報告。他講到，他們公社有一個地主分子，害怕我們社會主義大躍進，暗地裡毒死生產隊的五頭水牛。獨眼蟹心懷鬼胎，也要當心他在我們西沙搞破壞！”

程亮沉思地說：“你想得對極啦！對這個人，我們應當看遠些、看深些。”

阿寶說：“是這樣，不深看遠瞧，就沒法看透他！我一直在想這個問題，很希望組織上幫助我想。”

程亮把手一指：“站高點想！”

阿寶拉過一把椅子，挨近程亮落坐，認真聽下去。

符海龍也往前靠了靠。

程亮接著說：“我們西沙的地理位置處於祖國的南大門；我們戰鬥在這裡的任務是建設南海的鋼鐵長城，防止帝國主義及其

走狗的侵略和搗亂 ── 從這點上警惕那些反對我們的人，靶子就
容易看準，子彈就能夠打中！"

兩個年輕人被這一番話說得心胸開闊，眼睛明亮，相對笑
笑，又嚴肅地點點頭。

在西沙這不平靜的夜晚，他們探討起這不平靜的事態；對每
一個參與者，不論老一輩，還是新一代，影響都是深遠的。

阿寶在符海龍相伴下，踏著那如潮似水的銀色月光往高足屋
走，她感到步步在攀登。

十七

在革命者熱情的期待中，在反動派仇恨的切齒聲裡，向陽大
隊的第一艘機帆船終於造成下水了；接著，又試航成功了！

奇蹟嗎？是西沙兒女用雙手創造的！

代價呢？是西沙兒女的汗水！

挑選一個日麗風和的好日子，他們又對準已定的目標遠航
了！

機帆船的艙板散發著油漆的香味。

機帆船的馬達唱著歡樂的曲子。

機帆船帶著老一代漁民和新一代漁民，乘風破浪地向前進。

他們趕過一群群漁船。

他們遇到一艘艘貨輪。

他們每一個人裝滿喜悅和嚮往的心裡，都像這翻滾的海水一
樣的不平靜。

從小就在這海面上捕撈奔波的老漁民，一年幾次的金銀之
行，都是扯著帆，搖著櫓；今日乘坐著人民公社的機器船，今昔
一比，多麼自豪呀！

頭一次來到這個島子的幾個青年漁民，看著天高，瞧著海

闊，別有一番新的風味，想到就開始的新生活，多麼愜意呀！

海風呼呼地吹。

浪花嘩嘩地跳。

成群的鰹鳥在裝滿東風的雪白的帆篷頂端興高采烈地飛翔。

阿寶，是這極度歡樂一夥中最為歡樂的一個。

她坐在艙面上，近看遠望，浮想聯翩。

從她在金銀島上喊出一句聲音，踏下第一個腳印起，她就愛上了祖國的西沙。這以後，敵人的槍聲，親人的鮮血，培育著她的愛情，鑄造著她的奇志！

昨日他們捕撈小隊開了一個誓師會。阿爸程亮參加了，講話了；有幾句，一直響在她的耳邊心頭："……雞毛能飛上天，螞蟻能啃骨頭，正像毛主席教導的，我們中華民族有同自己的敵人血戰到底的氣概，有在自力更生的基礎上光復舊物的決心，有自立於世界民族之林的能力。我們要像老愚公那樣，一代一代幹下去，一個島一個島地建設，一個漁場一個漁場地開闢，定讓西沙、南沙，跟祖國大地一樣紅，紅成一片！"

那番話把她兒時在先烈身上繼承的遺志，社會實踐中得到的知識，還有群眾的影響和家庭的教育，統統地溶化在一起，提煉了，昇華了，使她的志向更加堅定不移了。

機帆船像一隻風箏，投進西部珍珠寶島的懷抱裡。

天空掛了彩雲。

島上盛開鮮花。

湧浪拍手。

礁岩歡呼。

金銀島上的椰子樹，像個長著長眉毛的老爺爺，遠遠地就朝阿寶眯眯笑。

兩棵新一代椰子，已經長成材了。撐著寬闊的葉子，抱著碩大的果實。

多麼熟悉的珊瑚灘，還是那樣潔白，如同北國的隆冬瑞雪。

多麼熟悉的黃沙丘，還是那樣金黃，很像江南的豐收稻海。

多麼熟悉的羊角樹，還是那樣翠綠蔥蘢。

多麼熟悉的野海棠，還是那樣粗獷壯實。

就連那尖尖的嘴巴、乳白色身體的鰹鳥，也跟老相識那樣，衝著歸來的人拍打著黑褐色的翅膀。

阿寶，終於回到她日夜懷念的金銀島，激動得心潮起伏，兩眼發紅，好久說不上話來。

第一次來到金銀的青年們，看著這景色最美的島子上，眼睛都不夠用了。

他們一會兒跳到沙灘裡，一會兒又登到礁石上，一會兒又鑽進樹林中。

他們摘一片綠葉，采一朵野花，揀一捧珍珠般的貝殼，追著絨球似的鳥雛。

他們心曠神怡，忍不住地讚美：

"怪不得咱南海人，祖祖輩輩都跑這麼遠來捕魚呢，這地方可真美呀！"

"怪不得阿寶連中專都不上，一心要回到金銀來，確實招人喜愛呀！"

阿寶帶領夥伴們拜謁了烈士的墳墓。

每一年野花盛開的季節，程亮都委派來這裡捕魚的社員，登到島上來修整一番，使人們永遠不要忘記在這裡堅守寶島的烈士先人。

阿寶講述起英雄韋老爹的英雄故事。

這些故事，夥伴們從小就聽老人們講過；可是這一次觸景生情，加上阿寶娓娓動聽地述敘，格外打動人的心弦，他們都感動得掉淚了。

阿寶又帶領夥伴們參觀甜水井。

每一年捕魚隊到來，程亮都囑咐他們保護水井，好讓不斷來這裡作業的人都能喝上清泉。

阿寶講述起泉水中的甜與苦、血與淚。

這些陳跡，夥伴們從小就聽老人們講過；可是這一次身臨其境，加上阿寶細描細繪地講解，給人的印象特別深，他們都受到了教育。

阿寶帶著夥伴們造草棚。

草棚，還是當年造草棚的地方，也類似原來的模樣，可是，兩種草棚，居住的是兩個時代的人。

阿寶把她童年時候親手繡的一面五星紅旗，高高地升在椰子樹上。

……

當天傍晚，黎阿伯觀察魚場的魚情回來，大船在礁盤邊拋錨，他們乘著小舢舨登島。

黎阿伯一見後勤加工組把草棚搭好了，把環境收拾乾淨了，把飯菜燒熟了，高興地表揚阿寶。

阿寶連連擺手說：“阿伯，這是眾人的成績，你莫要誇獎我。”

黎阿伯說：“眾人也要表揚，你這個組長要加一分地受表揚。”

眾人都被老漢說笑了。

晚飯後，他們開了個會，決定明天正式開始捕撈。黎阿伯帶領全體男社員下海撈參、抓魚；留下阿寶，帶著女社員在島上剖海參、曬魚幹、修補魚網，同時燒飯。

大海，對它勤勞勇敢、忠於社會主義事業的女兒們是慷慨多情的，它把海水中收藏著的最豐富的物品奉獻出來，作爲熱情和汗水的報酬。

豐收，連續七天都是大豐收！

社員們都高興極啦！

"多麼富的海呀！"

"下次得多造船，多來人了！"

黎阿伯故意看鄭太平一眼，逗青年們："漁業使了機器，人就沒得用了嗎？"

他們好笑起來：

"我們的海洋真是太大太遼闊了！"

"再發展生產，人手就不夠了！"

黎阿伯笑起來："哈哈哈……"

笑聲，在西沙的海面上滾動。

十八

西沙的午間是獨具風格的。

太陽在頭頂上。

島子噴吐熱氣。

海水閃電，珊瑚沙返光，耀得行路人睜不開眼睛。

大家吃過飯，都一個個鑽進陰涼的草棚裡躺著休息了。

阿寶呆不住，閑不著，有一點空隙就到海邊上走動。

她走過來，又走過去，夥伴們猜不透為什麼。

唯有黎阿伯兩眼銳利。他第一個看出阿寶的異樣，也是第一個猜到阿寶有了心事。

他悄悄地跟過來，細細觀察。

阿寶好久才發現身旁站著一個人。

黎阿伯問道："你怎麼啦？"

阿寶回答："找到一個矛盾？"

"哈哈！實在出奇呀，你是個專門尋找矛盾的女仔！說說聽吧。"

「你看，我們的漁船滿載歸來，靠不得島，要用小舢舨一趟一趟把魚運上來，多費力窩工！」

「對的。」

「你想，將來有一時打起仗來，上下不方便，會給鬥爭造成困難，多不妥當！」

「有理。」

「我有個打算。」

「接著講。」

「還不成熟。」

「我來幫你加柴。」

「如果在礁盤上修一個棧橋，直通到邊沿上……」

「可行。」

「只是工程太大了。」

「不怕工程大，就怕人們的幹勁小。」

「我也是這樣考慮的。」

學你阿爸的辦法，先把大家的心勁鼓動起來。」

「阿伯的主意高！」

「再照你阿爸的步子走，一步一個窩。」

「謝謝你，阿伯。這樣的做法是對的！」

……

阿寶又仔細地把黎阿公建議仔細捉摸，思路漸漸明亮。

她要先把夥伴都帶動起來，思想提高，加油生產，再千方百計地節省，積累資金，從小到大幹起來。

阿寶越想越高興。

阿寶越高興越有信心。

阿寶滿懷信心地走進草棚。

阿寶發現大家都躺下了，看看這個，又看看那個，最後坐在亞娟身邊，推了她一把說：「亞娟，你哪裡來的這麼多覺呢？」

亞娟翻個身說："這時間又不去幹活計，不倒著，能幹什麼呢？"

阿寶說："我們大家一起來學習政治理論吧，思想覺悟不提高，是難把根子紮深的；不紮根，就不能在這裡創造奇蹟。"

亞娟說："你的意見對，就是我這頭腦，最怕名詞術語；看也記不住，再看頭發脹。"阿寶說："那得看是什麼政治理論。我們自己階級的政治理論，不僅一聽就懂，一聽就吃到心裡，還能使你頭腦清醒，眼睛明亮，渾身長勁！"

"真的嗎？"

"我給你念一段聽聽。"

"好吧。"

阿寶從枕邊拿過一本紅封皮的書，展開來，雙手捧著，一字一字地念道："要使全國人民有這樣的信心：中國是中國人民的。不是反動派的。中國古代有個寓言，叫做愚公移山'。說的是古代有一位老人。住在華北，名叫北山愚公。他的家門南面有兩座大山擋住他家的出路，一座叫做太行山，一座叫做王屋山。愚公下決心率領他的兒子們要用鋤頭挖去這兩座大山。有個老頭子名叫智叟的看了發笑。說是你們這樣幹未免太愚蠢了。你們父子數人要挖掉這樣兩座大山是完全不可能的。愚公回答說：我死了以後有我的兒子，兒子死了，又有孫子，子子孫孫是沒有窮盡的。這兩座山雖然很高，卻是不會再增高了，挖一點就會少一點，為什麼挖不平呢？愚公批駁了智叟的錯誤思想，毫不動搖，每天挖山不止。……"

亞娟聽著聽著，坐了起來，兩眼一動不動地盯著阿寶的嘴，唯恐漏掉一個字。

另外幾個女伴也都坐起來用心聽。

阿寶念完一段，問她們："怎麼樣？這理論好吧？"

大家一齊興奮地回答：

“好極啦！句句入耳！”

“越聽越愛聽！快念下去！”

……

一天，兩天，天長日久，人們嘗到了學習的甜頭，提高了思想覺悟，女孩子們的精神面貌起了極大的變化。

這種新風氣，影響到幾個捕撈作業班，於是，第一個毛主席著作學習小組，就在西沙金銀島正式成立了。

晚上，女孩們坐在草棚外邊開討論會，各人談心得。阿寶故意抓住不太一致的說法，引她們爭論，越爭越熱烈，越爭越明白，大家可高興了。爭論一陣，阿寶就把自己在學校學的幾隻歌子教她們唱。這一唱，把男青年也引來了。女孩們害羞，不肯唱了。

亞娟朝男青年大聲喊著：“你們快走開吧，我們要睡了。”

阿寶卻攔住他們：“莫走，一塊學唱歌吧。”

亞娟小聲對她說：“臨來我阿媽囑咐，要離男仔們遠一些。”

阿寶笑著說：“這老封建思想殘餘，不能帶到咱這純潔的西沙來；咱們不要順著他們的心思行事，要逆著！”

亞娟不說什麼了。

男青年，女青年，一起唱革命的歌。

第二天，在海灘上，在水面上，到處都有歌聲。連黎阿伯都跟著哼幾句。

西沙群島多熱鬧呀！

阿寶把自己腦子裡的歌曲都掏光了，青年們還逼她教新歌。

她悄悄地跟亞娟商量：“這邊文化材料太少了，離陸地遠，交通不便，取無處取，買無處買；咱們自力更生，自己編吧……”

亞娟沒等她把話說完，先笑了：“胡想！別看你是個中學生，編歌作文可不是簡單的事情。”

阿寶說：“不會做的，只要需要做，我們就一定學會做，做成功，像老愚公那樣 —— 社會主義時期的婦女，就得有這股強勁！"

　　好幾個夜晚，別人都甜甜地入睡了，阿寶卻在鋪上翻來覆去地想詞句。她不好掌燈，就借著月光，想好一句，往小本子上寫一句；最後，她按照現成曲子，填了這樣一段詞：

　　　　西沙兒女愛西沙，

　　　　珍珠寶島來安家：

　　　　在祖先開闢好的航道上行船，

　　　　我們撈海參、捕魚蝦；

　　　　在烈士戰鬥過的叢林中生活，

　　　　我們讀馬列、學文化。

　　　　勞動在風浪裡，

　　　　操作在烈日下，

　　　　為了把西沙築成鐵壁銅牆，

　　　　艱難困苦踩腳下；

　　　　為了使西沙千秋萬代永不變色，

　　　　終生在這裡把根紮！

　　　　⋯⋯

　　這是一首很幼稚的歌詞。

　　但作者自己有一腔表達不出來的火熱的情感倒被它勾起來了。所以她先激動起來。

　　第一批讀者們都是在祖國南海西沙的實幹家、戰鬥者，同作者有著共同的心意，共同的理想和感受，很自然地跟這些粗糙的文字發生了共鳴。他們只用自己的智慧和熱情來補充其不足，並沒有誰來挑剔。

　　這樣，又大大地鼓舞了作者，堅定了她的信心，也使她變得聰明 ── 不幾天，她又編寫了兩首新歌，反映他們戰鬥生活和革命豪情的新歌。

　　於是，他們在自己的西沙，唱起自己的歌。

　　他們唱著自己的歌，在島上平礁磕、斬荆棘、刨樹根，修了一條自己的路。

　　這條路，從海邊到沙丘，通向居住的小草棚、用水的甘泉井，還通向島子中央的小盆地。

　　這條平平坦坦的路，在樹叢、老林裡穿行，像綠色的戰壕。

　　他們唱著自己的歌，在小盆地上鏟草、燒荒、翻開褐色的泥土，撒下黃的和紅的種子，種了一塊小菜田。

　　這塊碧綠碧綠的菜田裡有芹菜、油菜、空心菜、小辣椒和番茄。

　　……

　　勝利的果實，鼓舞了戰鬥者的豪情。

　　滿懷革命豪情的人，膽子更大，志氣更高。

　　黎阿伯悄悄地告訴阿寶：火候已足，熟了！

　　阿寶用一個晚上，寫出修築棧橋的施工計畫。

　　連夜討論：

　　你一言，我一語；有修改，有補充 —— 最後寫完了，寫在紙上，也寫在夥伴們的心頭。

　　第二天，一艘海軍的巡邏艇來這裡。他們讓鄭太平搭乘回永興，把一份西沙兒女的奇志決心書，送到永興島上級黨委。

　　人人熱情地等待新的戰鬥日子來臨；好多人比阿寶還急切。

　　阿寶多高興呀！

十九

　　人多、心齊力量大，每天要做的活計，總是不到晌午就完成。

　　阿寶指揮著後勤組的女孩子們，"見縫插針"地搞副業生產。

　　她們到礁石邊剟海栗子。

她們到沙灘上捉海龜。

她們到樹林裡采野果。

她們到小盆地割藤條。

……

她們忙碌著，唱起歡樂的歌。

有一天，她們坐在樹蔭裡，用她們割來的樹枝，學著編籮筐。

第一個編成功的是阿寶。

姐妹們都誇她心靈手巧，都學著她的樣子做。

野海棠樹那邊，傳來喊聲："阿寶，阿寶！"

阿寶說："是鄭太平叫我。"

亞娟說："他前天跟巡邏艇走的，今天就轉回？"

野草刷刷響，樹枝嘩嘩顫，滿頭淌汗的鄭太平跑到她們跟前。

眾人一齊叮問：

"太平，咱們的施工計畫報上去沒有？"

"太平，大隊有什麼意見呀？"

鄭太平掩飾不住內心的高興，回答說："我到永興的當天就交了，大隊委當晚就討論了，立刻就批準了！"

"太好了，太好了！"

"有沒有別的要求？"

鄭太平說："沒意見，沒要求，完全滿意，全力支援，讓咱們猛著勁做！"

"看，大隊的作風變了！"

"當然，都在大躍進嘛！"

鄭太平又說："大隊長還把我們足足地表揚了一傢伙。特別表揚了阿寶。"

"這是鼓勵我們哪！"

"我們更得加油幹！"

鄭太平從衣兜裡掏出一個紙包，遞給站在一旁只笑沒開口的阿寶：“把購水泥的款子都撥來了！”

阿寶掂著錢包，心裡對何望來很滿意。

鄭太平又指指樹林的那邊說：“大隊長還指示了運輸船，讓他們帶上阿寶，直奔海南購水泥，好把施工任務完在颱風季節的前邊。”

阿寶收起錢包，心裡對何望來十分感激。

亞娟在人群裡忍不住地嘿嘿笑，拍著阿寶的肩頭說：“排長，排長，我建議你親自寫封信帶回去。”

阿寶不解地問：“寫什麼事呢？”

亞娟說：“禮尚往來，表揚表揚我阿爸呀！”

眾人“嘩”的一聲大笑。

他們說著，笑著，穿樹林，過草坪，奔海邊，去看望從永興島來的運輸船。

阿寶一邊走一邊興致勃勃地想：大隊領導這樣支持，更要苦幹快幹，一定幹成功。

當碧藍色的淺灘出現在面前的時候，她彷彿看到一道高高的棧橋已經落成：一端接著岸，一端連著海，上邊飛跑著擔著滿籮鮮魚的隊伍……

靠在礁盤下的運輸船上的人，朝他們熱情地招手呼喊。

上了海灘的人，被他們圍在中問。

老鄭安也是喜氣洋洋的。

這一段日子產量高，讓他喜悅。

這一段日子男仔沒受委屈，讓他喜悅。

他正跟剛剛趕到這裡看他的黎阿伯誇獎大隊長：

“咱們的大隊長，真能抓呀。我敢保，今年全西沙的漁隊，誰也比不上咱們收入多，鈔票算裝到兜了，紅旗算拿到手了。”

他看到阿寶，又誇大隊長：

“咱們的大隊長，對你們青年夠愛惜的了。你們一提要修碼頭,立刻把買機器的錢撥給你們了!"

阿寶聽到這句話一愣:"給我們購水泥的錢,原來是買機器用的呀?"

鄭安說:"是呀,咱大隊本來打算再多造一條新機帆船嘛!……"

阿寶手掂著錢包,對黎阿伯說:"這件事情,咱們討論討論吧。"

黎阿伯立刻就明瞭這個年輕人的心思,點點頭:"好,好?"

剛來到的人們都吃飯、休息了。

島上的社員們在一柄大傘似的野海棠樹下集合,開一個緊急的會議。

阿寶長話短說:"同志們,我提議,把大隊撥給咱們購水泥的錢退回去!"

眾人一聽,不理解這是什麼意思。

阿寶接著說:"那是造新船的錢,多一條船,就多增加一股保衛西沙、建設西沙的力量!"

眾人這才有些明白。

阿寶又說:"拆了大隊的新船,修了咱小隊的碼頭,這一盤棋子就走亂了,得不償失呀!"

眾人流露出同意的神情。

只有兩個人表示反對:一個是鄭太平,一個是亞娟。

鄭太平對這回受委任報計畫,馬到成功,十分得意;這樣一變,他算怎麼回事呢?

他說:"阿寶,大隊今年造船多,現款也就少了,退回這一筆,難得第二筆呀!"

亞娟覺得這回施工計畫順當通過、錢款馬上撥來,有利於阿寶的志向實現,也有利於她阿爸的威信提高,這樣一變,兩頭不都完了嗎?

她說：“阿寶姐，錢退回去，我們兩手空了，巧手難燒無米飯，工程可吹了！”

同意阿寶意見的人，也都還有幾分擔心：沒錢是不能購到水泥；沒水泥，工程怎麼進行？

一直不開口的黎阿伯，抱著水煙筒猛抽了幾口，站起身，清清嗓門，表態了：“我已經認出了阿寶的性情，摸到了她的思路。跟她阿爸一樣，從來不肯在別人船後尾平平安安撒網，專門要到風險中衝闖！我看這倒是你們這些西沙新一輩人應當有的志氣！”

這些話繞了個彎子，鄭太平和亞娟就沒有完全聽出門路來。

黎阿伯是故意這樣說的。他接著往下講：“前幾天，阿寶就稍稍地給我透了點心意：施工計畫批下來，少讓集體投資，我們小隊自己種的菜長起來了，把隊裡補貼的菜金用上；抽歇息時間抓海龜、剜海栗子賣了錢搭配上……”

眾人聽到這裡，好似心中的燈盞加了油，漸漸地亮了。

鄭太平依舊繃著臉，因為他跟阿寶離的遠些。

亞娟倒露出笑模樣，因為她跟阿寶貼得近。

黎阿伯又說：“我猜想，阿寶她今朝遇上了新矛盾，是不是膽量長大了，計畫也變大了，要把自己湊款的數目也擴大起來呀？”

阿寶忍不住地跳起來，連聲說：“阿伯，阿伯，就是這樣的，就是這樣的……”

她說著，兩隻眼睛發紅了。

老貧漁這樣知音，這樣通情，這樣地心心相連，她怎麼能不感動呢？

黎阿伯把大手一伸：“要是這樣的，我完完全全的贊成你阿寶！”

眾人“啪啪”地鼓起巴掌。

阿寶激動地說："同志們哪,我想講的話,黎阿伯都講了。我們是西沙的新一代,要走新路、創新風;不靠錢,不靠物,要靠毛主席發奮圖強,自力更生的革命路線、靠我們的汗水建設西沙、保衛西沙,讓西沙變得更美麗,更富饒、更堅不可摧!……"

熱烈的掌聲,震得樹葉抖,驚得小蟲飛。……

黎阿伯這樣經歷豐富、目光銳力的人,偶爾也有對人一時一地的想頭看不準的時候:他跟這夥年輕人一樣,估計鄭安被打發把退掉的錢帶回轉的時候,一定會反對的;不料想,恰恰想反。

老鄭安一覺醒來,聽了阿寶講的道理,接過錢包,看看這個,又看那個,那皺紋縱橫的臉上,氣色急速地變化;猛一轉身,衝著兒子鄭太平說:"你呀,就留在這裡幹下去吧,好好地跟人家阿寶學。我就喜歡會勤儉過日月的人。阿寶是個真會過日月的人,是個會給眾人過大日月的人!"

又是掌聲加笑聲。

亞娟悄悄地附在阿寶的耳邊說:"你親自給我阿爸寫封信捎回去吧。"

"寫什麼?"

"批評他!他走的還是舊路子,還拉我們!"

阿寶也笑了。

她笑得很嚴肅。

二十

一艘藍灰色的人民海軍的艦艇,停泊在金銀島礁盤以外的海面上。

一條小舢舨從艦上放下來。

舢板上擠著十名虎彪彪的青年戰士。

戰士們用槳、用手,高高興興地劃著水。

島上的社員們正在做著建碼頭的施工準備。這時候，他們都停住手，跑到金黃的沙丘上來觀看。

"這艦是勁松號！"

"舢舨往咱這島上來了！"

"看，看，搖船的是海龍！"

人們議論著，在阿寶的帶領下，歡歡樂樂地越過沙丘，跑向海灘，迎接親人的來臨。

小舢舨剛靠近，阿寶一步邁進水裡；一手抓住船頭；趁著浪的湧勢，用力一拉，半個舢舨就登上了海灘。

海軍戰士們提鍬、拿鎬、扛木箱子，呼呼啦啦跳下舨板，刷刷地排成佇列。

符海龍跟社員們打招呼、握手，對阿寶說："我們組織一個支漁班，前來報到，跟你們一起修碼頭。"

阿寶笑著說："你們怎麼得到的消息呀？"

符海龍說："我們有活電話！"

社員們都笑了。好幾個人心裡猜想，給海軍送信的"活電話"一定是何望來。

阿寶誠懇地說："請你轉告艦上的領導，你們有重要的護航、護漁的任務，不要麻煩了……"

符海龍笑著說："莫客氣，我們已經做好安排，趕快分配工作吧。"

阿寶看推不掉，只好說："先請同志們歇息、喝茶，我們再跟你匯報匯報。"

符海龍轉身回到隊前，先讓一個戰士用手旗給停泊在洋面的軍艦發信號。

艦上的信號燈一閃一閃，隨即起航，劈開海浪，揚起水花，朝羚羊礁方向飛快地跑去。

符海龍又讓戰士們解散，自由地活動一下。

這時候，社員們都跑過去，跟戰士們親熱的說笑在一起了。

阿寶把他們的施工計畫，跟符海龍詳細地講了一遍。

符海龍胸有成竹地說："你們的計畫很好。我再來一條建議。"他伸手指點著海邊，"那個方向，礁盤比較短，有一節上還有個豁口 —— 小時候，韋阿公帶我下海撈螺的時候，常到那裡去；如果我們把碼頭修在那裡，棧橋就短多了……"

阿寶沒等聽完，就連聲說："極好，極好！"

符海龍又說："我估計，那個豁口不夠大，可以用水下爆破，把它炸大一些……"

阿寶說："我們原來也有過這樣的打算，就是一時搞不到炸藥……"

符海龍朝地下的木箱一指："我們已經帶來了。"

阿寶高興得簡直要跳起來："哎呀，太好啦！"

符海龍又從軍裝兜裡掏出一個筆記本，從裡邊找出一張疊著的紙，小心地展開，舉在阿寶的面前說："這是我畫的一個具體建築圖，你看看，大家討論討論……"

阿寶雙手接過，急速地掃了一眼，不由得喜上眉梢，從自己的衣兜裡也掏出一張圖紙，展開來，一手舉著一張，朝眾人喊："同志們，快來看哪，海龍哥也把建築圖畫來了！你們來比比看吧，太有意思啦！"

社員和戰士們都圍上來，擠著頭看，伸著手搶，一片讚美聲：

"真棒，真棒，"

"兩張圖差不多一模一樣！"

"太巧啦，太巧啦！"

……

亞娟扯住符海龍的袖口說："我知道啦，你跟我阿寶姐在我們來金銀島的那天，私下裡就商量過，只是瞞著我們，對不對？"

符海龍連忙擺手："你猜錯啦，同志！"

亞娟不肯信："那爲啥不差分毫呢？"

阿寶見符海龍被迫問得直粗脖紅臉，就接過來回答亞娟說："我告訴你吧，我畫這圖的時間可早啦，根本不是前幾天才在一塊商量的。"她抬頭看看海島，轉頭看看大海，激動地用手比劃著，"我跟海龍哥還是這麼高的小仔的時候，有一天夜晚，吵著將來西沙解放了，誰開大船到這裡來，我就開始在心裡畫……"

儲蓄著許許多多金光碧彩的記憶的湖泊，被這幾句話啓開了閘門，湧在符海龍的眼前，掠過符海龍的心頭。

他連聲說："對啦，對啦，我也是從那個時刻就開始在心裡畫了。解放以後，阿寶去上學，我跟阿來叔到這裡抓魚；每次來，我都想到這件事，我又開始在心裡描畫著這張圖……"

阿寶又接著話音說："亞娟你應當明白啦，兩張圖一樣，不是湊巧，是有根源的。這根，就是在西沙的寶島上；這源，就是從我們老祖宗的心頭，一代一代流到我們的心頭，直到今天這個社會主義的年代裡，它才能夠不僅畫在紙上，還要用我們的雙手建築在南海西沙！"

圍在四周的青年男女們，都被他倆的話所打動，都被他倆的情緒所感染。

他們每一個心胸裡，都因爲大體類似的生活道路和階級烙印，埋藏著相同的火種；隨著年齡的增長，見識的豐富，在社會主義大躍進的東風鼓吹之下，經過阿寶的引導，漸漸地燃開起火的花朵。

火紅的青春火花，在翡翠般的島上，在白玉般的礁盤上，在藍晶晶的大海上，爭先怒放了！

他們在島上舞動柴刀，砍下灌木的枝條，割下西沙藤蔓子，編籮筐，擰纖繩。

他們在礁盤上揮起鍬把，撈礁碴、鏟黃沙，一擔一籮運上岸。

他們在海的深水裡，放下炸藥，點起導火索，轟擊礁石。

聽吧，號子聲聲，在這裡響起，跟海濤比威風。

看吧，爆破的水柱，在這裡掀起，與大浪試高低。

在西沙當頭的烈日下，西沙的兒女們汗水淋淋，滴滴落在沙灘上，流在礁石間，溶化在大海裡。

"阿寶，歇息歇息吧。"

"不累。"

"看你手上起的血泡！"

"炮彈多了，留著打擊侵略者呀！"

"哈哈哈！"

……

"阿寶，我來換你擔吧。"

"不用。"

"瞧你肩頭都腫高了。"

"沒關係，離著掉下來還差得遠哪！"

"哈哈哈！"

笑聲摻進號子聲裡，爆炸聲中，隆隆猛響似春雷。

二十一

沉雷滾，烏雲翻，風推樹木，野草顫抖。

烈性的南海，又一次激動起來了。

阿寶抬頭一看，急忙從水裡跳出來，大聲喊："不好，要下大雨啦！"

社員和水兵們全都停住手。

阿寶一步跨上一塊突出的礁石上，又喊："快，到草棚取苫布，蓋好水泥包！"

社員、水兵一齊跑上海灘，有的疊水泥包，有的跑去拿苫布。

阿寶登上黃沙丘舉目瞭望，眉頭皺在一起。

符海龍跟著過來，知情地寬慰她：“放心，漁船上的人老手多，經驗豐富，會立刻轉來的。”

遠處跳躍的天水線，因爲風吹浪湧，又成了鋸齒一樣。

突然，在那裡出現了他們的機船、帆船，飛速地往島子這邊開來。

阿寶的臉上綻開了笑容，這才跑到黃沙丘裡邊的平地上，跟眾人一起苦水泥。

漁船返回島子的邊沿。

黎阿伯對漁船上的社員們喊：“所有的人，一個不剩，全部下船，上島！”

有的登上舢舨，有的年輕人跳到海裡，往岸上游。

黎阿伯沿岸奔跑，招呼剛剛靠過的帆船：“不要都挨在一起，一條一條離遠些。”

有的帆船往左彎，有的帆船往右轉，分散開，靠了岸，又急忙地拋錨繫纜。

阿寶和符海龍迎上黎阿伯。

老人家的臉孔，也如天空一樣佈滿了陰雲。

“阿伯，是颱風嗎？”

“不像。”

“那麼，是暴雨？”

“也不像。”

“是大潮？”

“這大潮怪呀！”

風猛刮。

雨急落。

潮水，像氣吹的，一個勁地往上翻漲。

阿寶四下環顧，忽然想起她年小的時候，遇到過一場類似的災難，在她心裡留下不能磨滅的疑團。後來，她在上中學的時候，曾經專門查閱過有關海洋潮汐的書籍，終於找到了根底。

她說："看樣子，一定是海嘯！"

黎阿伯點頭了："像。迷信說法是龍王開仗。"

阿寶說："科學的說法，這是海底地震引起來的現象。"

符海龍說："要真是海嘯，危險還要發展！"

阿寶精神一抖，奔向風雨中的夥伴："同志們，再把水泥往高處運！"

符海龍先下手扯起苫布："對，往最高處運！"

被淋得渾身發抖的鄭太平說："一運，水泥不就濕了！"

亞娟也說："是呀，得想個安全的辦法。"

阿寶覺得他們的意見很對，朝符海龍手扯的苫布看一眼，忽然急中生智，說："來，來，四個人扯苫布，給運水泥的人遮住雨！"

黎阿伯連聲說："好辦法，好辦法！"

人們呼喊起來：

"幹哪，幹哪！"

"一定要保住集體的財產呀！"

阿寶帶頭扛起水泥袋。

符海龍一下扛兩袋。

社員們搶，水兵們奪，勁頭小的女孩子兩個人夥抬起一袋子。

黎阿伯和亞娟幾個人扯起苫布。

人跑，"天棚"追，一齊直奔島子中間、甘泉井左方一個突起的沙崗。

狂風猛吹。

暴雨猛下。

海潮猛漲。

"加油哇，還有兩趟就運完了！"

"來個最後努力，再一趟就勝利了！"

……

當最後一袋水泥被人們送到島子高高沙崗的時候，潮水已經越過沙丘，衝過樹林，浸過水井，進了人們居住的草棚。

阿寶站立在水泥垛旁邊的風雨中，心中似火燒。

她看看眾人。

眾人都看著她。

她高喊一聲：「武裝民兵跟我來！」

她喊著，衝進怒潮中。

呼啦啦，後邊跟上一大群。

她衝進草棚，對身邊的民兵喊：「把武器、檔帶上，別的東西都不要管了！」

民兵們一個個佩帶整齊。

阿寶又帶領眾人回身往高處衝。

潮水已經齊到腰深。

他們艱難地往前移動。

潮水已經達到胸部。

站在高處的人們，遠遠的瞧著雨水海潮中隱現的身影，急得又喊又叫。

符海龍對他的戰士命令：「我們去接應！」

黎阿伯、亞娟也跟著跳進水裡。

滔滔的大浪，把一個民兵打倒了。

阿寶一把扯住他。

吼吼的暴風，又把一個民兵打倒了。

阿寶一把又扯住了他。

兩隻隊伍匯合在一起。

潮水在人們的肩上翻滾，要把他們淹沒、捲走。

雨水往頭上潑。

浪花在頭上跳。

阿寶高喊："同志們，挽上胳膊！"

就是在她身邊的人，也難以聽到她的聲音，可是看到了她的動作。

社員和水兵，一個和一個挽起臂，連成一串，齊心協力地向前推進！

風雨被闖開了！

浪濤被壓倒了！

人們終於登上了高地。

突然，那個最後爬上來的鄭太平，被一股大浪打倒，猛一旋轉，把他捲走了。

"太平！"

"太平！"

阿寶"通"的一聲又跳進浪潮裡。

符海龍跟著跳進浪潮裡。

社員、水兵們，又一個個跳進浪潮裡。

阿寶抓住了鄭太平的衣襟。

鄭太平被一雙雙大手抬了起來。

黎阿伯眼疾手快，投過一條他們自己用西沙藤擰成的繩索。

阿寶抓住繩索。

眾人都抓住繩索。

他們終於又登上了高地。可是他們被籠罩在雨水、潮水編織在一起的羅網裡：

阿寶抹一把臉上的水，鼓勵眾人："同志們，現在是對我們嚴重的考驗，也是寶貴的鍛鍊機會！真金不怕火煉，礁石不怕浪打。我們要團結在一起，下定決心，爭取勝利。她身邊的人，不論社員還是水兵，不論老年還是青年，個個都堅強地挺著腰桿；她身邊的人，不論社員還是水兵，不論老年還是青年，個個都堅強地挺身而著頭。

她又讓同志們挽起膀臂，迎接更大的風，更大的雨，更大的浪潮，更大的考驗！

……

西沙的軍民，緊緊地連接在一起。

西沙的軍民，牢牢地站立在一起。

西沙的軍民，久久地戰鬥在一起。

翻滾的大海像燕山綿亙的群峰，西沙軍民，巍然屹立在波濤之上，正是鋼鐵的萬里長城的縮影！

狂風，軟弱了。

暴雨，疲累了。

海潮，哼哼地喘息，終於節節敗退了。

西沙的兒女們，是最後的勝利者！

看，經過激戰以後的西沙，天更藍，水更清，樹更綠，花更紅……這裡的保衛者們更英勇！

二十二

金銀島上土法修建的小碼頭，經過社員和海軍戰士們日日夜夜的艱苦努力，終於完成了。

金銀島上有了這個小碼頭，給勞動生產、運輸航行帶來了便利。

金銀島上有了這個小碼頭，給它的親手創造者們增了信心、鼓了勁頭。

小碼頭落成那天，是這個本來就充滿著歡樂的金銀島最歡樂、最歡樂的一天。

男女青年們高興地唱起他們歡樂的歌，硬把阿寶架到機帆船上。

於是，阿寶親自開船，第一個離開碼頭，在大海上飛馳一圈，又第一個靠碼頭。

青年們從船上跳下來，在棧橋上歡呼奔跑，登上海灘。他們又從海灘上跳下來，在棧橋上歡呼奔跑，登上了漁船。

被累得臉上消瘦、眼睛發紅的阿寶，跟並肩戰鬥的夥伴們一起歡笑。

當她看著夥伴們那樣狂熱奔跑的時候，不由得笑出了淚水。

她覺得這不是一個簡單的小碼頭，而是祖國遼闊的南海上，鋼鐵長城宏偉結構中的一塊最堅硬的磚石！

她覺得，此時歡樂的夥伴不是一個社員小隊和一個水兵的班，而是在西沙艱苦創業的全體英雄的兒女們。

她覺得，這個小碼頭跟祖國的大地連接在一起，通著北京天安門。

她覺得，這個小碼頭上的人，跟全中國人民和全世界人民一起歡樂；全中國人民和全世界人民跟小碼頭上的人們歡樂在一起！

……

就在這一天的早晨，"勁松號"又開到西沙永樂群島海面上執行巡邏任務。

符海龍得到通知，要他立刻帶領水兵們歸隊回艦。

熱烈地送行，難捨難離呀！

在這個時候，年輕人真正懂得了什麼是戰友的感情，而戰友的感情又是怎樣建樹起來的。

這個小碼頭，這塊南海長城的磚石上，留上他們共同的汗水和指紋，記載了這一切。這一切，又深深地印在每一顆年輕的、火熱的心裡。

帶上這樣的感情，駕起他們的駿馬 ── 人民海軍的戰艦、人民公社的漁船，在碧波蕩漾或是白浪滔天的祖國遼闊的南海西沙自由地馳騁吧！

一堆一夥的人扯著手，交談著談不完的話。

阿寶陪著符海龍站立在礁石上，望著大家，激動地沉默著。

一直到了要出發的時刻，阿寶才低聲問：「你們是不是要回永興，或是基地呀？」

符海龍回答說：「要在這裡活動幾日。」

「有特殊情況？」

「對。珊瑚島上的敵人，調動頻繁，還開來一條艇，在遠遠的海面上神出鬼沒。」

「這些烏龜仔們，又安什麼心？」

「反正沒有好心，你們得多加小心！」

阿寶點點頭說：「面臨敵人，我們怎麼能讓自己有絲毫鬆懈呢！」

符海龍朝遠遠的珊瑚島方向看一眼，氣憤地說：「我真恨不能把軍艦開到那裡，用大炮把他們轟爛在島上！」

阿寶笑笑，說：「我們跟你們恨是一樣，急是一樣，想的也是一樣呀！在海南中專讀書的時候，就是我聽到南越西貢劫持我們漁船那天，我跑到基地找首長提議，應當快些把島子奪回來呀！首長給我解釋說，這個怪現象是帝國主義故意製造的，是歷史遺留下來的問題，中國政府將在適當的時間，用適當的方式來解決……」

符海龍也有過同樣的舉動，就點點頭說：「耐心一些等著吧。我相信終歸會有這一天！我們的寶島珊瑚，終歸要回到我們的懷抱！」

阿寶說：「希望這一天早些到來！那時候，我們軍民一齊去解放，去建設，去那裡像今天這樣歡歡樂樂！」

……

從這一天起，阿寶對民兵的操練工作抓得更緊，對民兵們要求得更嚴格了。

阿寶帶著滿腔對祖國的愛，帶著滿腔對敵人的恨，勤學苦練，練就一身好武藝，練出一手好槍法。

她肩背著槍，手把著舵，跟著大隊社員出海抓魚。

她肩背著槍，手搬著魚，跟著夥伴們在灘頭曬海鮮。

她的女民兵排，跟男民兵比賽，個個都威武颯爽，都像小老虎。

她們在漁船上一切行動軍事化。

她們在小島上一切行動軍事化。

她們跟來西沙執行任務的海軍巡邏艦上的水兵們一起，步調一致，守衛著祖國的海疆。

南海西沙在突飛猛進。

南海西沙的漁民像過節一樣快活。

人民大眾開心之日，就是反革命分子難受之時。

在這一段日子裡，西沙群島有兩個人最難受。

一個是藏在永興島上的漢奸、特務獨眼蟹。

一個是困在珊瑚島上的南越西貢的偽軍小頭目大南瓜。

獨眼蟹削尖腦袋到處鑽。獨眼蟹撐開了眼皮到處看。

獨眼蟹把好多他認為是極重要的情報裝了一肚皮，記了一本本。

獨眼蟹想盡了辦法，要尋找一個門路，把他的情報送到南越偽軍手裡。

獨眼蟹越尋越找路越窄。急得他心像針紮，嘴起燎泡，手指頭都冒汗。

他裝積極，拼命地幹活計。

他扮老實，一句話不多講。

他熬日月，等時機，盼望一條出路從天降。

出路在哪兒呀？難受死他了！

……

大南瓜從軍官學校一出來，就侵略中國的西沙。

大南瓜幹的第一件事，就是劫持中國的漁民。

大南瓜立的頭一等功，就是收買了獨眼蟹當漢奸特務。

大南瓜升了一級。

大南瓜本來就發胖，這一升級，更發胖，更像一個大南瓜了。

大南瓜第二次偷偷溜進了中國的西沙。

大南瓜又急著為他的主子立第二次功勞。

大南瓜盼望此行成功，再來一次升級。

大南瓜在珊瑚島上蹲了幾個月，想盡了辦法，也沒有找到獨眼蟹接上線、掛上鉤，更不能得到情報了！

在悶熱的、陰森的、冒著黴臭氣的屋子裡，大南瓜來回走動，好像地板燒腳，片刻也停不住步。

他從破爛的行軍床上，跳到長滿鏽的鐵椅子上，又衝著畫滿裸體女人、怪獸、菩薩的牆壁前邊愣了一下，一個勁兒用手上的尖指甲抓腦瓜皮。

他想：情報不拿到，西貢就不敢出兵占西沙別的島，侵略計畫就不能實現，上司的野心就不能滿足，他自己再升官發財的夢想就要落空；說不定還要來個前功盡棄……

他猛地一拍屁股，朝窗外喊："來人呀！"

守島偽軍的一個小頭目進來，點頭彎腰："長官，長官，有何吩咐？"

大南瓜說："我吩咐個屁呀！今日清晨，你派出去的人回來沒有？"

小頭目回答："剛靠岸……"

"叫他來！"

"趴在沙灘上動不了啦……"

"為什麼？"

"嚇的……"

"讓什麼嚇的？"

"讓中國的漁民……"

"混蛋，老百姓怕他什麼？"

"中國的老百姓越來越厲害了，打魚還帶著武裝，一邊撒網，還一一邊練射擊……"

"我讓他們化裝成漁民，混到裡邊，找那位一個眼睛的中國人嘛！"

"唉，還沒容靠近，中國漁民就盤問開了。"

"答話嘛！"

"咱們弄不到情報，對中國人在西沙搞的事情，一點底細都不曉得，一答話，就露餡了……"

"廢物，金銀島那邊派人去了沒有？"

"去過了……"

"怎麼個結果？"

"更慘。那邊的中國漁民又修碼頭又造屋，熱火朝天的，連邊我們也不敢沾……"

大南瓜一拍桌子："我命令你，三日之內，必須把那位一隻眼睛的先生找到，把情報取回；否則，我要帶你的腦殼回峴港去交差！"

小頭目點頭彎腰，連聲說："是，是"，就退出去了。

其實，不要說三日，又一個三十日，他們的陰謀也沒有得逞。

大南瓜還得等，真難受呀！

二十三

在西沙捕魚生產，像西沙的湧浪那樣地一張一弛有節奏。

湧浪隨著海風漲。

生產追著季節忙。

又是一個魚汛旺發的日子。

又是一場緊張戰鬥的開始。

玉石般的海灘上，晾曬著魚貨，豐富多彩。

竹床一排排。

攤擺的幹魚在陽光下閃光。

鉛索一條條。

串吊的海貨在微風中搖擺。

曬魚的女社員，好像紡織工人在機子前往返巡視。

剖參的女社員，如同小刀會的演員在大戲臺上舞蹈。

幹魚、鹹魚一垛垛。

石蟹、海參、貝類一籮籮。刺純、豎琴螺、馬蹄螺，還有各種各樣的大蚌殼，一堆又一堆。

阿寶跟社員在灘積一起的鮮魚中挑選、分類，兩手一齊忙，心裡忍不住地樂。

她想：我們有這樣勤勞、勇敢、熱愛社會主義的社員；我們有黨的路線的指引，美好的目標一定能實現。

她想：照這樣連續豐收，西沙的建設就會大發展。

她想：西沙建設好，這個前哨陣地就能鞏固。

她想：眼下任務重，人力不足，往海南運輸的船不夠用；已經給大隊帶去信，建議把在永興附近作業的社員調來補充，為什麼沒回話呢？

她正想著，只見曬魚的亞娟跑過來了。

“阿寶姐，又來一對新造的機帆船！”

“太好啦。來多少人？”

“兩隻船上滿滿一大群。”

“快去歡迎！”

“我阿爸也跟船來了。”

“我們的領導力量更強了！”

她們說著，高高興興地往運輸船靠岸的海灘走。

島上的社員和船上的社員在銀白的珊瑚灘上會了面。

幹部們親切地握手。

老年們彼此問安。

姑娘們摟住脖子扳著肩頭親熱。

小夥們你拍我一掌，我打你一拳，有的還在沙灘上摔開了跤。

多少離別的話呀，問個不停，答個不完。

報喜訊。

賀豐收。

傳新聞。

捎來一封封家書。

帶來一件件新衣。

擔上幾筐西瓜。

挎上幾籃鳳梨。

抬上幾壇老酒。

大隊長何望來登上了灘頭。他穿著舊衣的身上帶著魚腥，黝黑的臉上掛著汗痕。

他對阿寶很疼愛，提著兩包糖果，一包給了亞娟，一包給了阿寶。

他急急忙忙地觀看土法建築的碼頭，又奔島上查檢魚產，心裡估開了重量，眉眼都流露出滿意的笑容，連聲誇獎："你們幹得滿好，你們幹得滿好；先進單位的流動紅旗，在咱向陽大隊掛牢，沒有對手能奪走啦！"

補充來的勞動力搬運著自己的行李登上灘頭。

一個個精神飽滿，好像早就憋足了勁頭，要來這裡大顯身手。

老中漁鄭安出現在人群裡。

他用一根魚叉當扁擔，一頭是小的行李，一頭是大團魚網，手裡還提著一隻盛魚的竹簍。

阿寶迎上前，要替他拿魚網。

鄭安連忙躲閃說：“不用，不用，這不是公家的。”

歡樂的人群過沙灘，上沙丘，要到草棚和樹蔭裡乘涼，喝茶，再從從容容地敍談。

阿寶正要跟著眾人走，扭頭朝停泊的船上看看，不由得一愣。

船艙裡鑽出一顆圓腦袋。

圓腦袋卸了頂，四周有毛當中光，頭頂下是一張焦黃的沒有血色的臉；黃臉上一隻眼睜，一隻眼閉著。

阿寶看清這個人之後，又吃驚，又奇怪地想：“怎麼讓獨眼蟹到這兒來了？”

她急忙往海邊跨兩步。

獨眼蟹鑽出艙，爬下船，心懷鬼胎地東張西望；發現阿寶沒走，還盯著他，有些驚，又故作從容，老遠就咧開嘴巴做笑樣。

阿寶問他：“你來這裡幹什麼？”

獨眼蟹點頭彎腰地回答：“這邊生產忙，搶季節，急要人……”

阿寶打斷他的話，追問：“是你自己要來的？”

獨眼蟹做個難過的表情說：“我想借機會改造思想，大隊長也同意，讓我試試。我請求你們考驗我，這一回，我定為咱大隊保住優勝紅旗賣命幹！”

阿寶壓住火，大聲地說：“把你自己的東西全部搬到島上來！”

獨眼蟹說：“我是被大隊長派到這條船上出海作業幹捕撈的……”

阿寶厲聲說：“我命令你快點行動！”

獨眼蟹遲疑不決。

阿寶又催他快一些。

獨眼蟹被逼不過，只好轉回船上。

阿寶半點不放鬆，緊追著跟上船，跟進艙，眼盯著獨眼蟹把東西收拾好。

她伸手一指："前邊走！"

獨眼蟹一邊走，肚裡直咬牙。

阿寶把獨眼蟹押到正在大說大笑的人群外邊，就朝亞娟招手。

亞娟立刻過來，看到獨眼蟹也有些奇怪。

阿寶附耳對亞娟說："離這邊不到七涅的珊瑚島上就有南越西貢的壞人活動，不應當讓獨眼蟹這種人到這樣地方來的……"

亞娟一跺腳："我阿爸又喝醉酒了。"

阿寶說："他酒沒醉，思想昏迷了。你在這兒看著獨眼蟹，我找阿叔摸摸底。"

何望來坐在草棚前，被圍在眾人中，喝茶，搖扇子，介紹向陽大隊各方面的發展變化。

阿寶"騰騰"走上前，扯住他的胳膊。

何望來笑嘻嘻地推她的手說："阿叔我累昏了，莫鬧，莫鬧。"

阿寶說："我跟你講個重要的事情。"

何望來一看阿寶臉色像著了火、遮了雲，只好站起身，跟著走。

椰子樹下，撐起巨大的傘。

烈士墓旁，盛開鮮紅的花。

阿寶左右看看沒有人，就低聲又有力地說："阿叔，你不該讓獨眼蟹跟來！"

何望來笑了："我當什麼天大的事，原是為這個呀！不讓他出來吃些苦，留他在家裡享輕閒福氣……"

阿寶不客氣地反駁說："你這個看法錯了。到金銀生產建設不是受苦，而是神聖的權力、光榮的義務！"

“你捎信說的如今漁汛旺發任務緊，多一個人，不比少一個人強嗎？”

“這種人多了是禍害，這裡一個不能要！”

“他這幾年表現不錯，技術滿好⋯⋯”

“他的心啥樣呢？”

“他也不是戴著帽子的四類分子呀！”

“戴不戴帽子是形式，得看他的本質。我對這種人不能放心！”

“你快放心。他膽敢說句破壞話，我也不會輕饒他！”

“就怕他嘴巴不說，手上用勁！阿來叔，你知道，珊瑚島就盤踞著敵人，出了事就非同小可呀！”

“那是外國敵人，跟他何干？”

“階級敵人不能分哪國，他們都是一條船上的！你沒吃過漢奸賣國賊的苦頭嗎？”

“哈哈，你實在大驚小怪。憑他個獨眼蟹，能把我們今朝這樣強大的中華人民共和國抬出去賣給西貢？笑話！你別擔驚受怕的了，這事由我負責，行吧？”

“就怕出了事你負不了責任。我建議，領導上立即採取安全的措施。”

何望來有點不高興了：“你說怎麼辦才對路？”

阿寶認真地想了想說：“不能讓他上船搞捕撈，也不能隨便打發他跟一般的運輸船回出，等有武裝民兵的船返永興，再帶他走！”

何望來火了：“我決定了的事情，你頭腦一熱就改變，專給我為難嗎？這樣一鬧，別人會怎麼看？還當我犯了大錯誤哪！”

阿寶不讓步：“黨的事業第一位，不要處處給自己打算盤。要論錯誤，你就是錯了。這樣重大事情，應當讓群眾討論、黨支部決定；事前你對民兵幹部和社員一個信不透，就把他帶到這裡，真真是給我們製造困難，不該死硬地堅持了。"

何望來一擺手："我沒權，我不管了。"

阿寶說："你不管，我們管；等開幹部會的時候，我要把你今天的做法、態度全部不留地擺出來！"

何望來吃驚了："阿寶，你太驕傲了！"

阿寶口氣依然強硬地說："是你驕傲。擺個長輩的架子，聽不進意見！你想怎麼看就怎麼看吧，反正我們要管，我們要鬥，這是黨性原則！"

她說著，邁著大步走了。

何望來忍不住地一陣心酸。

草棚那邊歡聲笑語越發響亮。

二十四

阿寶跟何望來的爭論，從見面時候的傍晚，一直持續到深夜；從個別地批評，到會議上交鋒。

黎阿伯以大隊委員、金銀島作業隊負責人的身份，召開了幹部會；他是全力支持阿寶的。

阿寶第一個發言。

她是那樣激烈，沒力量阻擋。

她是那樣堅決，沒辦法改變。

她的見識、理由，又難以駁倒。

這一切全都出乎何望來的意料之外。

這個抓生產的能手、政治上的糊塗人，心裡有一把非常低，也同樣頑固的尺子，隨便地用來衡量面前這個在階級鬥爭的血與火中生長起來的漁家女青年。

這把尺子，就是阿寶還記著"舊仇"。因為阿寶媽被害，獨眼蟹雖然不是劊子手，卻是幫凶。何望來在這點上，對阿寶是理解的，也是同情的。他自信：自己也並沒有把這個仇恨忘乾淨。阿寶在這個問題上不理解他，很使他心酸。他想，"舊仇"終是"舊仇"，解放後獨眼蟹並沒有新的罪惡活動，對阿寶謙恭順從、戰戰兢兢，連一句不中聽的話都沒有說過。那他何望來這個領導生產、組織勞力的大隊長，又該怎麼對待獨眼蟹這個被改造的物件呢？阿寶把他何望來看成是個沒有階級鬥爭觀念的人，不僅使他心酸，甚至產生了一種隱隱受辱的不滿情緒。

可是，參加會的幹部們，不論老年的，還是青年的，都支持阿寶，都批評他何望來，這使他心酸，不滿，又加上了惱火。

何望來畢竟是個沒有從舊的思想繩絆中解脫出來的何望來，包括他那固有的軟弱性。

於是，到了會議的末尾，隨著鬥爭的激烈升級，他雖不情願，又很自然地"節節敗退"，不斷地讓步。

阿寶說：決定帶著獨眼蟹這樣的人來金銀島這樣敵情嚴重、複雜的地方，是根本性的錯誤。

何望來承認了。

阿寶說：不能讓獨眼蟹登船出海，只能暫時留在加工組勞動。

何望來答應了。

阿寶說：這件事情要立刻向永興島上的工委領導報告，請示處理辦法。

何望來也同意了。

本來這個會議，或者說這場"思想鬥爭"可以就此結束了。

阿寶卻仍不甘休。

她縷了縷頭髮，整了整衣襟，換一下坐著的姿式。同時，她的口氣也變得有些緩和也對何望來說："阿來叔，我還得給你指出來，你的思想並沒通。"

何望來繃起面孔："夠了，夠了，夠了吧！你說一我由一，你說二我隨二，還說不，你還要我如何辦？"

阿寶笑笑說："這件事情一定得按原則辦，至於思想問題，我可以不急著讓你通。"

何望來賭氣說："我是不可救藥的死頑固頭，不要等了吧！"

阿寶又笑著說："不，阿來叔，你終有一日會通。當你弄明白獨眼蟹為什麼一定要求到西沙來的真心實意的時候，你就通了！"

何望來又把臉一沉："這麼說，你會掐算，看透了他的另有別的什麼真心實意！難怪這樣……"

阿寶鄭重地說："不是能掐算，是我們有很多很多的歷史經驗，有用毛澤東思想擦亮的雙眼。我自己的水準很低，但是有一條我看透了。"

她環視一下眾人，接著說："金銀再好，也比不上在那個有房屋、有商店、有機關、有軍隊的向陽村待著舒服，辦事情方便，住著平安保險；凡是能夠到這裡來的，都得有自己的志氣和心願，這志氣心願給他力量和勇敢！"

她把話停頓一下，又說："我們共產黨員、共青團員、貧下中漁、公社廣大社員，為了建設西沙、保衛西沙、鞏固南海邊疆、支援世界革命，使我們奮鬥的最終目標 — 共產主義早日實現；這個共同的志氣和心願，產生了強大的力量，無畏的勇敢，奔到金銀。戰鬥在金銀！"

她突然提高了聲音："那麼，請問，他獨眼蟹又為什麼主動要求到金銀來呢？這個非常明顯的問題，不值得我們想一想嗎？這個疑團，不值得我們提高警惕嗎？"

這句話，說得眾人點頭稱讚。

這句話，觸動了何望來的心。

是呀，是呀，獨眼蟹為啥連三並四地找上門來，苦苦要求來金銀？

是呀，是呀，這個問題很簡單，可是沒有摸透，也沒辦法回答。

何望來心裡的酸味解了。

何望來心裡的不滿消了。

何望來心裡的火氣息了。

可是，他心裡結了個大疙瘩。

西沙的深夜是不平靜的。

聽，嘩嘩的濤聲。

看，颯颯的樹影。

還有那昆蟲飛舞，宿鳥啼鳴。

茫茫的大海呀，映著繁星，在微微的、微微地閃動。

……

黎阿伯宣佈說：“散會了。”

阿寶收拾了鋼筆和本子。

人們跟她一起走出草棚。

空氣裡飽含野花的芳香和魚腥。

阿寶回頭對何望來說：“回棚去喝二兩再睡吧。”

何望來搖搖頭：“今日免了。”

阿寶說：“少喝一點，睡得安穩些，讓自己冷靜冷靜。你今晚腦袋太激動了。”

何望來說：“你跟我一起來喝。”

阿寶說：“不行，我還要檢查一下放哨的民兵，明朝，我還要跟你坐在一起，再好好地談談心……”

她說著，那健美的身影消失在茂密的羊角樹叢中。

何望來心頭發熱：這女仔，處處像她阿爸，對我的情義也是一模一樣的深厚。

二十五

西沙群島的金銀，距離海南最南邊的港灣，足有遙遙一百五、六十海浬；離著建立了向陽漁村的永興，也有幾十海浬。奔這兒來的人，都要經過長途風浪的顛簸，都要飽嘗生活的辛苦。

凡是奔這裡來的人，都有自己的目的，而且不一般。

這是阿寶從革命前輩壯麗的鬥爭事蹟中認識到的。

這是阿寶從帝國主義及其走狗的侵略罪行中認識到的。

這是阿寶從自己雖然不算長，卻十分豐富的生活鬥爭實踐中認識到的。

這個認識，是新一代西沙兒女對西沙光榮革命傳統的繼承和發揚光大。

這個認識銳利又準確。

獨眼蟹常吃金銀的魚和參，卻沒到過金銀。

金銀跟獨眼蟹既沒緣分，也沒絲毫感情。金銀對獨眼蟹有了吸引力，他削腦袋要往金銀鑽，有個蓄謀已久的目的。

他想跟上機帆船出海捕撈，拉上幾個人，找個適當的時機，把船上的幹部殺掉，把民兵的槍支奪下來，把船開到珊瑚島，投奔南越西貢的偽軍，把搜羅的情報送到，讓西貢幫忙，去找蔣介石，幫助蔣匪幫"反攻大陸"成功。

他的夢做得美妙，做得圓滿，第一步已經得逞，上了來金銀的機帆船，好事成功了一大半。

獨眼蟹一上島，黑心肝就涼了多半截。

他原來以為島子上是荒涼的，沒料到人民公社社員已經用雙手把寶島變成一片繁榮的景象。

這裡有社員自己平坦的路。

這裡有社員自己凍爽的屋。

這裡有社員自己種植的菜田。

這裡有社員自己栽培的果樹。

這裡還有社員自己的武裝民兵 —— 他們沒有埋頭勞動，在阿寶帶領下，正在一面生產，一面練武。

……

最使他膽戰心驚的是，阿寶把一夥青年男女全給團結在身邊了，全都學習得精明了，一個個睜著警惕的眼睛，把他緊緊地盯住！

阿寶命令他不能登出海作業的機帆船。

阿寶命令他不許進幹部辦公的茅草屋。

阿寶把他扣在加工組，出入要報告，不許跟旁人胡扯閒話。

他緊夾著尾巴，強裝老實，硬做笑臉，還擔心隨時被識破真面目。

怎麼辦哪？

他苦思苦想，打起老中漁鄭安的主意，因為這個人又自私，又糊塗。

鄭安這個人來到西沙金銀島，也是打著個人的小算盤，另有一番企圖。

他過去跑過幾十年金銀。那時候他自家有一條破爛的帆船。入了社，他就自動“告老”，只在離永興島近便的海上活動活動，再不肯遠出操勞了。他的男仔鄭太平在這裡越幹越有勁，使他高興；他見過、聽過阿寶很會給群眾打算，很能節省過日子，讓他贊成。

他這一回奔金銀，另有心願。一是出遠海給的工分高，將來分紅多，吃飯有補助；這邊水產豐富，抽空偷閒搞點自摟，比如撈幾隻海參，搞一些貝類，讓來往跑運輸船的人帶回海南，就是一筆錢。

他登上金銀，要求留在加工組，立刻得到何望來的支持，又得到阿寶的同意。他心裡很滿足，開始幾日幹得滿歡。

他跟獨眼蟹住在一個茅寮裡。

晚上別人衝涼，他就悄悄地提著網往外走。

碰上民兵，故意逗他。

"幹什麼去呀，阿叔？"

"抓一條魚下酒。"

"又去搞自摟吧？"

"下了班，時間是自家的了。"

他搖著小舢舨跑出礁盤。

半夜歸來，抓了幾條鮮魚。

獨眼蟹不辭辛苦，幫著他剖魚，掛在茅寮的簷下風乾。

獨眼蟹下了班就往茅寮裡鑽，連燈都不點。

民兵從外邊走過。

"裡邊有人嗎？"

"有。"

"這樣早就趴下？"

"困乏極啦！"

"裝樣！"

"養足精神，明朝好給隊裡幹活呀！"

一天又一天，平平靜靜。

一天又一天，諸事習以爲常。

颱風前突擊生產，船上島上都幹得順當。

一船一船魚貨運往海南。

西沙的水產美味，擺在北京的菜市場。

西沙的水產美味，列在烏魯木齊的食品店。

西沙的水產美味，也出現在長城線上、內蒙古大草原。

西沙的水產美味呀，在非洲，在歐洲，在拉丁美洲，也得到國際朋友們的稱讚。

這個勝利使社員幹勁倍增。

獨眼蟹卻愁眉苦臉，暗地裡，一聲長歎，接著一聲地長歎……

二十六

阿寶跟大家一樣忙。

她除了勞動，還要搞組織工作，比別人更忙碌。

阿寶跟大家一樣高興。

她除了想到今朝作業隊的豐收，更想到以後奪取社會主義革命建設的新勝利。

可是，阿寶的行動並沒有因為忙碌而混亂，她的頭腦也沒有因為勝利而陶醉。

一天的緊張勞動結束了。

晚上的幹部碰頭會開完了。

阿寶肩挎長槍，腰束子彈帶，不聲不響地離開草棚，巡視在海島和岸邊上。

濃濃的夜色，籠罩著深遠深遠的西沙大海。

大海飄動著涼颼颼的風。

風兒掀動著銀亮亮的浪。

浪花歡跳著，呼嘯著，喧鬧著，湧到灘頭，又退回海底；又湧向灘頭，又退回海底……

礁盤邊的港灣裡，桅桿林立，漁火一片。

說笑聲，歌唱聲，從那停泊著的大小漁船和舢舨上，若隱若現地傳來。

阿寶朝遠遠的珊瑚島方向望瞭望，不由得皺了皺眉頭。

阿寶恨不能率領民兵衝上去，把敵人趕走。

阿寶忍著焦急，盼望那樣的日子早些到來。

……

阿寶在小碼頭上轉個彎,往回走。

阿寶在這裡遇見放哨的亞娟,向她詢問了情況,又接著往前走。

一艘剛剛來到的海軍巡邏艦,像一座小島屹立在海中。

艦上的大炮,像戰士那敏銳的眼睛,虎視著大海。

人民海軍在護海,人民海軍在護漁。

社員們在汪洋大海中的金銀島上勞動,像在向陽漁村一樣覺著背有靠山。

阿寶懷著感激的心情朝那裡看一眼,又把每一片礁石,每一叢樹林察看一番,慢慢地轉回來。

漁島已經睡熟,睡得十分甜甜。

加工棚的窗子閃著光亮,何望來正跟幾個老漁民喝酒聊天,同時響著收音機的唱聲。帶著鹹味的海風和帶著野花、果子香味的風,混合在一起,撲著人的臉孔。

阿寶機警地四周巡視,直奔獨眼蟹住的茅寮走。

阿寶不會忘記兇惡的敵人獨眼蟹,就像獨眼蟹不會忘掉阿寶這條革命的根子一樣;你死我活,不可調和。阿寶暗地裡指示了民兵,在獨眼蟹住的地方布了崗哨,自己每夜都要到那邊轉上兩趟。

遠遠的地方,那間茅寮出現個輪廓,參差不齊的樹叢的影子微微地晃動著。

四個民兵匆匆地迎上來:

"阿寶嗎?"

"嗨,正要找你!"

阿寶加快幾步,到了跟前,小聲地問:"發生什麼情況了?"

一個民兵回答:"獨眼蟹沒在茅寮裡。"

另一個民兵補充:"開頭,喊不應,我們還以為他睡著了。"

阿寶立刻機警起來,一擺手說:"留下一個在這裡監守,三個跟我來。"

四個民兵立刻按命令散開。

阿寶帶領三個男民兵，飛一般跑到茅寮前。

阿寶叫上在這裡監視的民兵，讓他用槍督著窗戶，阿寶自己敲門。

破門虛掩著，一碰就開了。

連聲喊叫無人應。

用火一照沒人影。

"鄭安跟他住在一起，到哪去了呢？"

"他每晚都下海抓魚去。"

阿寶心一震，眼一亮，手一拍："這果真有鬼計，趕快集合民兵封鎖海岸邊！"

一個民兵發急地說："哎呀，這個壞蛋跑哪去了？"

阿寶滿有信心地說："金銀島布下了天羅地網，漁船、舢舨都安排專人看管，跑不了他。走，咱們快追捕。"

他們吹起螺號，嗚嗚地響遍了全島。

他們端起步槍，雄糾糾地向前衝！

二十七

珊瑚島上的大南瓜，一天接到三次火急的電報，催他快一些攜帶情報回崐港交差。

他從電報上邊那幾行簡短的字句裡，看到上司焦黃的臉孔、圓瞪的眼睛，還有失掉的美元、情婦和新式別墅。

他一天分上午、下午、晚上，三次派手下的偽軍偷偷地開出小船，到海上，到島邊，查訪獨眼蟹。

他坐在那潮濕、發臭的屋子裡，焦灼地等候，除了喝酒、吸鴉片，就是罵人、打人。

他看著半圓的月亮，月亮旁邊飄動的雲彩，合起雙手、祈禱觀音保佑，真想大哭一場。

小頭目跟跟蹌蹌地跑進來了。

不知他是跑得過急，還是心裡發慌，渾身哆哆嗦嗦，好似篩糠一樣，幹張嘴，說不出話來。

大南瓜瞪他一眼，氣得罵一聲，抄過酒杯就朝他頭頂上狠狠地扔過去。

小頭目急忙躲閃。

酒杯在他的旁邊的牆上爆炸了。

大南瓜暴跳地喊著："沒有用的鬼東西，快些給我滾開吧！"

小頭目依舊哆哆嗦嗦地，好不容易才說："長官，長官，報告您，您的大喜……"

大南瓜又瞪起眼睛："什麼，什麼？"

小頭目說："找到那個獨眼的先生了……"

大南瓜一聽，倒傻了眼："什麼，什麼……"

小頭目說："剛才派兄弟出去，在金銀島上，跟那位先生聯絡上了……"

大南瓜一步竄上來，兩手猛一伸，抓住小頭目的脖領子："你個混蛋，你來戲弄我，你來騙我，我要掐死你，我要把你扔到海裡去！"

"真的，真的！他在島上用手電筒打信號，讓我們火速地去接他……"

"快呀，快派船呀！你個混蛋，還等著什麼？你高興得過度了，你要高興死了！"

小頭目又跟跟蹌蹌地往外跑去。

大南瓜喜狂了，"嘭'地跪在地下，衝著牆壁上那些裸體女人和觀音畫像，連著磕了三個響頭。

　　大南瓜美死了，"颼"地跳到桌子旁邊，抓起酒瓶子，"咕咚，咕咚'地喝了幾口。

　　大南瓜衝出屋，奔向發報室。

　　大南瓜用拳頭捶著門喊："快往峴港發電，情報已經到手，明日早晨返回，親自送給長官大人！"

　　大南瓜沒等回答，又往臺階下邊蹦，哼一聲："小子們，我要在中國這個神仙都難下手的西沙群島創造一個奇蹟，讓整個自由世界都爲之震動！"

　　大南瓜衝到海邊，扯開嗓子喊："等等，我要率領你們去，我要親手把我們南越西貢的無價之寶接收過來！"……

　　不一會兒，僞裝成漁船的汽艇，熄了燈光，在茫茫的湧浪裡開動，朝金銀島的方向開動。

　　大南瓜站在船頭，親自把著代替信號燈用的手電筒，準備朝那邊呼應聯絡。

二十八

　　一片高高的椰子林。

　　一片密密的木麻黃。

　　開闊的海灘的那一邊，是滄滄的大海。

　　女民兵排長阿寶在金銀島一個偏僻的角落，佈置一個搜捕圈：讓一個民兵從左側向右迂回，讓另一個民兵從右側往左彎轉；她帶一個民兵直插正面的海邊礁石叢。

　　海風在他的槍口上吹。

　　沙土在她的足底下響。

　　天空星星閃耀。

　　岸邊樹梢搖動。

　　突然，在遠遠的珊瑚島的方向，出現一點微弱的光，一閃又一閃。

阿寶收住步，看了一陣，小聲地佈置身邊的一個民兵："在這裡注視那個方向！"

民兵答應一聲："是！"

阿寶繼續搜索前進。

她聽到前方佈滿礁石的灘頭上，傳來"嘩啦"一聲響，有人摔倒了。

她靈活地臥下，注目查看。

摔倒人的地方，有個身影伏地蠕動，又傳來"唷吃、唷吃"的聲音。

阿寶朝那邊匍匐前進，繞著阻擋視線的礁石前進。

摔倒人的地方臨近了。他看到一個赤腳的漢子仰倒在那兒，又聽到那人發出"哼哼"的呻吟。

她繼續前進，到了跟前，看清是一個漁民，手裡又沒有武器，只抓著一個魚網，身邊扔著一個盛魚的簍子；有活著的蝦蟹，在簍子裡掙扎。

阿寶蹲起身，急問："喂，喂，你是幹什麼的？"

那個人顯然是昏迷了，但他聽清了阿寶的呼喚，用很大的力氣，才吐出斷斷續續的字句："阿寶，我，我，我是鄭安……"

阿寶這才認出，昏倒在這兒的，是他們向陽大隊那個自私的老中漁，就又追問："鄭安叔，你怎麼啦，快說，你怎麼啦？"

鄭安繼續掙扎著吐著字："快，快，獨眼蟹……"

就在這時候，阿寶聽到隔著岩石的大海那邊，傳來擊水的聲響。

她敏捷地跳起身，撲向岩石。

岩石下邊，大海茫茫，一隻小舢舨從邊岸緩緩地往海水深處移動。同時手電筒光衝著珊瑚島的方向閃動幾下。

阿寶一轉頭，立刻又發現海邊那個人正在推船，就猛喊一聲：“站住，舢舨上是誰？”

那個人不回答，抬腿上了舢舨，“嘩嘩啦啦”地搖起木槳。

阿寶從那個搖船的人的身態上認出，正是獨眼蟹。她聯想到獨眼蟹最近的可疑表現，還有昏倒的鄭安，又立即判斷出，這個壞蛋跟珊瑚島那邊的敵人取得聯繫，殺人奪船，要逃跑投敵。

阿寶大聲命令：“獨眼蟹，站住！”

回答的是更用力地搖船聲。

阿寶躍身而起，追上去：“站住，站住！”

搖船聲變小了。

阿寶已經踏進海水中，潮湧朝她身上撲打。

船聲更小了，船影也模糊了。

阿寶不慌不忙地一隻手舉起步槍，朝海水的深處游去。

……

岸上，螺號聲和吶喊聲響起，接著跑過來一夥人：幾個持槍的民兵；幾個端著棍棒和魚叉的社員。

“出了什麼事呀？”

“獨眼蟹逃跑了！”

亞娟喊一聲：“這裡倒著一個人！”

何望來驚訝地說：“是鄭安吧？怎麼搞的呀？”

鄭太平叫嚷起來：“阿爸，阿爸，你呀，又去搞自摟，真丟臉！”

黎阿伯打著手電筒，伏下身看看說：“他受傷了，頭部。快，來幾個人，送軍艦上請解放軍的同志搶救吧！”他說著，顧不上具體安排，帶著眾人，奔向海邊。

他們立刻發現，在遠遠的海面上，有一條舢舨的影子。

“阿寶哪？”

“快到艦上報告！”

“開上機帆船追吧！”

幾個青年民兵"噗通、噗通"地跳海了,急速地朝著小舢舨的方向遊去。

二十九

海風,發狂地鼓吹。

海浪,憤怒地暴跳。

在珊瑚島那個方向,有一團鬼影慢慢地遊動,有一股微弱的手電筒光閃現。

小舢舨,在風裡搖,在浪上跳,一直奔著那團鬼影子衝過去。

獨眼蟹抬頭看,鬼影越來越近,手電信號催他快快靠近。

獨眼蟹扭頭瞧,金銀島越來越遠,沒有人追趕。

獨眼蟹也喜得發瘋了。

他想:千難,萬難,總算逃出共產黨的手下,總算有了報仇雪恨、恢復二十年前那種舊日月的時機。

他想:頂多再有二十分鐘,就能靠到珊瑚島開來接應的船上了;共產黨再神通廣大,也沒辦法找了。

他使勁地搖著槳,汗水順著脖子往下淌。

……

獨眼蟹做夢也不會想到,他仍然在人民的天羅地網裡。

眾民兵已經下了海。

機帆船已經起了航。

巡邏的海軍戰艦,也開動了螺旋槳。

反革命分子的死對頭、西沙的女青年,已經泅渡到他的舢舨跟前了。

阿寶不聲不響地奮力地遊著。

阿寶看到小舢舨越行越快。

阿寶看到那團鬼影越靠越近。

阿寶認識到最嚴峻的考驗擺在面前。

阿寶決定要用自己的行動實踐自己的誓言。

阿寶有信心取得勝利，絕不放走這個死不改悔的反革命分子。

她現在沒辦法舉槍射擊。

她打算抓住活的敵人回島。

鬼影不敢前進，停在那兒，慌亂地打手電信號。

舢舨拚了命地搖動往前趕。

阿寶奮力地遊著。

大浪，從她頭上打過去。

大浪，把她整個抬起來。

她感到一陣力乏、氣短，頭目眩暈。

她耳邊響起《東方紅》的音樂聲。

她一咬牙，一使勁，衝向前。

她靠近了舢舨。

她抬手扒住船舷。

她一躍身翻了上去。

獨眼蟹嚇慌了，手電筒掉進海裡。阿寶舉起槍：“獨眼蟹往回搖！”

獨眼蟹要撲過來。

阿寶“嘩啦”一聲打開了槍栓。

獨眼蟹停住手，讓舢舨轉了個彎。

阿寶命令：“快！不然要你的命！”

獨眼蟹扭頭看一眼，那團鬼影又在打手電信號。

阿寶又命令：“不許回頭，搖船，走！”

獨眼蟹咬咬牙說：“告訴你，阿寶，這地方如今是我的天下了，你不如乖乖地放我走。要不然，哼，你看不見嗎，我們的船，就到眼前了！那上邊有軍隊，有大炮、機槍，你就算打死我，你也活不回去。"

阿寶大聲地說："反革命分子，你莫要做夢啦！這裡是我們人民的天下，永遠都是我們人民的天下，誰也救不了你命，誰也改變不了你們滅亡的下場！你想賣國，想恢復舊社會，永世千年也辦不到啦！你只有投降，轉回去，才能得到寬大處理哩！"

獨眼蟹渾身打抖，魂都飛了。

阿寶從容不迫，越來越堅強了。

獨眼蟹想：我得跑，不跑就算完蛋了！

阿寶想：反正上了舢舨，就跑不了他；如果敵人的船追上來，就先幹掉獨眼蟹，再拚上一死，敵人不會得到任何好處；祖國不會受到任何損失，我的任務也算完成了。

她想到這裡，感到特別幸福，特別自豪。

她彷彿面臨的不是一場嚴峻的生與死的考驗，而是做一件非常愉快的事情。

獨眼蟹一隻手搖槳，偷偷地騰下一隻手，要從舢舨上提小包裹。

阿寶眼睛敏銳動作快，一腳踩住了包裹。

獨眼蟹只好鬆手，一翻身跳下海。

阿寶朝著那吞沒了獨眼蟹的海浪冷笑一聲。

獨眼蟹潛入好遠才鑽出頭來，換一口氣，又拚命地朝那團鬼影遊去。

阿寶不慌不忙地穩站在舢舨上，從從容容地舉起步槍，推上一顆仇恨的子彈，衝著獨眼蟹逃走的方向瞄著準。

獨眼蟹又一次潛進海水裡。

獨眼蟹又一次鑽出腦袋。

阿寶抓住了這個時機，手指扣動扳機，步槍隨著"砰"的一聲響。

獨眼蟹應聲沉進海水裡 ── 他的屍首又被海水翻上來，再一次沉下去了。

阿寶這時候才感到心跳，跳得厲害。

這是興奮的心跳，喜悅的心跳。

她把年輕的面孔，有些發熱的面孔，親切地貼在手中握的槍膛上。

槍膛也是發熱的。

浪花在她身邊歡躍，要登上舢舨跟她擁抱，或者要跟她親切地握手吧？

……

幾個泅渡的民兵趕到了。

十多雙大手一齊扒住船舷。

阿寶抬頭看看前邊的那團鬼影，已經消失了。

兩條機帆船開過來了。

人民海軍的戰艦，到"鬼影"出現的地方轉了大圈子，也轉了回來。

天空放亮。

西沙的軍民勝利地回島了！

三十

曙光照耀著南海。

曙光照耀著西沙。

曙光照耀著金銀島。

礁石在湧浪的撞擊中巍然而立。

沙灘在潮水的衝刷下更顯莊嚴。

羊角樹特別翠綠。

野花開得格外豔美。

椰子樹高高地站在那裡，又熱烈地拍著手。

保衛西沙的健兒們，勝利地歸來了。

阿寶一邁上那北國瑞雪一般的珊瑚灘，就被社員們包圍在中間。

"阿寶，怎麼樣？"

"把獨眼蟹抓回來了嗎？"

……

剛從機帆船下來的何望來和黎阿伯，急想跟阿寶問問鬥爭情況，可是費了很大的勁，擠不過去，也沒法插進嘴去。

……

幾個民兵搖著兩條小舢舨，從礁盤外邊的大軍艦上，接人回來了。

先從舢舨上跳下一個海軍。

阿寶朝他喊一聲："海龍哥是你呀？"

符海龍笑著擠過來，握住阿寶的手，說："我來給你慶功呀！"

眾人都笑了。

符海龍回頭，朝後邊跟上來的那條舢舨指了指，說："阿寶，你看那是誰？"

阿寶一看，不由得一陣驚喜。

青年們也喊開了。

"阿亮叔！"

"阿亮叔！"

在紅豔豔的曙光裡，程亮身上挎著短槍，手裡提著一個檔兜，朝大家笑著，從舢舨跳上岸。

阿寶激動地端著步槍，迎著阿爸走了兩步，指了指大海說："報告領導，獨眼蟹殺人逃跑，還給珊瑚那邊開來的敵船打信號……讓我一槍給撂在大海裡了！"

程亮用力地抓住女兒的臂膀，搖了幾下，說："幹得好，你代表我們西沙人民、全國人民，懲罰了這個死不改悔、叛國投敵的反革命分子！"

一群青年男女，又歡呼地圍上了阿寶。

阿寶讓民兵把從獨眼蟹手裡繳獲的包裹交給阿爸。

程亮打開包裹看了一遍，又舉到眾人面前："你們觀看、觀看、這裡邊都是什麼東西吧。"

包裹裡邊，是幾個已經風乾了的米麵蒸糕，一雙鞋，還有幾張偷畫的海南地區和永興島口的海防工事、崗哨位置，岸上、海上交通路線圖。

人們憤怒地議論：

"這壞蛋，真惡毒，要找西貢反動派賣國去，夢想復辟翻天哪！"

"瞎了眼，也瞎了心，我們西沙海島是鋼鐵打的，你能得逞嗎？"

"又除掉一個禍害，阿寶今天立了戰功啦！"

何望來呆呆地站在人群中間。

他想起前幾天阿寶對他的那一場鬥爭，還有一片錚錚作響的話。

這一回，他真的心酸了。

他拉住程亮的手："我現在才徹底地明白了，阿寶她走的每一步，都是對的，都是正確的……我，犯了大錯誤，不是阿寶，得給黨和人民造成多大的損失……"

程亮說："我今日從海南開會回到永興，好多群眾都急忙向我反映，說你不應該把獨眼蟹這樣的人帶到金銀。我們立刻就請了海軍同志，趕到這裡來了。從雷達上看，珊瑚島的敵人出動了一條小艇，在遠處漂，打信號，發現我們的軍艇，扭頭逃跑了。可以肯定，敵人一定是接應獨眼蟹的；獨眼蟹早在被劫持到南越峴港的時候，就跟敵人掛了勾，當了漢奸特務。今日我們幹掉獨眼蟹，砍斷他們的一條鬼線，粉碎了他們的一個陰謀！望來同志呀，這一回，你要很好地挖挖思想根子！"

何望來帶著哭腔說："我請求黨處分我……"

程亮說："更重要地是接受教訓，提高政治覺悟，認清國內、國際鬥爭的複雜形勢，跟上時代。同志呀，我們戰鬥在西沙群島的海防前哨，肩上擔的保衛祖國、支援越南人民和全世界革命人民的光榮擔子！鬥爭的道路長得很，要百倍地警惕呀！"

阿寶緊握手中槍，眼睛凝望著大海，胸中滿懷戰鬥豪情。

大海在咆哮，大海在喧騰……

（原載《北京文藝》1974 年第 6 期）

西沙兒女

（奇志篇‧下卷）

一

西沙兒女的汗水，灌溉著西沙。

富饒美麗的西沙，變得更加美麗富饒。

島、嶼、礁、洲似珍珠，紅日下閃耀，碧波中生輝 —— 吸引人的眼目，扣打人的心扉，激發著人們對她的愛情，一天更比一天深。

西沙首府永興島，是西沙群島顆顆珍寶中最明亮的一顆。

弧形的防護波堤，圍護著靜如西子湖般的避風港。貨輪、漁輪、機帆船在那裡停泊，煙囪和檣桅組成森林一樣多彩的畫面。

壩式的登陸碼頭，平鋪著長安大街一樣的貨運場。待運的木箱、魚筐、米包、石料，壘積堆砌，形成一座座連綿的小山。

一排排防颱風的平頂建築物，從傘形枇杷樹和高大的椰林的空隙中間顯露出來。那是水產研究所、百貨公司、加工廠、衛生院、圖書館和糧店。銜接著它們的不是柏油路和花磚牆，而是翠綠的田園，茂密的苗圃。遠遠觀看，簡直像肇慶星湖裡的樓臺亭閣！

一幢新起來的乳白色的三層大樓，矗立在島的右側。五星紅旗在樓頂上迎風飄揚，革命委員會和人民武裝部的牌額上的鮮紅大字，在大門兩邊閃光。打字機響，電話鈴聲，從玻璃窗裡傳出來。批判大會正在禮堂進行，批林批孔的烈火從這裡點起，開始在南海西沙燃開。

一座鑽井高高地插入雲天,鑽機的隆隆聲,跟海濤呼應唱合,給這裡增加了從未有過的時代氣氛。大慶和大港的石油工人們,從漫天飛雪的北方來到祖國南海落戶安家,西沙也要盛開"石油花"!

……

觀不盡,愛不夠,經過無產階級文化大革命戰鬥洗禮的寶島上,處處是熱氣騰騰的好風光。

向陽漁業大隊,也在前進中變化,變化中前進。

一九七四年元旦後的新春,正是南海西沙漁汛旺發的季節,他們從廣州造船廠購來一艘新式漁輪,就要出發到他們的金銀島生產了。

這一天,岸邊上,漁村裡,格外地熱鬧。

青年社員們敲鑼打鼓。

捕撈隊的男女們背起行裝。

婦女和老人抱著或牽著仔們。

一齊湧到喧鬧的海灘上,送行人,看漁輪。

亞娟在人群裡擠來擠去,一臉的喜氣,又顯得有些焦急地左右擺動著腦殼喊:"喂,喂,你們看到咱們那位領兵掛帥的了嗎?"

鄭安衝著亞娟笑。他的頭上留下獨眼蟹打擊的傷痕。那次險些送命的打擊,使他清醒了:認識到什麼人遠,什麼人近;什麼道邪,什麼道正,使勁地追上來。他說:"亞娟,你喜瘋了。掛帥的不是在那裡嗎!"

亞娟回頭一看,瞧見阿爸何望來正跟拄著拐杖的符阿婆談話,就對鄭安說:"你才是喜瘋了。我尋的是我們的黨支部書記。"

鄭安明白過來:"喲,喲,你找的是阿寶?"

亞娟自豪地說:"不是她又是誰?"

"你看，那不是過來了。"

"嘿，她倒不慌！"

阿寶被一夥青年姐妹們擁著，又說又笑地從漁村那邊走過來。

她已經變成一個顯得十分成熟的漁村婦女幹部了：熱情中帶有冷靜，爽快裡包含著深沉。跟她每年兩度出遠海去金銀島的時候一樣，又繫上了那條藍布頭巾，上邊遮著一頂新的竹帽，右肩上背著步槍，左肩上吊著一個綠帆布兜，兜上掛著毛巾、瓷碗；胸前的繡花圍單上邊又束著武裝帶，手裡捧著一方用粉紅紙包著的大鏡框。

亞娟迎上她說："要出發了，你不上船整整隊伍，又去做什麼呀？"

阿寶邊走邊答："我回屋取照片去了……"

"嗨，真掛心！"

"當然得掛心！"

"我知你會想念，早已替你帶上了。"

"你講的是那個照片？"

"就是你跟海龍哥，還有你們兩個的寶貝 —— 小海的合影照片唄！"

"瞧瞧，誰似你這般深的家庭觀念！我取的照片，是頂重要的，能給我們鼓勁的。"

阿寶說著，非常莊嚴地打開罩在鏡框上的粉紅紙，又把鏡框高高地舉起來。

眾人抬頭細看，一張一張臉上立刻顯露出跟阿寶同樣的神情—— 原來那鏡框裡鑲著一張彩色照片，照片上是一座奇險的山峰，頂端白雲之中，挺立著一棵強勁的青松。下方抄寫著毛主席的詩詞：

暮色蒼茫看勁松，

亂雲飛渡仍從容。

天生一個仙人洞，

無限風光在險峰。

這張照片，是阿寶同符海龍結婚的時候，他們的長輩、黨委書記程亮特意選贈的一件紀念品。這樣珍貴的禮物，一直懸掛在他們的新瓦屋裡，每年都隨她一起在金銀島度過最緊張最愉快的戰鬥日月，每一日都要看上幾遍。每當大家聚在一起，觀賞這幅照片，都會因為當時的鬥爭形勢，引起他們一場熱烈的談論，從那屹立於亂雲中的青松的雄姿，受到啓發，汲取精神力量。

阿寶又把鏡框包好，對圍著觀看的夥伴說："我們要把這幅照片永遠掛在我們的新漁輪上，掛在我們的海島上 —— 南海西沙雖沒有昆侖、太行和廬山，卻有險峰的，我們要像青松那樣生活和戰鬥。"

眾姐妹們同時拍手稱好。

亞娟笑著說："還是我們支部書記站得高，想得遠。讓我來拿，你去整隊伍吧。"

她們來到碼頭上。

老船長黎阿伯已經把隊伍整頓好，各個班組的人員早就到齊，船上的準備工作完全就序。

隨行的機帆船隊，也排列在兩邊，等候起錨、揚帆了。

阿寶高興地向他們笑著打招呼。

滿頭灰髮的程亮也趕來送行。

他對阿寶說："你們先行一步，我把這裡的工作安排一下，也跟運輸船去看看，把進一步建設的方案再落實一下。"

亞娟替阿寶說："歡迎老書記指導，領著我們再猛勁地大幹特幹一場！"

程亮說："我去的時候，還準備隨船給你們帶上一批鋼筋水泥。"

亞娟不解地問：“帶上鋼筋水泥做什麼？”

程亮說：“你們的隊裡決定在金銀島上建樓房，造加工廠，搞科學試驗站，還有氣象臺，黨委討論批準了……”

亞娟拍手說：“太好了！”

程亮的臉上放光地說：“好的還在後邊哪！無產階級文化大革命，摧毀了劉少奇、林彪兩個黑司令部，大批判、肅流毒，給咱們南海漁業發展掃清了道路，給咱們增加了進一步建設西沙的精神力量；我們生產不斷躍進，科學技術不斷提高，又給我們準備下雄厚的物質基礎。年輕人，加油吧，前途廣闊了，擔子也加重了；越往前走，越要往高處站、往遠處看呀！”

青年漁民們立刻圍上他們的黨委書記，熱烈地表示決心：

“我們一定聽黨的話，走革命的道路，多爲人民立新功！”

“我們一定跟阿寶同志學習，永遠當一名建設西沙、保衛西沙的紅闖將！”

何望來站在一旁，也忍不住激動地向程亮點著頭：“你說的這個真理，我真正理解，還是經過這場文化大革命。我的教訓太多了……”

惟有阿寶沒有開口。

她在用心地思索阿爸這些話的含義。

她在認真地衡量肩上擔子的分量。

她在暗暗地下定決心。

她見船上等待出發的人們都湧到甲板上，就對老船長黎阿伯說：“可以動身了吧？”

黎阿伯吹起哨子，莊嚴地命令：“起錨！”

鼓掌聲，歡呼聲和鑼鼓聲，船上船下彼此呼應地轟響起來。

新漁輪乘風破浪，向前飛馳了！

二

大海，鼓動起銀亮的碧波。

波浪，催開了梨花千萬朵。

藍天，飛跑著柔軟的白雲。

雲影，又輕輕地輕輕地把海浪和船帆拭抹……

新漁輪一路前進，一路捕撈，一路高唱戰鬥的歌。

向陽大隊的社員每年出海作業，每年要分別在晉卿、琛航、金銀這些島嶼上生活半年。

今朝的出發，人們的心情最激動，最歡樂。

因為這一次他們是第一次使用近代化的漁輪。

因為這個捕撈隊裡除了有一生都在這些地方抓魚的老漁民以外，還增添了文化大革命以後漁家的第一批大學畢業生、自己培養的科學技術人員。

因為他們還要做一番比較廣泛的魚情勘探，把黎阿伯這些人，在西沙積累的豐富實踐經驗，總結、繼承、大發揚，所以有意把航線拉長，多轉一些地方。

這一天夜晚，他們在晉卿島拋錨，把在這裡設點的機帆船留下，漁輪要在第二天去琛航島，轉幾日就到金銀島去，早些趕到他們的家。

晚飯後，漁輪上的人員沖沖涼，都按規定的時間集中到甲板上，開始了批林批孔的小組會。

這個班批的是林彪和孔老二"克己復禮"要開歷史倒車的邪說。

那個班批的是林彪和孔老二"兩鬥皆仇、兩和皆友"、大搞階級調和的謬論。

揭發、控訴，人人爭著發言。

分析、批判，聲聲雷鳴震海天。

突然，黨支部書記阿寶從艙房裡大步走出來。

她的手裡提著一個半導體收音機。

「同志們，現在有重要的廣播！請大家快些到艙面上集合，一起來收聽！」

大家聽到她的喊聲，都急忙地奔過來，坐的，站的，靜靜地等候。

阿寶把收音機扭開，放在眾人中間。

收音機的音響非常宏亮、真切，和著大海的濤聲，字字句句送到人們的心裡。

先唱了一支祖國頌歌。

又唱了一段革命樣板戲。

接著，新聞廣播節目開始了。

從祖國的心臟 —— 首都北京，從偉大領袖毛主席的身邊，傳來了高亢的聲音：

「各位聽眾，現在播送我國外交部發言人發表的聲明……」

大家一聽，全都振奮起來，坐著的直起身，離著遠的，朝前湊湊，等待往下聽。

中華人民共和國外交部發言人聲明

一九七四年一月十一日

不久前，南越西貢當局，竟悍然宣佈，將中國南沙群島中的南威、太平等十多個島嶼，劃歸南越福綏省管轄。這是對我國領土主權的肆意侵犯。南沙群島正如西沙群島、中沙群島、東沙群島一樣，歷來就是中國的領土。近年來，西貢當局對南沙群島和西沙群島的一些島嶼加緊侵佔活動，多次叫嚷它對這些島嶼享有主權，甚至在島上豎起所謂「主權碑」。西貢當局公然又把南威、太平等十多個島嶼劃入自己的版圖，這是企圖永遠霸佔中國南沙群島的一個新步驟。西貢當局的上述行動，不能不引起中國政府和中國人民的憤慨。

中華人民共和國政府重申,南沙群島、西沙群島、中沙群島和東沙群島,都是中國領土的一部分。中華人民共和國對這些島嶼具有無可爭辯的主權。這些島嶼附近海域的資源也屬於中國所有。西貢當局把南沙群島中的南威、太平等島嶼劃入南越的決定是非法的、無效的。中國政府絕不容許西貢當局對中國主權的任何侵犯。

外交部這個聲明播完,餘音未了,好幾個青年就憤怒地跳起來了:

"真是豈有此理,南越西貢當局在說瘋話!"

"就是呀,南沙群島跟咱們這個西沙群島一樣,明明是中國的領海、領土,怎麼變成他們的了!"

亞娟笑著扯扯黎阿伯的袖口:"你不是生在南沙太平島嗎?親自去問問西貢當局,你算哪一國的人?"

黎阿伯推她一把說:"莫開玩笑,莫開玩笑。告訴你們,不光是我出生在南沙太平島,我的阿公、阿婆的骨頭還埋在太平島上;那裡的每一粒沙子我都認得出的,誰能奪得走呢!"

亞娟鄭重起來,說:"他們錯打了算盤,中國人民的鐵拳頭是好吃的嗎?"

年輕人摩拳擦掌地呼喊起來:

"咱們馬上開到南沙去!"

"對,支書你快寫個信請示!"

阿寶好久沒有說話,看看激動的人們,心裡像大海的浪湧那樣翻騰不息。

島上的燈光,一點又一點。

海上的船影,一片又一片。

許許多多的往事,帶著強烈的聲音和色彩,一齊湧現在這個年輕的黨支部書記的面前。

金銀島上的椰子樹、甘泉井。

黃沙土裡的古銅錢、花瓷盤。

日本侵略者的槍聲。

西沙先烈的鮮血。

十五年前南越西貢劫持我們漁船事件。

這以後，特務獨眼蟹的手電筒光、情報本……

黎阿伯見阿寶深思，就說：“你對事情看得遠，想得寬，快給我們講解講解吧！”

眾人一齊停住吵嚷。

阿寶把思緒拉回來，對大家說：“我要跟同志們一起學習討論，深刻領會。我初步地認識到這是一場非常複雜的政治鬥爭和外交鬥爭；我們這些在西沙勞動工作的人，將會面臨著一場新的考驗……”

亞娟聽阿寶這樣說，耐不住地插了一句：“西貢小丑，還敢來碰碰我們？”

阿寶接著說：“一切反動派，總是錯打算盤。去年在黨的十次代表大會上，周恩來同志的政治報告中講的一段話：中國是一塊肥肉，誰都想吃。但是，這塊肉很硬，多年來誰也咬不動。‘超級間諜’林彪垮臺了，更難下手。……這番道理講得非常正確，非常深刻，我們應當很好地深思細想，跟今日的事件結合起來看。”

她這麼一說，好像在眾人心裡點上了一盞明燈。他們那滿腔的怒火立刻化成豪邁的力量和堅強的信心。

阿寶進一步給大家鼓勁說：“同志們，外交部今天的聲明，說出了我們中國人民、南海漁民的心裡話。我們中國人民最早來到南沙、西沙、中沙和東沙，《史記》、《漢書》上有記載，島上的碑文說得清，當地出土的大量銅錢、瓷器是最好的證明。我們每個人都有親身的經歷，每個人心裡都有記憶。我們中國人民不僅祖祖輩輩在這些地方打魚,在這兒生,在這兒長,而且,我們曾用鮮血和生命保衛了它!無產階級取得政權以後,我們西沙軍民,又在毛主席的革命路線指引下,用青春和汗水建設了它!這些都是任何人改變不了的鋼鐵事實。我們堅決擁護外交部的正義聲明。我們要認真地觀察形勢發展,等待上級的指示,用抓革命、促生產的實際行動支持外交部的聲明!"

眾人一齊回答:

"對,我們多抓魚,多撈參,用實際行動支持外交部的聲明!"

"我們還應當快一點把金銀島上的樓房、倉庫造起來,氣死帝國主義反動派!"

阿寶對眾人的高昂情緒很滿意,忍不住激動地想:經過無產階級文化大革命的鍛鍊,幹部和群眾的政治覺悟普遍提高了,這就是我們能戰勝一切妖魔鬼怪的力量!

她又跟大家談了一陣,收了半導體,說:"太平,你幫我放下一條舢舨吧。"

鄭太平一邊動身一邊問:"你做什麼?"

"我到各個機帆船上走一趟,檢查他們收聽聲明沒有,再聽聽他們的反映。"

"我跟你去!"

"好吧。亞娟同來!"

三個人登上了小舢舨。

阿寶又接著深思起來。

大海在不安地騷動著。

漁火在緊張地閃爍著。

她的眼前,又一次出現金銀島上滴著鮮血的野花,耳邊又一次響起站在先烈面前發出的誓言。十五年後的今天,她又一次想:退學回西沙,關鍵的一步走對了!……

習習的海風吹拂著她那發熱的面孔，星光下的波濤在她身邊激烈地跳蕩。

三

迎來一個早晨，又是一個早晨。

西沙的海面起了風。

西沙的天空布了雲。

在西沙生產的人們，把胸中的怒火變成力量，提前下海作業了。

機帆船拖一連串的小舢舨，飛馳到各自的漁場上。

向陽漁輪，又是一路前進，一路捕撈，一路高唱戰鬥的歌。

臨近金銀島的洋面上，如同大森林裡起了風暴，千萬片樹葉在飄落。

老船長黎阿伯拍著手掌樂，大聲說：“向左，向左，那邊有魚群！”

年輕的技術員笑著問：“你長了千里眼？”

黎阿伯伸手指著說：“你沒看見鰹鳥正在那兒捕食吃嗎？它們是漁民的導航員、偵察兵呀！”

技術員要搞個虛實，打開了魚探器，只見螢光屏上閃動著點點亮光，對這個老漁民信服地笑笑，又忍不住高興地對眾人說：“果然有魚群！”

“加速前進！”

“準備捕撈！”

社員們各就各位，緊張地行動起來。

每個人的臉上都洋溢著喜悅。

在駕駛樓上瞭望的阿寶，兩眼緊緊地注視著前方，忽然對眾人喊一聲：“同志們注意，從金銀島那個方向開來一艘大軍艦！”

黎阿伯說："是不是南海公社的漁輪,每年他們都是趕這個季節來這裡的。"

阿寶又用望遠鏡仔細地看看,說:"肯定是軍艦,直奔咱們這邊開來了。"

亞娟要過望遠鏡看一眼,連聲說:"是軍艦,是軍艦,咱們海軍又來巡邏護漁!"

阿寶搖搖頭:"不是,不是。我看那副怪樣子,好像南越西貢的軍艦!"

亞娟不由得一愣,說:"這就出奇了,他們的艦跑到我們這裡有何事要幹?"

阿寶說:"不管有何事,得小心他們。亞娟,趕快把這個情況通知艙裡的同志們。"

黎阿伯說:"對,對,此時不比往時喇。"

阿寶又下命令:

"升起國旗!"

五星紅旗飄揚在祖國的藍天之中,碧波之上,顯得格外莊嚴,特別威風。

阿寶想了想,再傳命令:"照直走,試探試探他們來幹什麼,再下對策!"

漁輪原速前進,

艙面增加了複雜的氣氛。

西沙海域的附近是國際航線,在西沙捕魚的社員對這種相遇本來是習以為常的。西沙又是帝國主義和走狗們饞得流口水的肥肉,因而社員們從來都是加倍警惕的。特別是前幾天的晚上聽了外交部聲明,積極分子們越發多一些考慮,進一步提高了警惕性:

"你看,他們這次不回避,衝著咱們開來了!"

"不錯,船行的速度沒減,好像還加快了!"

"瞧瞧他這葫蘆裡裝的什麼藥吧!"

"哈哈，這回可真有意思，真好玩啦！"

人們精神抖擻，豪情滿懷。

漁輪好似飛起來。

只有見過這種世面的鄭安，顯得很緊張。

他觀觀這個人的面色。

他又聽聽那個人的話音。

他的心裡直敲鼓。

他的兩條腿不由自主的往後縮。

他跟阿寶一樣，也想起十五年前的那件往事。

真是無巧不成書，那一次的遭劫，也是這個洋面上。那一次，他被拖到峴港。他遭拷打、受曝曬、挨饑餓，差一些把性命丟在異國的監獄裡。這些年，他跟著眾人走路行船，他學著眾人進步向前，漸漸地把這場災難忘到脖子後邊。今朝，這件事情，對他說來，實在太突然，消去的隱痛又復萌了，摸不著邊底——有些害怕了！

他又偷偷地給兒子使眼色；兒子不理他，急得他一個勁地搓手掌。

鄭太平不僅不理他阿爸，好像得了喜事一樣，跟夥伴們又說又笑。

不是他不知道利害，是他在西沙的生產建設中流了汗水，受到了鍛鍊，真正的進步了。

阿寶敏銳發現了鄭安的情緒變化，此時來不及跟他細談心，就問他："鄭安阿伯，有些緊張嗎？"

鄭安也懂得說出真情實感是羞恥的，只是"啊啊"，吐不出聲音。

阿寶給他開心鼓勁說："你不要緊張。今時跟往事的時代不一樣了，人也不一樣了。我們的南海西沙，真正成了鐵壁銅牆，你就看看她有多麼堅不可摧吧！"

漁輪在這聲音中，勇猛地劈濤斬浪地衝向前。

四

大海，猛勁地揚波。

白雲，速快地飛渡。

敵艦像一隻野獸，越看越清楚，哼哼唧唧地朝著向陽漁輪撲過來了。

大炮，伸著長脖子。

信號燈，不住地眨巴眼。

一夥高矮不齊、瘦弱不堪的士兵，有的鬆鬆垮垮地站著，有的無精打采地坐在甲板上。

幾個當官的，歪戴帽，邪瞪眼，手上攥著槍，嘴上叼著香煙。
……

這是一副裝腔作勢的群醜圖，讓向陽漁輪社員們"欣賞"、"欣賞"，開開眼。

阿寶穩坐在駕駛台。

黎阿伯直立在船頭。

社員們，一齊湧到艙面。

前進，前進，向前進！

信號員向阿寶報告："敵人打信號，讓咱們的漁輪從這裡躲開！"

阿寶立即回答："警告他們，這裡是中華人民共和國的領海，讓他們立即走開！"

敵艦上的一個帽沿都遮不住瘌痢頭的軍官，一見漁輪不讓路，有點出乎意料，眨巴眨巴眼，下令："先給他們來個下馬威，直衝！直衝！"

旁邊一個小個子軍官連忙提醒他："艦長先生，共產黨的普通漁民也是不好惹的……"

痢痢頭說："撞撞運氣再說。"

敵艦和漁輪越來越近，就要相撞了。

士兵們嚇得往後閃。

當官的比他們躲得又快又遠。

小個子語不成聲地說："長官，長官，不行，不行，要撞上了！"

痢痢頭顧不上端架子、裝樣子了，有氣無力地打了個後退的手勢。

敵艦立刻急剎車，忙轉向。

漁輪照直衝過去。

突突的馬達聲。

嘩嘩的激水聲。

獵獵的紅旗聲。

還有社員們對敵人的嘲笑聲。

阿寶高高地站立在駕駛臺上，怒視敵人，機靈地判斷著敵人的動向和企圖，以便開展有力的鬥爭，最後戰勝敵人！

敵艦轉個大圈圈，從快到慢，又死皮賴臉地跟過來，圍著漁輪轉圈子。

信號燈一閃閃眨巴眼。

痢痢頭扯開破鑼一樣的嗓門喊：

"漁民們，快到別處捕魚吧！"

"漁民們，快離開這個地方吧！"

漁輪跟敵艦周旋一個回合，在駕駛臺上的阿寶，已經看出敵人一點眉目，也摸到一些底細。

她左思右想，認識到敵艦這次闖進中國領海，不是一般的搗亂。

她前後權衡，看出敵人這樣干擾漁輪作業，不是來劫持漁船、掠奪財物。

她預計到敵人一定有野心，不會輕易地善罷甘休，一場複雜的政治、外交鬥爭已經在西沙、在他們的面前開始了。

於是，她發動社員們對敵人展開政治攻勢。

社員們都贊同她的看法，個個鬥志更旺盛。

漁輪自動地靠近敵艦，擺開一個進攻的陣勢。

社員們屹立在船頭，一齊朝敵人喊話：

"這西沙群島是中華人民共和國的領海，你們的艦必須快一點走開！"

"你們偷偷摸摸地闖進中國領海，是對我們主權的嚴重侵犯！"

敵艦上的痲痲頭軍官，慌亂一陣以後，也指使士兵裡面會廣東話的人朝這邊對喊：

"這裡是我們西貢的地方，你們走開！"

"你們在這裡抓魚，是侵略行為！"

漁輪上的黎阿伯擠在眾人前邊喊："上推幾千年，我們世世代代、祖祖輩輩在這裡抓魚，在這裡生活，怎麼舌頭在嘴裡一轉，西沙就成了你們的呢？"

敵人你看我，我看你，答不上來。

亞娟也逼著敵人問："你睜開眼看看，西沙群島上，有我們修的路，有我們蓋的屋，我們好多人生在這裡，長在這裡，你們都是在哪裡養的？"

敵人更加張口結舌。

痲痲頭見此光景著了慌，把士兵一推，齜牙咧嘴地喊："你們抓魚的不懂道理。我們總統說西沙是我們的，就是我們的！"

黎阿伯說："他是說夢話！"

亞娟罵一句："那是放屁！"

社員們"嘩"地笑了。

痲痢頭還要喊。

阿寶不讓他開口，"颼"的一聲跳出駕駛台，衝著無精打采的士兵說："你們這些當兵的都上當了，是當官的、有錢的人騙了你們。從一千多年前，我們中國人民就在西沙群島抓魚生產，祖祖輩輩生在這兒、長在這兒的都是中國人；中國的地圖、許多外國印的地圖，從來都是把西沙印在我們國界裡的。這就是說，南沙、東沙、中沙和這個西沙是中國領海領土，是被世界人民承認的。帝國主義頭子們，想製造混亂，渾水摸魚，唆使他餵養的狗到這裡亂咬亂竄，夢想破壞我們的社會主義建設，又把你們趕來當炮灰。中國人民不是好欺的，經過無產階級文化大革命鍛鍊的中國人民，更加不好欺。這一點，我想你們是知底的。快點撤出我們的海域是正道。不然，你們可後悔也來不及了！"

痲痢頭又跳又叫："不要聽共產黨的宣傳，西沙就是我們的，西沙就是我們的！我們的軍艦來到這裡，這裡就應該屬於我們的了！"

漁輪上的社員們氣憤地罵起來：

"癩皮狗！"

"不要臉！"

"快走開，誤了我們生產，你們要包賠損失！"

漁輪繼續往前行。

敵艦照舊圍著轉。

漁輪牽著敵艦的鼻子，走到哪裡跟到哪裡，好像雜技團耍大狗熊的一般。

太陽漸漸落了海。

大海慢慢變顏色。

敵艦上的小個子軍官跟痲痢頭嘀咕起來：

"時間不早了，不能再待下去。"

"唉，沒想到小漁船這麼難對付。"

"退吧。"

"回去怎麼交差？"

"請求長官另作安排吧。"

"媽的！"

敵艦在漁輪上的社員們的怒罵聲裡，狼狽不堪地轉向了，滾回去了！

漁輪上，爆發起勝利的歡呼。

敵艦消失在金銀島的那一邊。

黎阿伯問阿寶："根據眼下這個樣子，咱們直奔金銀島登岸合適嗎？"

阿寶想了想說："敵人來者不善，善者不來，定有詭計在後頭；今朝跟他們周旋幾遭，只不過是鬥爭的開台鑼鼓。靠灘拋錨，馬上開黨團會和社員民主會，大家齊動心思，一塊討論對策！"

漁輪往羚羊礁迂迴前進。

桔黃的雲朵在聚攏。

蔚藍的大海在抖動。

五

雲朵漸漸地變黑，遮閉了天空。

大海慢慢地轉暗，掩護了船影。

艙室裡閃著明亮的燈光。

甲板上遊動著機警的哨兵。

海風吹起來了。

浪濤拍打著船舷，嘩，嘩，嘩，一聲又一聲。

向陽漁輪黨團員和幹部的"作戰"參謀會，開得簡短、明確。

黨支部書記阿寶最後站起身，兩手捧著筆記本，作了個小結：

"我們今天這個會議開得非常好。對我有很大的教育。參加會的同志們，經過對敵情的分析研究，對形勢的看法完全一致，對以後的做法，意見也完全統一。

"大家一致認為，西貢當局悍然派來軍艦竄到我國海域，是企圖吞併我國領土西沙全盤陰謀詭計的一個組成部分，是無視我國外交部一月十一日嚴正聲明的最壞的表現，是對我國強盜式的侵略行為！

"大家一致表示，我們是社會主義的新漁民，是社會主義新西沙的建設者，也是保衛祖國領土領海的戰士；頭可斷、血可流，祖國的一寸土地、海域不能丟！我們要堅決地進行鬥爭，既不示弱，又要考慮鬥爭的複雜性，做到有理、有利、有節！

"大家一致同意，立即採取三項措施 —— 第一、派船往永興島革委會送信報告情況；第二、為了知己知彼，放下幾條小舢舨，用抓魚撈參做掩護，到甘泉島和金銀島上摸摸情況，偵察一下敵人在那裡有沒有活動，好考慮下一步對策；第三、漁輪繼續作業，牽制敵人，迷惑敵人，跟他們周旋到底！

"同志們，還有什麼漏掉的？"

眾人回答："齊整了！"

阿寶又徵求："同志們還有什麼補充？"

眾人回答："沒有了！"

阿寶合上本子，說："好。大家再回到群眾小組會去，發動群眾，按計劃貫徹執行！"

黨團員和幹部們一個個精神振奮，龍騰虎躍般地出了會議室，奔到住艙和艙面，投身到群眾中間去了。

阿寶拉住亞娟："你等我一塊走吧。"

她說著，伸伸腰肢，衝著舷窗吸了口新鮮空氣，又掠一下被風吹起的頭髮。

亞娟望著阿寶嚴肅的面孔，說："支書，對我有什麼話說嗎？"

阿寶輕輕地拍著亞娟的手掌說："我希望你特別地珍惜這一次難得的鍛鍊自己的機會。"

亞娟點點頭："你放心，我絕不會給我們新中國的青年和婦女丟臉！"

阿寶說："我希望你像黎阿伯團結老漁民那樣，把青年同志們帶動起來。"

亞娟又點點頭："我知道。鬥爭的勝利得靠群眾的力量，靠我們自己的團結。"

阿寶又深情地說："我估計，更嚴重的考驗在後邊。希望你在火線上為祖國立功，在保衛西沙大海的重要時刻，為光榮地加入我們無產階級先鋒隊創造條件。"

亞娟心頭一熱，眼圈紅了。

阿寶放開她的手，說："我相信你。去吧，按照我們的決議，步調一致地去鬥爭！"

亞娟激動萬分地走出艙門。

阿寶迅速地整了檔、筆記。

她要防止萬一，保住黨和國家的一切機密，不能使敵人在這裡得到任何好處。

她要讓自己再冷靜一下，把決定了的事情再仔細地推敲一番。

她思索著，從盆子裡撈出毛巾，擰乾了水，擦了擦發熱的臉。

她抬起頭，兩眼立刻被懸在艙壁上的那幅"廬山勁松"的照片吸引住了。

蒼茫的暮色。

飛渡的亂雲。

巍然挺立的強勁的青松。

她的渾身立刻增添了無窮的力量。

她心裡默默地說：親愛的黨，放心吧，用毛澤東思想哺育成人的西沙兒女，一定為您增光爭氣！

她精神抖擻地出了艙。

亞娟未走開，站在那裡聽什麼，直朝她擺手。

舵房的一旁，一個小組民主會正熱烈地進行。

鄭安父子倆正在爭吵。

兒子喊："你這是又落後又反動的思想！"

老子叫："你還有多大的帽給我戴？"

"外國侵略者來搶佔咱們的海，你為何說躲開一些好呢？"

"魚不能抓，有槍又不讓打他們，白白在這裡耗時間有何用？"

"如今還是政治鬥爭，他敢打咱們，咱們就打他烏龜狗種們！"

"別吹大話，人家好大的艦喲！"

"小船鬥大艦，這才顯中國人民的英雄氣魄！"

"不吃虧嗎？"

"大家說得好，寧可前進一步死，也不能後退半步生。你這種躲避論，就是賣國……"

"我的天，躲一躲就是賣國？別看我有一點點自私，有人賣國，看我拚不拚！"

鄭安這句話引起好多人哈哈大笑。

這是好意的笑聲。

阿寶對亞娟小聲說："你看，我們的社員們會越鬥越強的，包括鄭安這樣的個別人在內。他們都是熱愛社會主義祖國的呀！"

亞娟點點頭："所以也要很好地團結他。"

兩姐妹說著，走到熱情洋溢的群眾中間。

六

黎明，吹拂著海風。

漁輪旁翻卷著大湧，一排追著一排。

漁輪上撕裂著雲團，一塊推著一塊。

漁民們幾乎一夜都沒合眼，一齊動手，做好了迎敵的戰鬥安排。

阿寶見時間已到，指示照計畫行動。

他們同時放下四條小舢舨。

一條奔南。

一條向北。

一條朝西。

一條往東。

阿寶見四條舢舨漸漸走遠，立在船頭，舉著望遠鏡，盯著昨日敵艦出沒的那個方向的動靜。

早霞，從雲彩的空隙中撒下來，給海水塗抹一層十分奇異的色彩：突出的浪頂是玫瑰紅，凹進的浪坡如同礬石一樣藍澄澄。

阿寶發現遠遠的天水線上出現了兩個黑點。

敵艦又撲過來了。

阿寶馬上吹起警報的哨子。

一陣急促的刷刷的腳步響，社員們整整齊齊地列隊在甲板上。

阿寶下達命令：「各就各位，準備戰鬥！」

武裝民兵隱蔽起來。

捕魚的社員整理網繩。

阿寶在駕駛台指揮。

黎阿伯在船頭出面應付。

站在各部位的社員們，怒視著敵艦模糊的影子，議論加嘲諷：

"加了碼，昨日一條，今朝來兩條！"

"賊人膽虛，找個做伴的呀！"

"再周旋幾天哪，說不定把西貢老窩都端來了！"

"哈哈哈，真有意思呀！"

敵艦越來越明顯，看到船上發抖的破旗，傾斜的炮管，又看到船頭激起的水沫，還有尾後拖著一條一條長長的、歪歪扭扭的航跡。

阿寶指揮："把定航向，加速前進！"

黎阿伯也喊："準備作業！"

漁輪又奔漁場開去。

兩條敵艦也跟著轉向，分兩路朝漁輪包圍上來。

漁輪上的人按計劃不理睬，追著魚群，從從容容地動手要下網。

敵艦慢慢減速，在一百多公尺的地方停了車。

社員們奇怪了：

"這是什麼鬼把戲？"

"來參觀嗎？"

大家的話猶未了，又發現從一條敵艦上邊放下一隻小艇。

小艇上坐了幾個人。

小艇顛顛簸簸地朝這邊開來。

小艇上的人全是一副怪樣子：頭頂大沿帽，胳膊兜著黃袖章。

社員們嚴陣以待，要看看這些壞傢伙們，還有什麼新鮮貨色往外抖落。

小艇靠近了，一個人站起來，用廣東白話喊："喂，喂，你們是哪國人？"

黎阿伯罵道："廢話！這是中國的西沙大海，當然是中國人！你們是哪一國的仔？竄到這裡來幹什麼？"

那個人又喊："我們是南越海關人員，要上漁輪檢查檢查！"

阿寶在駕駛臺上開口了："我們中國的漁民在中國的海上作業，你無權檢查，快走開！"社員們一齊喊：

"你沒權檢查！"

"快點滾蛋！"

那個人又喊："必須檢查，必須檢查！"

他喊著，又讓小艇往漁輪跟前靠近。

阿寶對社員說："他們敢上船，就把他們打到海裡去，給點厲害的吃！"

社員們全都憋了一身勁，鼓了一肚子氣，就等這聲命令；呼呼啦啦，一陣跑動。

這個拿來木棒。

那個拿起魚叉。

亞娟把剖參的刀子抱出來，分給了大家。

黎阿伯抄起水煙筒當武器，舉在手裡。

"你們敢挨我們的船，我們就打！"

"有種的上來試試吧！"

那個喊話的敵人推他旁邊的人，讓別人打頭陣。

小艇上的壞東西們，一個個面面相覷，縮脖子，翻白眼，誰也不敢再往前邊湊。

那個喊話的人急得只冒汗，一陣風，把他頭上那頂大沿帽子吹掉，飄到海裡。

亞娟眼尖，立刻認出這個人："嗨，鬧了半天，你是那瘌痢頭呀！"

大家被提醒了，發出一片嘲笑聲：

"你這戲演得太差，化裝欠功夫！"

"真不知羞恥，快滾蛋吧！"

瘌痢頭氣極敗壞地罵了幾句什麼。

小艇轉了頭，灰溜溜地走了。

漁輪上又是一陣開懷的大笑。

保衛西沙的漁民們又取得一個大勝利。

……

那個瘌痢頭剛回到船上，就得到電報。

「不好了，右方一條船，載著共軍的大型炸藥包，要上甘泉島！」

敵艦立刻全速往甘泉島方向開。

瘌痢頭拿起望遠鏡，左瞧瞧，右瞧瞧，還沒看清目標，又得到報告。

「不好了，左方一條船，載著共軍的新式武器，要登金銀島！」

另一條敵艦立刻又全速往金銀島方向跑。

這時候，兩條敵艦都得到報告：又有一條共軍的船，要攻佔珊瑚島。

這可不得了啦。

兩條敵艦東撲西撞團團轉，好似兩條被人追打的落水狗。

兩條敵艦上的人，全都嚇掉了魂。

當他們發現受了騙的時候，阿寶派出的四條小舢舨上的全體戰士，已經勝利完成偵察三島敵情的任務，平平安安地回到漁輪上。

眾人高興地在艙面跳起來。

可是，一個意外的消息，又使他們震驚，也使他們滿胸怒火澆了油：

偵察敵情的戰士們報告，西貢當局已經運來大批匪軍，侵佔了我們的珊瑚、甘泉和金銀島，正在那裡修工事、造地堡，夢想長期賴著不走。

阿寶卻能使自己鎮靜，因為敵人的這一著，她已經有所估計；同志們巧妙地摸到情報，對於上級制定反侵略的作戰計畫是十分重要的。

　　她說："同志們幹得好，我要爲你們請功。立刻再派一條漁船去永興島，向上級詳細報告敵人的罪惡行徑。我們要繼續保持高度的警惕、頑強的戰鬥力，準備敵人再撲來，對付敵人的新手段，等候上級命令！"

七

　　又是一個雲密、湧大的早晨。

　　西貢當局的兩艘大型驅逐艦又跟蹤向陽漁輪，追到作業的洋面上搗亂破壞。

　　他們經過一番搜腸刮肚的策劃。

　　他們妄圖施展一套自以爲最厲害的手段。

　　他們不再打信號。

　　他們也不再喊話。

　　像野獸發了瘋，朝漁輪這邊衝過來。

　　那個惱羞成怒的瘌痢頭軍官，站在船首，故意挺著肚子，鼓著腮，兩手叉著腰。

　　那些被弄得暈頭轉向的士兵，一個個強打精神，橫眉瞪眼，做著兇惡的樣子。

　　漁輪上警報的哨聲響起，正要撒網的社員，立刻停止生產，進入了緊張的戰鬥準備。

　　阿寶又高高地穩坐在駕駛臺上。

　　黎阿伯又挺挺地站立在船頭上。

　　亞娟又帶領著社員，又把勞動的工具變成戰鬥的武器，緊緊地握在手上，威威武武地並列在黎阿伯的身旁。

　　船上的吊桿撕碎了亂雲，一片一片，滿天揚。

船下的推進器剪斷了湧浪，一縷一縷，兩邊拋。

漁輪好似一顆出膛的炮彈，颼颼地射向敵艦。

瘌痢頭軍官壓住心裡驚恐，眼一瞪，像被踩著脖子一樣，嘶啞地喊叫一聲。

敵艦上的士兵一陣手忙腳亂。

幾門大炮急速旋轉，炮管伸向向陽輪。

幾十條步槍豎起，一齊對準向陽輪上的漁民。

漁民們橫眉冷對，目空這一切。

向陽輪不偏不倚，正線航行，浪花憤怒地飛射到敵艦上。

瘌痢頭一面抹著濺在臉上的水珠，一面跳著腳叫嚷："你們快快離開這西沙群島的海面；要不然，我們可就不客氣了！"

黎阿伯指著他的鼻子回答："這西沙是中國的領海，不允許烏龜仔來橫行霸道，你們快點滾蛋！"

瘌痢頭氣極敗壞，突然從腰帶上掏出手槍，又齜牙咧嘴地亂喊亂叫。

士兵也跟著他的樣子做勢，"嘩啦、嘩啦"地壓子彈、推槍栓。

駕駛臺上的阿寶已經看出敵人外強中乾，想要來一次最後掙扎，妄圖以死來壓倒漁輪上的人，達到他們兩天來耍盡了手段都沒有達到的目的。

她當機立斷，決定以牙還牙，把敵人的氣焰壓倒。

她躍身而起，準備見機而行，下達對付敵人的行動命令。

就在這一瞬間，船頭上的黎阿伯，瞪起眼睛，猛朝前跨一步，"嚓"地扯開衣襟，向敵人挺起寬闊的胸膛。

"刷"的一聲，亞娟和社員們，也都衝上去，一個個都像黎阿伯的樣子，面對刀槍不示弱。

瘌痢頭不由得吸了口冷氣，又使勁地把手槍一晃："你們再不後退，我們就開槍！"

黎阿伯大手"啪"地一拍胸:"烏龜仔,打吧,有膽子的,朝著這兒打!"

痢痢頭舉槍的手直顫抖:"你,你,你們這些老百姓,真,真,真不怕死嗎?"

阿寶一步邁到人群的最前邊,向敵人莊嚴地宣告:"爲保衛祖國西沙,不怕苦,爲怕死,這就是我們西沙漁民的氣魄!你們開開眼吧!"

痢痢頭又威脅說:"我們的手指頭一動,你們後悔可就來不及了……"

阿寶微微一笑,向敵人提出最後的警告:"最後失敗的、後悔的,將是你們這些侵略者!如果你們利令智昏,敢動我們一根毫毛,全中國人民、全世界人民絕不會饒恕你們!你們一個也不用想活著回老窩!"

痢痢頭腦門冒冷汗,手不能動,嘴不能言。因爲他們只有這最後一張王牌了,又不肯死心收攤子。

漁輪上的戰士們,在較量中,擦亮了眼,壯大了膽,看清了面前紙老虎的本質,有信心戰勝敵人,分毫不相讓。

敵我雙方,就這樣對峙起來。

是幻覺呢,還是注意力過分地集中?在這一刹那的時間裡,分分秒秒都是喧鬧沸騰的西沙,變得靜極啦!

海不嘯。

雲不動。

輪機不鳴。

人群無聲。

就連飛翔的鰹鳥也彷彿停滯在空中。

痢痢頭的臉越來越黃。

士兵們的手越來越抖。

阿寶啊,阿寶,黨組織給了她智慧,身邊的革命群眾給了她力量，面前現了原形的、束手無策的敵人，增加了她滿懷的豪氣。

一個無產階級的戰士多麼光榮！

一個社會主義的漁民多麼威風！

這一場捍衛祖國領土領海、維護祖國民族尊嚴的激烈搏鬥的場景，是多麼壯麗輝煌！

她已經率領群眾壓倒了敵人，掌握了主動權，想怎麼鬥就怎麼鬥了。於是，她輕蔑地看了一眼呆癡的敵人，用宏亮的聲音命令舵手：「開船吧，在我們祖國的大海上，自由自在地航行吧！」

輪機呼喊，浪花飛，漁輪繼續向前進。

敵艦如同昏厥了許久，才蘇醒過來，搖搖晃晃地在後邊追。

老鄭安透了口氣，看兒子一眼，悄聲說：「我冒了一身汗……」

鄭太平一聽這話，十分反感，瞪了他阿爸一眼，質問：「為什麼呀？」

「真緊張……」

「你害怕？」

「不，不，從今以後，再不害怕了！」

……

敵艦還在後邊盯著。

漁輪故意在洋面上自由馳騁。

痢痢頭唉聲歎氣，直搓手。

幾個軍官嘀咕一陣，吵嚷一番。

兩條敵艦又打旗語，又發信號。

他們開足馬力，追上來了。

一條艦靠近漁輪的左舷。

一條艦挨近漁輪的右舷。

漁輪微微一顫，船頭被撞壞了。

社員們端起魚叉！

社員們舉起剖刀！

"拼哪！"

"拼哪！"

阿寶憤怒地指著痳痢頭抗議："狗強盜們，這是你們的鐵的罪證，一定要跟你們清算！"

突然，信號員一聲高喊："同志們，快來看哪，我們的海軍來了！"

在漁輪的背後，掀起了層層巨浪的山巒。

嘩嘩嘩，大海爆起千束禮花。

哐哐哐，大海鳴響萬聲歡呼。

人民的年輕的海軍，駕駛著巡邏艦來到了。

他們來捍衛祖國的南海西沙！

他們來保護祖國的西沙漁民！

兩條銀灰色的戰馬，在海峰上飛，在浪穀中鑽。

兩條敵艦發現中國人民的戰艦，突然呆住了，又慌亂起來；緊接著連忙掉轉了屁股，各不相顧地猛逃竄，不一時就像被滾滾浪濤吞掉，沒了蹤影。

人民海軍的艦艇，靠近了漁輪。

漁輪上的社員們跳躍、呼喊。

激動的熱淚呀，遮住了他們的眼睛。

親切慰問的信號，往漁輪這邊頻頻傳來：

"漁民同志，我們來到了！"

"漁民同志，你們受驚了！"

信號員又向阿寶報告："艦上首長請漁輪民兵的負責人，上艦開會交流情況。"

阿寶聞聲而起，對信號員說："立刻回答，向陽大隊民兵連長堅決執行命令。"

幾個年輕民兵動手往海裡放舢舨。

阿寶對眾人說：“你們在船上作好一切準備，等我回來傳達上級指示。”

眾人腿一併，胸一挺：“是！”

阿寶又對黎阿伯和亞娟說：“走，跟我同去。”

浪湧很大，濤聲喧嘩。

黎阿伯坐在船頭。

阿寶和亞娟一坐一立，夥搖著一支櫓，使小舢舨在波浪中迅速行進。

他們眼睛盯著軍艦，心裡邊估計著新的形勢和任務，渾身有一股力量在鼓動著。

八

小舢舨在銀波中穿行，順著風向走，轉個圈，又朝著大艦靠近。

兩艘銀灰色的人民海軍軍艦，在這藍錚錚的萬里海疆上巍然而立，乘坐小船的人，臨到近邊，仰望它的時候，立刻產生一種登臨萬里長城的感覺；它雄偉壯麗，給人力量，使人昂奮。

小舢舨漸漸地向軍艦跟前靠近，讓人越發感到大湧浪激烈地起伏顛簸。

因為這個龐然大物的阻隔，浪湧的聲音更大更響，如雷鳴雨嘯。

湧浪把小舢舨托起，跟軍艦的欄桿齊平了。

湧浪又把小船投下，低到軍艦的吃水線了。

按照指示，他們要到“勁松號”上開會。

阿寶雙手提著繩纜，兩腿叉開站立，等候湧浪再一次把舢舨托起的機會，投到艦上去。

不少水兵戰士擠到欄桿前面，一齊伸出手來，準備接繩索。

繩子飛起來了，沒投中，隨著舢舨跌到浪穀裡。

繩子又飛起來了，沒抓住，又隨著舢舨跌到浪穀裡。

一個身材很高的戰士竄過來，把旁人推開，面向艦下，做一副從容又有把握地接應姿勢；當繩索又一次像閃電似地從小舢舨飛上天空，又如長蛇往下卷落的時候，他探出九十多度的身子，一把扯住了。

戰士們緊張地喊：

"快拉住！"

"往前搖！"

連接著舢舨上的繩索，被水兵們緊緊抓住，等候時機。

當舢舨又一次被湧浪托起的時候，立刻跟軍艦連接在一塊了。

那個高個子戰士非常有力氣，胳膊一伸，把黎阿伯抱上了艦。

黎阿伯衝著他"嘿嘿"一笑，算是對他的感謝。

兩個女民兵躍上艦舷。

阿寶走在甲板上，好像登上了高高的五指山巔，使她心胸頓然開闊，非常激動。

她眺望大海。

大海深沉莫測，似一鍋將開未開的水，不平靜地鼓動著。

幾個水兵擦拭著主炮，一個個神態是那樣的莊嚴。

幾個水兵搬運著炮彈箱，一個個動作是那樣的迅猛。

有的水兵伏在欄桿上激憤地交談著敵情。

有的水兵趴在戰位上疾寫著請戰決心書。

這幾位曾經跟入侵敵艦英勇周旋的漁民的來臨，吸住了年輕戰士們的眼睛和他們的心。

他們熱情地圍上來：

"漁民同志，你們真勇敢哪！"

"漁民同志，你們辛苦了！"

阿寶、亞娟和黎阿伯朝他們笑呵呵地打招呼。

那個高個子的水兵舉起粗胳膊高呼起來：“向漁民同志學習！”

水兵們齊聲應和，把濤聲壓下去了。

阿寶大聲說：“我們應當向解放軍同志學習！聽毛主席的話，做革命的漁民，就應當有骨氣呀！我們做點事，都是應當做的；要不是你們的軍艦趕到護漁，我們在這會兒還得周旋哪！”

高個子水兵帶著歉疚的神情說：“我們要是早知道消息早趕到，就不會讓你們受氣了……”

阿寶連著擺手：“經經風雨，見見世面，受受鍛鍊，到哪兒請這樣的反面教員去。凡是反動的東西，你不打他就不倒，西貢這只千瘡百孔的紙老虎，還想往強大的中華人民共和國身上撞幾下試試，不把紙虎當真虎打行嗎？”

高個子水兵拍手說：“對，對！”他發狠地攢攢拳頭，“他們欺人太甚了。剛才一見到他們，我把炮彈都推上了膛，真恨不能一排打出去，全把狗日的們轟到海裡去！艦長阻止我們，不讓開第一槍！急得我渾身冒火！”

阿寶笑了。

高個子水兵仔細地看她一下，想一想，說：“這位女民兵同志，我認識你。你是海南瓊涯鎮的！對不對？”

阿寶一面告訴水兵，她過去在瓊涯鎮住過，後來常去那裡開會辦事情，一面辨認著，心想：這個一口東北口音的青年，並不是“勁松號”上的老戰士，何時見過呢？

高個子水兵說：“一九六七年春天，革命大串連，我們學校的長征隊，步行到海南島，住了好幾天。你那會，也帶著革命造反派在瓊涯鎮跟走資派做鬥爭。……”

阿寶想起來了：“噢，噢，你是那個年紀最小、個頭最高的、愛畫畫的紅衛兵？”

　　高個子的水兵點點頭說：“說我愛畫畫，不如說我喜歡祖國的大好河山更確實一些。”

　　阿寶笑笑，說：“你畫的那張大海、海鷗、軍艦的畫，至今還在我家高足屋的牆上掛著。”

　　高個子水兵不好意思地擺擺手說：“不行，不行，我畫得很幼稚。”

　　阿寶說：“我不是喜歡畫，是喜歡你的心意。你愛咱們祖國的大海。記得，你說過，你阿爸也是漁民，在烏蘇里江捕了多半生魚……”

　　憤怒的氣色又一次出現在年輕戰士那張通紅的臉上：“珍寶島事件，他犧牲了！是蘇修社會帝國主義者的罪惡子彈奪走了他的性命！”

　　站在一旁的黎阿伯聽到這裡，忍不住地接過來說：“蘇修和西貢反動派是一路貨！都不安好心，兩眼盯著我們中國這塊肥肉流口水！”

　　阿寶點頭說：“他們是大醜和小丑，一唱一和。”

　　高個子水兵說：“不管是誰，膽敢來碰碰中華人民共和國，鋼鐵的拳頭等它吃！”

　　阿寶說：“對極啦。人不犯我，我不犯人，不聽警告硬來幹，一定要在這裡落個慘敗的下場！”

　　亞娟也在一旁插嘴說：“中國人民解放軍是人民的靠山、國家的柱石，保衛西沙主要靠你們啦！”

　　高個子水兵胸脯一挺說：“同志你放心。我姓李，叫虎林，年紀不大，個子高，大家都叫我大李。把我記住吧。這回如果不把入侵的狗雜種們一個不剩地趕出去，回來，你就往臉上唾我！”

　　亞娟忍不住嘻嘻地笑了。

　　李虎林跟前一個小戰士說：“大李，你這話太片面。艦長經常教育我們，戰勝敵人得靠人民戰爭，得靠群眾支持當後盾，你別獨自包打天下。」

李虎林哈哈大笑：「小張說得對，小張說得對。」他又推小張一把，介紹說：「我們這新戰士是運彈手，入伍才半年，上艦才三個月，棒極啦！批林批孔是闖將，運炮彈是優等⋯⋯」

小張打了他一拳，紅著臉跑了。

周圍的人都哈哈地笑起來。

阿寶帶著亞娟和黎阿伯往駕駛艙那邊走，在通道上，迎面碰見一個戰士。

這個戰士小個子，從頭到頂、渾身上下全是油泥，手裡提著個很沉重的油桶。

阿寶忙著靠裡邊讓路。

小個子戰士忙著向外讓路。

阿寶說：「你先走吧！」

小個子戰士微笑一下，還是往船舷那邊靠。

阿寶怕把他掉下去，急著說：「快過去吧。」

小個子戰士只笑不動。

阿寶挺為難。

李虎林從後邊跟過來說：「這位操舵手叫梁峻峰，是全艦有名的大老蔫，是我性情的對立面；話不多，主意正，他想著對的，誰也勸不動。⋯⋯」

梁峻峰瞪著眼制止他，見止不住，終於開口了：「我怕同志們身上蹭著油。」

李虎林連忙說：「好，好，由著你，請漁民同志先過去吧。」

阿寶朝那顯得樸實淳厚的梁峻峰笑著點點頭，就走過去了。

九

人民海軍的戰艦上，處處是一片緊張的、樂觀的戰鬥氣氛。

像一團火苗，烤人的臉。

似一股熱流，暖人的心。

這三個漁民的老少民兵幹部，儘管遇到的都是一些不相識的新戰士，仍像回到家裡一樣親切；儘管不遠的地方就有敵艦遊弋，面臨著將是一場更艱鉅的鬥爭，卻如同登上永興島碼頭一樣心情安逸和清爽。

他們在入艙門口遇到好幾個熟人 —— 當年的新戰士，今時的新領導。

親切的招呼包圍了他們：

"呵，阿寶同志！"

"黎阿伯你好哇！"

"嗨，亞娟也來！"

艦政委萬德側身讓他們："請到會議室坐坐吧，抽煙、喝茶，休息一下。"

阿寶說："我們是來聽候命令的！"

萬德說："大隊首長還沒有過艦來，到會議室裡等一下，聊聊天吧，不用急。"

觀通長問："艦長呢，去拿海圖嗎？"

航海長說："放到會議室裡，他又走開了。"

就在這個時候，後甲板有一個像水鼓一樣的艙口蓋子被頂開了，從裡邊鑽出一個壯壯的漢子。

他頭戴大沿帽，上穿白軍衣，下穿藍軍褲；紅紅的臉膛，黑黑的眉毛，密密的鬍子茬，亮亮的大眼睛 —— 朝他們這邊笑嘻嘻地看著。

觀通長說："艦長，都等你哪！"

航海長說："你看誰來啦？"

亞娟先喊開了："喂，海龍哥！"

符海龍一隻手拿個筆記本，一隻手裡托著一疊子大小不等的紙片，大步地跨過來。

他把筆記本裝進衣兜裡，先向黎阿伯敬個禮，又跟亞娟握手，最後，朝阿寶點頭笑笑。

萬德開起玩笑：“請大家評評，艦長對我們民兵連長同志是不是太沒禮貌啦？”

旁邊的幾個幹部也幫腔：

“是呀，不敬禮，也應當親切地握握手呀！”

“對，對，重來一次吧！”

符海龍不顧跟他們搭調，把手裡的紙片朝阿寶面前舉舉，說：“這都是我們戰士們寫的請戰書、決心書！一個個都憋足了勁頭啦！”

阿寶微笑地說：“我們也是來請戰的！”

符海龍一擺手說：“別急。你先幫我們搞搞鼓動工作，再把油加個足足的 —— 我馬上集合戰士，你們三位，給大家講一講南越西貢當局侵犯我們西沙、破壞漁民生產的罪行吧……”

亞娟故意說：“你倒會抓官差！”

政委萬德也插一句：“他這一抓，連我的政治工作也被他搶走啦！”

眾人一陣哈哈大笑。

符海龍依然嚴肅地說：“我們接到護航護漁的命令，正要啓航動身，又接到命令，說你們漁輪自動地派了民兵，摸到敵人的底細，他們偷偷地佔領了我們的甘泉島和金銀島！這個情報十分重要。你們的功勞可不小。”

黎阿伯咬咬牙說：“這不行！敵人占了我們的島子，我們絕對不能答應。我們把這個情況報告給上級，就是為了讓上級派海軍同志來，跟我們民兵一起快點把島子奪回來。常言說，養兵千日，用兵一時，阿海，這回，到了我們為保衛西沙出力的時候了，你如今是艦長，得代表我們向上級請戰呀！”

　　符海龍攥著拳頭說："放心，不論他是個什麼樣的侵略者，都不用做夢在西沙撈點油水走！祖國的一寸土地也不能丟失！中央首長在我們海軍基地就曾指示過：把侵略者趕出去！這是毛主席的聲音，黨的命令，是全國人民的心願，也是我們每一個海軍戰士的鋼鐵誓言！"

　　阿寶聽了，深情地看看符海龍，點著頭，心裡邊更加激動，更加有了必勝的信心。

　　政委萬德帶頭往裡走："快到會議室坐吧，一會兒首長就過艦來了。等開了會，再留下阿寶這幾位同志，給咱們上一堂課。"

　　幾個幹部往裡推讓客人；因為怕碰著老人的頭，有的攙扶，有的用手遮擋頂上的鐵門框。

　　阿寶走在後邊。

　　符海龍跟在最後邊。

　　這個空隙是暫時的，但是十分難得。

　　阿寶低聲地對符海龍說："我真沒想到，這次上級派你們這條艦來。"

　　符海龍含笑地說："巧嗎？不能這樣看。我和你，都是應當來的呀！"

　　阿寶點點頭："對，對，因為西沙是我們的，我們是屬於西沙的……"

　　符海龍接著阿寶的話說："西沙永遠需要我們，我們就應當永遠在這裡戰鬥下去。"

　　阿寶又悄悄地告訴她的愛人：自從十一日晚上聽了外交部的聲明以後，一直處於非常的激動狀態，吃不下飯去，也睡不著覺。

　　符海龍說："身體是鬥爭的重要條件，要搞得強強的、壯壯的！"

　　阿寶說："我準備為這場鬥爭的勝利交出我的身體和生命，因為我牢牢地記著我和你在烈士韋阿公墓前的誓言。現在，是我們用行動實現的時候了！」

符海龍精神一抖，說：「對，對，我也是這樣決定的！」

這夫妻兩個，在甬道裡，悄悄地、緊緊地握了握手。

十

南越西貢兩條海盜艦隻，一路高速往回跑。

痢痢頭臉色黃黃地問：「到什麼地方了？」

「羚羊礁！」

痢痢頭使勁喊：「加速！」

「是，加速！」

痢痢頭又探頭探腦地問：「到什麼地方了？」

「過了金銀島。」

痢痢頭又喊：「再跑一節！」

「是，再跑一節！」

小個子軍官在一旁說：「咱們登上島的人，打信號，請求咱們別走遠……」

痢痢頭一擺手：「我保護他，誰保護我呀？不理他，跑咱們的！」

跑一節，又一節，一直跑到看不清島嶼的影子，他們才不得不放慢速度，最後停車飄泊。

痢痢頭還不放心：「雷達、聲納一齊開，查查共產黨的艦追過來沒有？」

「據探查，沒有追過來。」

痢痢頭透一口氣，說：「往峴港發報，把今日的戰績報告報告……要把共產黨的兵力說得大一點，把情況說得神秘一點，把我們的難度說得嚴重一點。」

小個子軍官連連點頭，趕忙去發報。

沒有丟下性命，又交了差，痢痢頭安靜一下，讓手下聽差取來毒品，貪婪地吸了幾口，又要來啤酒倒了一杯，猛勁地喝了幾口。

小個子軍官跟跟蹌蹌地轉回艙裡，衝著痢痢頭說："報告長官，收到峴港的回電。"

"念念我聽。"

"……總統對你等一再延誤時間，一再失掉戰機，十分不滿意……"

"什麼，什麼？我給他來冒險，我給他來賣命，我還延誤了他的時間？我還失掉了什麼戰機？我們是搶地方來的，什麼是戰機呀？"

"……總統認為，此次之戰，本是突然偷襲，本應出其不備，把漁輪奪下，把漁船趕走，把海島全部地佔領，把海面全部控制下來，把……"

"哼，說得倒輕巧，讓他自己來試試，讓他自己來嘗嘗！中國的漁民是好惹的嗎？我的天哪，不要說他們的男子漢，就連婦女都是那樣的厲害，都是那樣的不好對付呀！"

"……目前，總統正與高級參謀們磋商，擬命你等再運兵奪搶琛航、晉卿、廣金三島；決心已定，只是時間和手段；你等應盡速部署，候命而行……"

痢痢頭聽到這裡，氣得臉如灰土。

他又把身子往床鋪上一扔，衝著頭頂上飛轉的電扇，喊屈叫冤："媽呀，媽呀，這個混賬命令，不是明明白白地讓我去送死嗎？我還想活著吃喝玩樂哪！"

小個子軍官先嚇得往後退縮，爾後又試試探探地湊過來，小聲說："長官，總統的脾氣，你是知道的呀！他要想搶奪到什麼心愛的東西，是不惜代價的……"

"我看哪，這回就算把咱們的全部家當都搬到這裡來，也一定奪不到手！人家的軍艦開來了⋯⋯對，對，再報告，就說中國來了五條大艦，一條頂咱們三條⋯⋯"

"長官，那就成了四千多噸位一條，說得太多了。"

"啊，改成大兩倍吧。"

"還有，船數，也不能誇張太多。"

"行，改爲四條。另外，把敵方的火力也報得厲害點，就說估計，有冥河式導彈裝置⋯⋯"

"這成嗎？"

"信不信由他，咱們必須這麼說，要不然，你我就得一塊兒去見上帝呀！"

小個子軍官無可奈何地擬了個稿子，讓痢痢頭過過目，又照他的指點，改了幾個

痢痢頭獨自倒在艙室，聽著外邊士兵們酗酒的喊叫聲，發瘋的咒罵聲，哼哼唧唧的"親呀""愛呀"的小調聲，從兜裡掏出他的情婦的照片，細觀細看，又在心裡暗暗地祈禱：

"老天保佑，總統先生收回他的貪心，別讓我這雞蛋往中國這巨大的礁石上撞⋯⋯"

電扇機械地轉著，發出低微的"嗚嗚"聲響，好像哭泣。

十一

阿寶在軍艦上開罷會，回到漁輪，把各機帆船上的全體民兵和社員代表召集到甲板上，傳達上級的指示。

她先傳達了上級領導對鬥爭形勢，特別是西貢當局侵犯我西沙群島的罪惡目的分析和看法，又佈置了部隊首長的戰鬥部署。

她說："我們的立場、態度和對策是一貫的，堅定不移，非常清楚：西沙群島自古以來是我國不可分割的一部分；西貢當局開著軍艦來偷偷地運兵登島，干擾漁民正常生產，是不折不扣地

侵略行徑，一定讓他們趕快離開……"

鄭太平忍不住地插了一句："他們要是死賴著不肯走呢？"

阿寶說："我們要盡力地克制，堅持說理鬥爭，讓他們收起侵略的魔爪；如若還不走，世界人民一定會有公斷，我們中國人民一定堅決、徹底地把他們趕走！"

這一天已經有些揚眉吐氣的鄭安，也學著男仔的樣子，挺起胸膛。他說："支書，我今朝多嘴，勸你們當領導的，趕快下決心打，我吃過南越西貢烏龜蛋們的苦味道，他們什麼屎都拉得出來！咱們艦小，他們艦大，別冷不防地幹咱們一傢伙呀！"

阿寶說："他們的這一手，部隊首長早就有估計。我們還是那條原則 —— 人不犯我，我不犯人，人若犯我，我必犯人。我們不開第一槍，他們要是打我們，中國人民是強大的！敵人的槍聲，就是命令，我們西沙的全體軍民，都是打擊侵略者的戰士，西沙的大海，就是埋葬他們的墳墓！"

亞娟拍手說："好，好，這樣做我擁護。反正不能袖著手讓他們欺辱！"

黎阿伯也說："這樣的對策，才顯出我們中華人民共和國的氣度。我更擁護！"

社員們熱烈地議論起來，對這場鬥爭的真相摸了底，對敵人怎麼應付心裡有了數，對於取得最後的勝利更是信心十足了。

阿寶接著說："部隊首長特別強調指出，我們每一個幹部、社員，都要提高警惕，備打一場海上的人民戰爭。革命戰士，一定要加強紀律性，一切行動聽指揮 —— 現在部隊首長給了我們任務，非武裝民兵，留在船上，漁船變成運輸船，往各島運送淡水和物品；武裝民兵，立即上琛航島，因為敵人已經運來大批的偽軍，占了前方的珊瑚島、金銀島和甘泉島，預計他們還會對我們的其他島嶼進行竄犯。我們這邊，各地來的漁民雖然早就自動地登上晉卿島、廣金島和琛航島守島了，可是琛航島上的人力不夠，要加強一些，以防敵人來個狗急跳牆，用武力搶佔。同志們，對這樣安排有意見嗎？」

眾口同聲回答：「沒意見！」

阿寶說：「好。黎阿伯！」

黎阿伯像戰士那樣一挺胸膛：「到！」

阿寶說：「你來負責運輸船，一切聽那邊首長統一指揮。」

黎阿伯答應：「是！」

阿寶又說：「武裝民兵排，列隊集合！」

一聲口令，那男男女女青年一大群，雄赳赳地站在甲板上。

阿寶用激動的深情的目光，檢閱著行列。

他們每個人的表情都是莊嚴的。

他們每個人的心境都是神聖的。

阿寶跟他們心心相通，阿寶最瞭解他們的心。

他們自從進入漁村第一所小學，念第一課書，唱第一支歌，學第一篇作文的時候起，建設偉大的祖國，保衛偉大的祖國的決心，就已經播種在心田啦！

這顆種子，在漁改的暴風驟雨中發芽，在漁業合作化的高潮中成長，在無產階級無化大革命的熊熊烈火中壯大；今時，在祖國這富饒美麗的西沙，經過與敵人面對面周旋的風雨考驗和鍛鍊，就要開花結果了！

民兵和社員們立即執行命令，迅速地行動起來。

漁輪和機帆船上的人進行仔細地檢查準備。

民兵開始乘舢舨登島。

阿寶坐在小舢舨上，望著大海的波濤，心裡想：「帝、修、反只聞到肥肉的香味，看不到用毛澤東思想武裝起來的中國人民的力量，他們註定要失敗的！」

十二

海風掀起滔滔大浪。

大浪撞擊著島邊上的礁石。

鋼鐵般的礁石叢中,爆開硝煙般的浪花,響起雷鳴似的吶喊。

晚霞映紅的珊瑚沙灘,迎接舢舨靠近。

野草掩蓋的小路,帶領民兵登島。

阿寶沒顧上喘口氣,讓民兵在樹林裡休息,就急忙帶上亞娟等幾個民兵幹部,查看了他們負責守衛的這一段區域的地形。

她要確定在什麼角落構築單身掩體。

她要確定在什麼部位挖掘交通戰壕。

她要確定在什麼方向架起瞭望台。

她還要確定在什麼地區搭帳篷、疊鍋灶。

許許多多的事情,都要馬上落實、儘快地完成,趕到敵人的前邊。

這個島子的面積,跟金銀島差不多大小,地形卻比金銀島複雜。

羊角樹和西沙藤占去大部分平灘的面積。

礁石平臥著,一半在海裡,一半在灘頭。許多大大小小的砷碟,風化在上面,好似給它刻出各種花斑。

海灘上的珊瑚沙獨具特點,粒大、堅脆,彷彿長著棱角,踩上去發出一種強烈的金屬聲音。激動的潮水,在那裡滾上滾下。

南海公社建築的加工場、磚屋和草寮,在一個朝陽的灣子上,綠蔭半遮,野花簇擁。

……

西沙的島、嶼、礁、洲數不清,各有特點,別具英姿,不管走到哪裡,都會使你產生對它的愛情,都會激發你對生活、鬥爭的熱烈嚮往。

　　海風，在這裡也是獨樹一枝的：微帶著海的鹹味，花的香氣，酒一樣醇。儘管西沙漁民是“海量”的，今日聞一下也染上幾分醉意。

　　……

　　阿寶大步地走著，盡興地觀賞著。

　　她情不自禁地想起這會兒在敵人鐵蹄的蹂躪下的金銀島，心裡像刀絞一般的痛苦；

　　恨不能駕上船，衝上去，跟他們拚一場。可是，她必須抑制自己，不讓同志們看到她的痛苦，帶領同志們在首長指定的崗位上，很好地完成守衛海島的任務，實現上級的全盤的戰鬥部署。

　　突然，從一道珊瑚沙坡那邊竄起一個十五六歲的少年，大喊一聲：“哪部分的？”

　　阿寶他們一驚，提起槍，沒有回答。

　　從那裡又站起一個高個子老人，按了按少年的頭。他雪白的頭髮，黑紫的臉色，礁石一樣結實。

　　他對阿寶他們笑笑，說：“你們是永興島向陽漁輪的民兵排，對吧？”

　　阿寶趕緊點頭說是。

　　老漁民呵呵地笑著說：“曉得是你們的，不然，哼！”他說著，掂了掂手裡的船槳。

　　阿寶看看老人手裡的船槳，又看看他們站身的那自然掩體，還有掩體上端堆積的礁石塊、馬蹄螺的殼，會心地笑了。

　　亞娟說：“你們的武器不錯呀！”

　　老漁民用大手拍拍胸膛說：“我的主要武器在這兒哪，你們知道嗎？我像我這個二孫孫這麼大的時候，到這兒來抓魚，倒讓日本鬼抓了我，逼我到珊瑚島上給他們開鳥糞；我不肯替他們幹，跟他硬拚！”

　　阿寶立刻聯想起小時候，韋阿公和阿爸在金銀島上談論過的類似事情。

　　老漁民繼續說："看看，比鯊魚還兇狠哪！烏龜王八們砍了我一刀！"

　　阿寶這才發現，老漁民那皺紋縱橫的腦門上有一道深深的傷疤。

　　這傷疤像公函介紹信上的一顆紅色的鈐記，不僅立刻博得青年民兵們的信任，還受到他們尊敬和愛戴。

　　他們親切地圍上了他。

　　老漁民本來就是激動的，這時候更加激動，滔滔不絕地接著說："我們一直在西沙抓魚，早先是一年一趟，住四五個月；解放以後，一年兩趟，待八九個月，只有鬧颱風那一段日子，我們到海南島避一避。戀這個地方呀！這一回，我們照例是奔到這兒給公社抓魚的。可是，敵人來了。南越西貢小狗，要奪我們的海，占我們的島，說是他們的。真是天下奇聞！不能答應他。我們就放下網，打敵人！那個海軍首長說，我們沒武器，不好給任務，他們是護漁的，得保衛我們；他讓我們把船停在避風港，等著把敵人趕跑了，我們再接著抓魚……這可不行。衝鋒不頂用，我們守島嘛！首長又說島上派了武裝民兵，裡邊有你們。我說，好吧，我跟武裝民兵們請求，撥出一塊陣地給我們，保證丟不了。看我堅決，他同意了。"他說著，哈哈大笑一陣，又衝阿寶點點頭，"你是幹部吧？你不能打擊我們的積極性吧？你看，我們十三個人自動聯合起來，就守衛這個小角落；有我這個老民兵——今天正式入伍的老民兵，掛帥帶著他們在這兒，你們就不用操心了。怎麼樣呢？"

　　阿寶很受感動，就笑著說："首長都同意了，我們當然支持……"

　　老漁民高興地說："你這個女幹部路線覺悟高，看得起我這老民兵！"

少年搶著說："還有我這小民兵哪！你們也應該看得起的！"

阿寶看看這邊十幾位自動守島的漁民，覺著他們熱情高，意志堅決，也很會利用地形地物，就說："你們想得好，做得對，很使我受教育。就這樣辦吧。我們要緊密配合，有什麼情況，派武裝民兵來支援你們，好不好？"

老漁民從自然掩體中竄出來，對阿寶行了個軍人禮："堅決服從命令！"

亞娟和那個少年都嘿嘿地樂了。

阿寶拐回他們主守的陣地，立即指揮民兵們在一棵麻楓桐上搭了瞭望哨，又跟大家一起搭帳篷。

她把餘下的人帶到選定的地方，動手挖工事。

鍬鎬的嚓嚓聲，在島上喧鬧起來。

阿寶一邊用力地挖掘，一邊抹汗，腦子裡一邊轉悠著那個頭帶傷疤的老漁民豪邁的神態。

她想：我們有強大的海軍、陸軍和空軍，又有這樣的人民群眾，南海西沙就是真正的銅牆鐵壁，任何敵人都莫想在這裡撈到好處！

十三

敵艦在遠遠的洋面上飄泊了一夜。

艦上的敵人，一片驚慌和混亂。

士兵們唉聲歎氣。

長官們罵罵咧咧。

西貢的老窩，頻頻地往這裡發電報，下命令，吹牛打氣，加上封官許願，讓他們設法把中國的海軍和漁民擠出去，讓已經佔領的珊瑚、甘泉和金銀三島的敵人站住腳，同時，再耍個手段，運送一群步兵，強登晉卿、琛航和廣金三島：把中華人民共和國的永樂群島一口吞！

電報上說：只要島上有了西貢的人，西沙就是西貢的了；那時候，對參加這場侵略的上下人員，全部都給升官晉級的嘉獎。

已經初步地嘗到了中國漁民勇敢的厲害勁的敵人，對這道命令都是表面上麻木，內心裡嘀咕。

當官的把它當成喜帖。

當兵的把它看作喪鐘。

甲板的角落，坐艙的暗處，不少人在燒香、磕頭，求"觀音"保佑。

天沒亮，從峴港又開來兩條裝備最強的大型的軍艦，來這裡助威；西貢當局拚了命，下個大賭注。

過一會兒，敵人的指揮艦派出一個參謀長官，坐著小艇，登上瘌痢頭指揮的十號艦上。

於是，這條敵艦就跟另外三條艦，按照夢想制定的詭計，偷偷地啟動，兩條繞個大彎子，伺機偷登東部三島；兩條艦試試探探地朝中國人民海軍的拋錨地開來。

海色暗。

霧氣濃。

艦船首尾一片怪叫聲。

瘌痢頭陪著他的長官在甲板上視察遊動。

這個已經被一隻小小的漁船鬥得落花流水的壞蛋，因為怕露餡，把昨晚上那副嘴臉藏起來了，跟上司一邊討好，一邊獻策，同時用這些給自己壯膽子。

他說："長官，您不用提心吊膽的了。他們沒來大艦，就這幾個小玩藝，連一門大炮也沒有，不敢碰咱們，一嚇唬，就得跑。"

長官很胖，又穿上了救生衣，更像一個大南瓜了。他的心理狀態，跟瘌瘌頭猜想的完全是兩回事。他是西沙人民的老對手。十五年前，他接應獨眼蟹的情報那件事，吃了個大敗仗，記憶猶新哪！他哼哼唧唧地說：「你可不能輕易地下判斷呀！共產黨中國文化大革命以後，變得更加厲害，海軍發展得特別快，自己都能造最大最先進的軍艦了；從武器方面說，他們連原子彈都能造，什麼樣的炮沒有？得小心。」

瘌瘌頭說：「據我的經驗，中國人說話算數，咱們不動手，他們不會先開炮打我們。」

大南瓜瞪了他一眼：「你真是廢話連篇！咱們不動手，怎麼把他們趕出去，這個地盤怎麼奪過來，回到峴港，你我怎麼交差？總統說了，正大光明地宣戰，肯定我們要遭個大慘敗，必須跟他們使暗勁、耍手段！」

瘌瘌頭點點頭，小聲說：「我明白了。咱們給他來個袖裡藏刀，腳底下偷著使絆兒，對不對？……」

大南瓜愣住眼，咧嘴笑笑。

瘌瘌頭進一步說：「不等他們大艦趕到，就把這兩條小艇全部打沉；咱們扭頭就跑……」

大南瓜瞇起眼，點了點腦殼。

瘌瘌頭又說：「長官，要是這樣，我一定真幹。這個便宜要不揀，那可太傻了！」

「你估計，咱們能揀上嗎？」

「我保險 —— 咱一條艦的噸位，就頂他四條艦大；咱一門大口徑炮的威力，頂他們那小炮五六門。」

「這倒是。」

「還有一條極重要 —— 先下手為強！」

「有道理。」

「長官，這個便宜一揀上，你就又飛黃騰達了；我們也跟著沾了光呀！」

"嘿嘿嘿！"

"請下命令吧！"

大南瓜按了按頭上的鋼盔，緊了緊身上的救生衣，摸了摸衣兜裡的保養藥，最後說："好吧，這回，豁出去，撞撞運氣！"

痢痢頭裝出一副十分高興的樣子。

於是，大南瓜帶著他的部下，在甲板上轉一圈，想看看打仗的準備，再看看士氣。

這裡從當官的到當兵的，為了自己保性命，各種武器倒準備得不錯。

大南瓜很滿意。

只有一樣，從當官的到當兵的，都扒了軍裝，正在搶救生衣，急急忙忙往身上穿；還有的從箱子裡偷壓縮食品，悄悄地往腰包裡藏。

大南瓜開口就罵："混賬們，哪有一點軍人味，真丟人！沒開火，就想著跳水逃命了？"

士兵們點頭哈腰。

大南瓜也很滿意，扭頭一看，又皺了眉頭。

原來，跟在後邊的痢痢頭也從一個士兵手裡奪過一件救生衣，慌慌亂亂地往身上穿。

大南瓜又皺眉頭："你這種行為……"

痢痢頭賠笑臉："我，效仿長官的表率。"

大南瓜低頭看看身上的穿戴，臉黃了。

痢痢頭又急忙解嘲："長官，保住命才有一切，小心不算多餘。"

大南瓜不再說什麼，扯開嗓子下令："全速前進，給共軍一點顏色看！"

敵艦行成一字編隊，晃晃悠悠地衝過去。

十四

人民海軍戰艦，嚴陣以待，停泊在藍澄澄的大海上。

他們護漁、護航，監視敵人的動向。

指揮所發出一級戰鬥警報。

鈴鈴鈴的聲音，從艦首響到艦尾。

鈴鈴鈴的聲音，從甲板響到艙室的每一個部位。

鈴鈴鈴的聲音響徹遼闊的大海，響到高遠的藍天，響在每一個指戰員火熱的胸膛。

這是黨的號召！

這是祖國的命令！

這是人民群眾的呼喊聲！

我們年輕的海軍，絞鏈起錨，驅使著戰艦，劈濤斬浪地前進了。

輪機吶喊。

海水咆哮。

戰艦，像出山的猛虎。

戰艦，似鬧海的蛟龍。

戰艦，如穿雲的雄鷹 ──

勇敢地衝向入侵的敵人。

艦長符海龍威風凜凜地站立在 "勁松號" 指揮臺上，機警地眺望著大海。

海風吹著他那發燙的臉頰。

浪花濺在他那舉著望遠鏡的手上。

他看到像發了瘋一般朝這邊逼過來的敵艦。

他又看到敵艦上的敵人在混亂地蠕動。

就是這些野獸，蓄謀已久，侵犯我們祖國領海，強佔我們祖國的寶島，污辱我漁民，撞壞我漁船，如今還賴著不滾，又來挑釁！

　　他感到南海在憤怒的抖動。

　　他感到寶島在痛苦的掙扎。

　　他懷念起南沙太平島上的串串古錢。

　　他懷念起西沙金銀島上的藍花瓷盤。

　　他懷念起高大參天的椰子樹。

　　他懷念起明亮如鏡的水井甘泉。

　　他懷念起"火種"阿叔高亢的聲音。

　　他懷念起韋阿公慈祥可親的笑臉。

　　……

　　這一切，又使他聯想起跟西沙漁民並肩創業，興建碼頭、高樓、燈塔的日日夜夜，還有跟阿寶同坐在舢舨上的一次出自肺腑的交談。

　　這一切，又使他的心，飛到偉大的首都北京，天安門前，金水橋邊，來自祖國天南地北的英雄和四大洲國際朋友們中間；在那幸福的時刻，他仰望著敬愛的領袖毛主席，默默地立下的要用生命和鮮血保衛祖國的誓言。

　　聯想起這一切，戰鬥的豪情，好似烈火在他的胸膛裡燃燒。

　　他恨不得立即下令開炮，把逼到眼前的敵艦打個稀爛，埋葬海底！

　　他極力地按著怒火，心裡重覆著上級對這場鬥爭的政策和策略。

　　他想：面前這場鬥爭，既是一場十分特殊的軍事鬥爭，又是一場複雜的政治鬥爭和嚴重的外交鬥爭，必須謹慎從事，爭取主動。

　　他想：要牢記毛主席的教導，不但要敢於鬥爭，還要善於鬥爭；自己的責任，一方面要絲毫不能動搖地執行上級命令，堅持政治說理，另一方面又要做好準備，敵人一旦向我開火，就能立即還擊，就要克敵制勝，就要給敵人最嚴厲的懲罰。

敵艦越來越接近了。

海水翻卷著憤怒的浪花。

符海龍虎虎地注視敵艦，命令："信號，警告敵人，這裡是我中華人民共和國的領海，你艦迅速離開！否則，由此引起的一切後果，由你們承擔！"

信號兵攀登在信號臺上，靈巧地操作。

信號燈一閃一閃，那銀色的光芒，像一把把射向敵人的利箭。

敵艦信號燈也打開了："這裡是我們的，這裡是我們的，你們走開……"

那一眨一眨的微亮，如同貓頭鷹的眼。

"勁松號"猛衝直進，寸步不讓。

測距兵報告："距離敵艦一千米了！"

符海龍高聲地命令："把定航向！"

操舵班長梁峻峰在話筒裡響亮地回答："是，把定航向！"

我們的信號燈再一次提出警告。

敵艦的信號燈又一次無理耍賴。

測距兵又報告："五百米！"

符海龍再下令："原速！"

三百米！

一百米！

五十米！

敵我兩艦激起的水沫浪花接連彙集。

像突然倒下來的兩座山峰，壓在一起，又壓在一起，嘩嘩地往彼此的船舨上撲打撥撒。

四周的海面也受到牽動，被擠裂開無數波溝濤穀，急速地散開，又刻上旋轉的花紋。

此情此景,美麗、壯觀!

人民海軍精神抖擻。

敵艦匪兵膽顫心寒。

大南瓜早就鑽進保險艙。

瘌痢頭嚇黃了臉,一邊往後退一邊喊:"快,快,停車;快,快,倒車!"

敵艦哆哆嗦嗦地調船頭。

"勁松號"威威武武地直線衝向前。

十五

人民海軍旗開得勝。

符海龍說:"越是勝利,越要戒驕戒躁!"

他命令各部門長嚴格檢查各戰位元的準備情況,一絲一毫不能馬虎鬆懈。

政委萬德說:"敵人是紙老虎,可是我們要把紙老虎當真老虎對付!"

他利用這個空隙,從前甲板到後甲板,從艙面到艙裡,給黨團員們佈置政治工作,給戰士們作鼓動宣傳。

水兵戰士們,一個個越發長了精神:

"敵人來勢洶洶,見硬就回,鬧半天果真是紙糊的、泥捏的呀!"

"敵人是棒打的落水狗,剩下一口氣還要蹬蹬腿,得小心他上岸咬人!"

"哈哈哈……"

勝利者們放懷的笑聲似海濤。

……

敵人一出門就撞了顆硬釘子。

敵艦在風波浪裡打哆嗦。

大南瓜本來就作賊心虛，摸不著中國海軍的底，這麼一接觸，更感到難以對付。

瘌痢頭試試探探地說：“長官，下個回合，您怎麼指揮呀？要撤就往遠一點地方撤，要幹就快一點動手；不然，等他們的大軍艦開來，咱們可就完蛋了！”

大南瓜故意裝沉著：“不要急躁。要多兜幾個圈子，我們要先虛張聲勢，從精神上壓倒他們，再尋個有利的戰機，冷不防地猛開炮打他們……”

瘌痢頭摸摸花瓜似的腦殼說：“不論怎麼打，您得設法保全咱們的性命呀！”

大南瓜說：“放心，我不會打吃虧賠本錢的仗。這一回，我要讓他們來不及還手，就沉進大海！……萬一，他們還幾炮，咱們掉頭猛逃，咱們當官的又待在保險地方，也打不著……”

瘌痢頭有了這個底，就點點頭，忙去下命令。

敵艦轉了一個圈，又追趕“勁松號”，企圖跑到前邊切斷航向。

符海龍看出敵人花招，絕不讓敵人逞威風。他一聲命令：“原速，直開！”

“勁松號”不偏不彎，繼續向前。

各戰位的戰士們，都按著原來部署，高度警惕，作好開火的準備。

推進器猛烈的轟響。

艦頭刺開翻滾的湧浪。

艦尾掀起急驟的大雨。

一百米。

五十米。

敵我兩艦又一次相遇了。

"勁松號" 的航向仍然不偏。

敵艦上的官兵一見用虛張聲勢沒有壓倒對方，手忙腳亂，又一次來個急轉向。

"嘩啦" 一聲響，敵艦的前錨掛住 "勁松號" 右舷上的欄桿。

人民海軍戰士一個個氣紅了雙眼。

炮位上的炮長立即修正了瞄準點，

甲板上的戰士在槍膛裡推上了子彈。

符海龍掏出腰上的手槍。

敵艦上的官兵，一個個被中國人民海軍英雄的氣勢驚丟了魂，嚇破了膽。

有的往甲板上趴。

有的朝艙裡鑽。

有的爹呀媽呀地亂叫喚。

人民海軍的戰士們，眼盯著敵人，耳聽著命令，齊聲發出請戰的呼喊：

"艦長，快下命令！"

"為什麼還不打？"

"狠狠地打狗種們吧！"

符海龍啊符海龍，在這短促的時間裡，心裡如同南海起風暴，翻翻滾滾，最嚴重的考驗，擺在這個年輕指揮員的面前。

片刻中，他強壓一腔激烈燃燒的怒火，警告自己：政策和策略是黨的生命，是戰勝一切敵人、取得勝利的保證；一定要沉住氣，一定要服從命令聽指揮，一定要按著艦上黨支部的作戰方案行動，不中敵人的詭計。

敵艦害怕這樣明槍明炮地開火幹起來，就慌忙地打起手旗信號，向 "勁松號" "道歉"：

"我艦操作失靈！"

“我艦操作失靈！”

海軍戰士們一齊大聲怒罵：

“鬼話！你們是有意挑釁！”

“這是你們的鐵的罪證！”

“快快滾開！”

敵艦再一次灰溜溜地轉了向，退開了。

符海龍對仍然怒火不息的戰士們說：“同志們，剛才這一個回合，都表現得很好。我們一切行動聽指揮，一舉一動都要讓毛主席和全國人民放心！”

戰士們憤憤地議論起來：

“我真想來一梭子，把這群混蛋都幹掉！”

“真是紙老虎，見軟就欺，見硬就怕！”

符海龍告誡大家說：“敵人是狡詐的，是靠陰謀詭計過日月的，這樣轉來轉去，定有他們的罪惡用心。我們要做好戰鬥準備，小心他捲土重來，再耍新花招！”

戰士們齊聲答應。

這時候，我們的另一條戰艦，也把敵人的一隻野獸趕跑了。

戰士們怒看遠去的敵艦漸漸被雲水吞沒。

大海嘩嘩卷狂瀾。

烏雲團團滿天翻。

為捍衛祖國西沙的勇兒們，勁更足，志更堅，驚濤駭浪裡，躍進著矯健的戰船。

十六

阿寶和她的民兵排，堅守在祖國西沙的海島上。

他們欣賞著海上的奇觀：

人民海軍牽著敵艦的鼻子來回亂跑。

人民海軍指揮敵艦東撲西撞、轉圈圈。

阿寶緊握手中槍，兩眼凝神地看著。

西沙的海風吹著她的衣襟、黑髮和閃亮的刀尖；樂觀的笑容，像彩雲一樣，不斷地掠過她那紅潤的臉頰。

她彷彿看到軍艦上英雄的戰士們，威威虎虎地屹立在艦舷上。

她看到李虎林喊叫著裝壓炮彈。

她看到梁峻峰靈巧地旋動著電舵盤。

她看到萬德正用毛主席的教導開展政治鼓動工作。

她也好像看到符海龍高高地站立在指揮臺上，按著毛主席的軍事路線，下口令，鬥頑敵，在驚濤中，自由地駕駛著銀灰色的戰艦。

……

這一切，都給她鼓了勁，增強了信心。

鄭太平揀了一抱乾柴回來。

小夥手巧，用礁石塊疊了一個小灶。

他把小鍋架在上邊，點著了乾柴。

青煙升騰，火苗燃燒起來。

亞娟從樹底下提過來一隻水桶。

這個女民兵性子急，忙用茶缸往鍋裡舀水。

熱鍋一沾水，"滋"地一聲響。

這響聲驚動了沉思的阿寶。她一轉身，急忙喊："喂，亞娟，用水做什麼？"

亞娟回答："大家挖了一夜戰壕，又渴又餓，煮些稀飯，給他們吃。"

阿寶走過來，看看水桶，又看看鍋，說："不要煮稀飯，燒米飯吃吧。"

"我徵求意見了，都要吃稀飯的。"

“煮稀飯費水。現在正準備打仗，水送不來，泉找不到，必須節約用水。”

亞娟點點頭，填了半鍋水，加上米，來燒飯。

日曬，火烤，加上米飯乾焦的味道，越發誘惑人的口渴舌燥了。

阿寶抬頭看看天空，俯首看看大海，用舌尖舔舔乾裂的嘴唇，又問亞娟：“咱們還有多少水？”

亞娟說：“只剩下兩桶水，燒飯用半桶，還剩下一桶半水了。”

阿寶說：“拿來我看看。”

鄭太平到樹叢中又把另一桶水提了來。

阿寶看看這只桶，又看看那只桶；掂掂這只桶，又提提那只桶。

亞娟和鄭太平不知其中緣故，相互看了一眼。

阿寶好似拿定了主意似地說：“你們把三個班的班長都找來，咱們開個碰頭會。”

亞娟和鄭太平分頭跑去，很快就把班長們找來了。

三個小夥都赤著臂，頂著樹枝帽，帽影中，是一雙雙熬紅了的眼睛，是一張張乾渴的嘴巴。

阿寶說：“同志們，黨和人民交給咱們民兵排的任務，是團結一起，帶動漁民，保衛這個島子。上級這樣安排，定有艱鉅的任務等我們。可是，仗還沒打，缺水的困難跟我們挑戰了……”

三個小夥連聲說：

“支書放心，渴一點壓不倒我們！”

“慢說眼時還有點水喝，就算一滴沒有，我們也能戰鬥！”

“我們班的同志都表決心了，再加上點困難，也不會怕的！”

阿寶點點頭：“好的，好的。可是，同志們，我們民兵排都是年輕力壯的人,又經過訓練,是能熬苦的。這個島子上,還有另外一批同志,就是從船上轉來的漁民呀!他們有老有小,能像我們這樣熬苦嗎?"

亞娟和鄭太平聽到這裡,才明白阿寶剛才反來覆去地看水桶、掂水桶的原因了。

亞娟接著阿寶的話音說: "把我們的水勻一點給漁民同志們用吧。"

鄭太平說: "漁民的人太多了,這一點水,就怕不能解決多少問題。"

阿寶說: "我同意亞娟的意見,我也是這樣想的。水當然少,因為少才珍貴;不能徹底解決乾渴問題,定會給他們鼓起精神力量!"

三個班長一齊說:

"照支書想的方法做吧!"

"我們是兵嘛,應當愛護群眾。"

阿寶說: "大家都同意,就這樣做。那麼,眼下有一桶半水,是把哪一桶水留下分給民兵們喝,把哪一桶送給漁民呢?"

五個人幾乎同聲回答:

"把滿桶的給漁民!"

"把滿桶的給漁民!"

阿寶點點頭,又對亞娟說: "把你和我的水壺拿過來,從那半桶裡舀水灌滿,留下用;其餘的部分,等吃飯的時候,分發給民兵同志們當湯喝 —— 吃飽飯,潤潤喉嚨,準備迎接戰鬥。"

亞娟答應一聲,就去草棚取水壺。

阿寶又對鄭太平說: "幫我抬著那一滿桶水,給漁民同志們送去。"

一切安排就緒,阿寶非常滿意地跟著鄭太平抬起水桶,往島子的另一側走。

頭上的日光，像火一樣烤人。

腳下的沙土，像鍋底一般發燙。

阿寶渴得厲害，喉嚨如同在冒煙，又乾，又苦。這時候，哪怕有一滴水放進嘴裡也很好呀！

她朝四周看看，想找一點野果子吃。

琛航島沒有金銀島那樣大的野海棠樹，就是有，如今也不是結果子的季節。

她想到金銀島，想到此時在這裡艱苦奮鬥，就是保衛西沙，就是要奪回金銀島，周身增加了力量，把乾渴忘到一旁。

他們穿過一片羊角叢。

他們經過一塊黃沙地。

他們走進林立的礁石叢。

他們聽到那邊有人說話：

"阿公，乾渴死了！"

"仔，今朝就是生死搏鬥呀，渴也要忍下！"

"不能找些水喝嗎？"

"都是急匆上島的，誰也不會有水啦。仔呀，要是遇上民兵，可不能說個渴字呀！"

"為什麼呢？"

"他們會自己不喝，把水讓給你的……"

"我不要！"

"對的。他們拿著槍，保住這個島得靠他們！"

"阿公，我不乾渴啦！"

"哈哈哈！"

……

阿寶聽到這裡，心裡越發激動，轉頭看看鄭太平。

鄭太平的眼裡湧出淚水。

他們繞過礁石叢，大步地走到那個腦門上有傷疤的老漁民和少年跟前。

阿寶快活地說："老同志，運輸船送水來啦！"

老漁民從自然掩體裡站起身，看看阿寶，看看鄭太平，看看他們抬著的水桶，說："不對吧，沒見到有船靠咱們這個島子呀！"

阿寶說："船是從那一邊靠岸的，你在這一邊，怎麼能夠看到呢？"

"真的送水來啦？"

"不假。只是少一些，勻著用。"

少年拍手樂："太好啦，太好啦！我正乾渴呀！"

老漁民攔住孫子，叮問阿寶："你們民兵留足了嗎？你們可是重要的！"

鄭太平趕忙接過來回答："我們都留足啦。這一桶，分給漁民同志們潤潤喉嚨；等再運水來，再多分給你們。"

老漁民這才放下心："夠了，夠了。"

阿寶給他們灌了一葫蘆水，告辭到別的漁民那裡去。

當她走幾步，扭頭一看，見少年正抱著葫蘆甜蜜地喝著水的時候，心中湧起一股非常幸福的滿足。

十七

阿寶和鄭太平把一桶水分發給島上的漁民以後，轉回自己的戰位上。

民兵們都吃過了飯，都分了水喝，都又到戰壕和掩體中去守衛了。

亞娟把水桶裡剩下的一點水給了鄭太平，又把一隻水壺給了阿寶。

鄭太平吃了一碗飯，搬著水桶喝了幾口，故意留下一些，給一個在瞭望臺上放哨的民兵送去 —— 他那裡最曬，也最乾渴呀！

阿寶沒吃飯，她吃不下。

阿寶沒喝水，她捨不得喝。

亞娟正去勸她，只見鄭太平轉回來了。

鄭太平氣喘吁吁地跑過來：“報告，島背後的海面上出現一條敵艦！”

阿寶從掩體中跳出，問：“敵艦往哪邊開？”

鄭太平說：“好像要奔咱們守的這個島！”

阿寶氣憤地說：“真狡猾。理沒得講，跟海軍鬥不過，來這麼一手。他們既然是偷偷地繞著來的，一定有個鬼算盤，我們必須百倍警惕！”

亞娟著急地問：“怎麼辦呀？”

阿寶沉著地說：“辦法是現成的，那就是靠毛主席的一貫教導，靠一個戰士對祖國的忠誠、對敵人的仇恨！同志們，做好戰鬥準備！一班的同志跟我來！”

亞娟和鄭太平帶上一班的民兵戰士，跟在阿寶的身後，迎著敵艦行駛的方向，從羊角樹叢斜穿過去。

樹枝憤怒地抖動。

砂石不平地吶喊。

他們剛剛穿出樹叢，就發現一條沒曾見過的、新開來的敵艦，已經停泊在礁盤外邊，同時放下一隻小舢舨。

舢舨上載著十幾個南越西貢的侵略軍，正朝島子這邊偷偷摸摸地劃過來。

阿寶一步登上礁石，高高地舉起手，大聲地朝那邊喊：“這裡是中華人民共和國的領海、領土，你們無權上來，趕快走開！”

小舢舨上的敵人，沒估計到島上駐守著民兵，猛然相遇，有些害怕，又不敢違犯上司命令，緩慢片刻，接著加快了速度。

阿寶跳下礁石，一邊迎著往前跑，一邊高喊：“走開，走開，不許登島！"

小舢舨已經靠岸，幾個僞軍像烏龜蛋一樣從上邊滾下去，遲遲疑疑、萎萎縮縮地往島上爬。

阿寶帶著民兵戰士，繼續迎著敵人往前衝，邊跑邊喊："站住，站住，你們這是強盜行爲！不聽警告，由此引起的一切後果，你們要承擔！"

敵人一見這邊的人端著槍，威風凜凜地衝過來，嚇得停了一下。他們忽然發現領頭的是個婦女，互相嘰咕幾句鬼話，又打起精神，接著往上爬；接著舉起槍來，壓彈、推栓，衝著民兵們恫嚇。

阿寶根本不把這一切放在眼裡，還要往前趕。

亞娟扯住她說："當心，當心！"

阿寶說："絕不能讓他們上來！"

亞娟說："乾脆，打這些烏龜蛋！"

阿寶擺擺手："再看看，我們盡可能地堅持說理，不開第一槍！"

她說著，飛快地迎上敵人和敵人的槍口，並大吼一聲："再邁一步，我們就開槍了！"

敵人一見沒嚇住這些民兵，倒像潮水大浪一般湧了過來，一張張瘦臉都變得焦黃，哆哆嗦嗦地朝後邊倒退幾步，站住了。

阿寶帶著民兵，一直逼到敵人的跟前，指著鼻子怒斥道："你們不曉得這裡是中華人民共和國的神聖領土嗎，你們爲什麼要強行登島？"

敵人中間的一個小個頭僞軍，不懂中國話，就用手指頭指指遠處飄泊遊弋的軍艦，又拍他的胸，又用手掌敲敲脖子。他的意思是說：登島是艦上的大官們的命令，如不聽從，就會被殺頭的。

阿寶用眼一掃，這群匪兵裡邊好像沒有頭目，就手一擺地說："回去對他們講，西沙是中華人民共和國的領土，這是鐵的事實；你們這樣胡作非爲，完全是侵略行動，如果不馬上離開，中國人民要嚴厲地懲罰你們，到時可就後悔莫及了！"

小個頭的僞軍明白了阿寶的話，又害怕回去沒法跟上司回話，就咕嘰咕咕地跟他旁邊的人說一陣，轉過身，點頭哈腰地對阿寶比劃，希望阿寶給他寫個條子帶回去，好跟敵艦上的指揮官交待。

亞娟說："不理他，再不走就打！"

幾個民兵也氣憤得不得了，一勁嚷打。

阿寶說："真理在我們這邊，光明正大，應當利用一切機會說明咱們的嚴正立場，寫個條子有何不可。鄭太平，你給他寫！"

鄭太平身上帶著筆，卻沒有一片紙張。

僞軍怕討不回條子，不敢在這兒久停，又嚇又急，伸著手掌，用乞求的目光看著民兵；那副可憐相，再不答應，立刻就要跪在地下了。

阿寶朝他那骯髒的手掌看一眼，又對鄭太平說："寫在他的爪子上！"

鄭太平一笑，拿出鋼筆，扭開筆帽，命令僞軍："伸過手來！"

僞軍趕快伸出手掌。

鄭太平提起筆來，在他的手心上，大義凜然地寫下："中華人民共和國的領土不可侵犯，你們趕快滾蛋！"

僞軍如獲至寶，舉著手掌，吆喝著旁邊的僞軍，慌慌張張地轉身往回跑。

他們一邊跑，一邊轉頭看。

他們是作賊心虛呢？還是想再看看中國人民的尊嚴、中國婦女的英姿呢？

敵人的小舢舨被趕回去了。

每個民兵的心裡都升起一股勝利者的自豪。

阿寶含笑地盯著敵人的小舢舨靠了敵艦,又見偽軍上艦後跟迎著他們的人比比劃劃地說什麼。

亞娟喊了一聲:"快看,那個偽軍挨打啦!"

大家仔細一看,那邊敵人的兵艦上果然正在狗咬狗,都哈哈地大笑。

十八

民兵們的笑聲,只是一陣,很快就停止了。

他們的喉嚨太乾,心裡邊樂,不能再笑出聲。

他們飯後分些水喝,剛才那麼一奔跑,一發怒,一冒汗,水氣全都消耗光了。

阿寶早已經估計到這一步,這時候,對大家強忍乾渴的樣子,看得更清楚。

她站在眾人中間,嚴肅地說:"同志們,剛剛那場鬥爭,只是一個開場戲。我們一定要發揚艱苦奮鬥精神,保持高度警惕。敵人既然企圖登陸占島,定是他們總頭目的陰謀詭計,絕不會這樣一講道理就縮回去,也絕不會從此善罷甘休死了心!"

眾人一聽,都點頭同意這樣的估計;同時也都像阿寶那樣警覺起來。

阿寶又下命令:"一班的同志留在這個地方,立刻動手構築工事,準備迎接敵人反撲過來,對付他們耍新鮮的花樣。"

眾人同聲回答:"堅決執行!"

阿寶又對亞娟說:"把你的水壺拿過來。"

亞娟從肩上摘下水壺,遞給阿寶。

阿寶搖搖水壺,從聲音裡聽出,裡面的水還有多半壺,就說:"把它留下,不到緊要關頭不準用。"

亞娟接過水壺,點頭答應"是",又背在肩上。

阿寶摘下自己肩上的水壺，對亞娟說：“你現在執行我的第二個命令 —— 從這一班開始，每個同志喝上一口，再傳到二班去，還是每人一口。”

亞娟看阿寶一眼，接過水壺，搖了一下，又搖了一下，不由自主地喊一聲：“啊，這水，你一口也沒喝呀？”

阿寶手一擺，制止她說下去。

亞娟不再開口，雙手捧著水壺，舉到鄭太平嘴邊：“喝吧，喝一口……”

鄭太平推推水壺，挺挺胸說：“我不渴的！”

一班的民兵們都像鄭太平那樣挺起胸，齊聲說：“我們不渴的，我們不渴的！”

阿寶朝前跨一步，說：“這是任務，這是紀律，必須要喝！”

亞娟又把壺舉到鄭太平嘴邊。

鄭太平不肯接壺，也不肯喝水。

阿寶嚴厲地說：“你是幹部，為什麼不帶頭？把三大紀律八項注意念一遍給我聽！”

鄭太平為難地說：“我不渴呀，真的不渴呀！……”

阿寶說：“不渴也要喝，這是命令！”

鄭太平見阿寶那樣堅決，只好伸手接過壺。

十幾雙眼睛都盯著他的嘴。

他心裡翻滾著湧浪。

他知道，眼時同志們都渴極了。

他知道，眼時同志們喝一口水，就能堅持下去。

他知道，自己帶頭喝一口，同志們才會喝下這口水。

他知道，黨支書記阿寶希望他真心實意地喝下這第一口水……

他一咬牙，嘴唇貼在壺口上 —— 壺中的一口水流進喉嚨，眼裡的淚水落到了手背上。

阿寶高興地說:"好,大家都要照這樣子,堅決、勇敢地完成任務吧!"

水壺,從一個人手裡傳到另一個人手裡。

水壺,從一個班,又傳到另一個班。

水是不多的。每個人都盡力把這"一口水"的數量縮得小小的,只是喝小半口,潤一潤喉嚨。

水是珍貴的。每一滴水落進肚裡,都生發出無窮無盡的精神力量。

民兵們又跟著他們的黨支部書記、民兵連長阿寶,動手構築新的戰鬥工事。

鐵鍬在舞動。

沙土在飛揚。

一個個單身掩體很快地成形了。

阿寶是多麼高興啊!

她忘了渴。

她忘了累。

她越幹越有勁!

……

就在這個時候,島子的右側,突然傳來一排"砰"、"砰"的步槍響聲,震得鳥飛塵起。

阿寶機警地放下鐵鍬,說:"留下半個班,另外半個班跟我走!"

民兵們"颼颼"地從掩體裡跳出來。

阿寶又對鄭太平說:"快通知二班,從左邊進入右側陣地,配合我們戰鬥!"

鄭太平應聲跑去。

阿寶帶著半個班民兵,彎著腰,穿過密密的樹林,往響槍的地方跑去。

十九

阿寶飛跑在最前邊。

腳下的砂石暴躁地發響。

身邊的樹枝緊張地顫動。

他們越過一塊野花點點的平地。

他們翻上一道金沙閃閃的坡崗。

他們首先看到遠遠的海面上遊弋著另一艘新開到西沙的敵艦。

他們又看到，礁石叢下，有一條棺材形的小橡皮舟，不安地跳動。

他們前跑幾步，看到十幾個南越西貢的僞軍，正端著槍、彎著腰，像一群老鼠似地往島子上爬行。

阿寶立刻發現，敵人企圖佔領的角落，正是那夥臨時上島的漁民們把守的陣地；而那些本來是撒網垂釣的漁民們，個個都是手無寸鐵的。

她想到這裡，不顧一切地往前飛奔。

一股火藥氣味撲了過來。

一片硝煙在空中散落。

漁家少年頭上淌著血，兩隻小手裡舉著兩塊大礁石，怒眉立目，正要朝敵人衝去。當他發現了阿寶，就喊：“民兵同志，他們開槍殺人了！”

阿寶轉頭一看，在自然掩體的外邊，在那一叢仙人掌的跟前，頭帶傷疤的漁家老人躺下了，兩手緊緊地攥著木槳，胸膛流著血……

敵人還在瘋狂地往上衝。

千仇萬恨湧上阿寶的心頭。她高喊一聲：“同志們，爲漁民報仇，朝敵人狠狠地打！

她打響第一槍。

一個敵人應聲倒下。

這是她自從在那曙光照耀的演兵場上，從阿爸手上接過人民發給她的這支新步槍以後，打倒的第二個兇惡的敵人！

在阿寶的槍聲裡，一排仇恨的子彈朝敵群發射過去。

像風掃落葉，敵人倒下一片。

活著的偽軍嚇丟了魂，慌成了團，一邊繼續開槍，一邊尋找礁石做俺護，準備頑抗。

阿寶靈活地帶領民兵們臥倒在沙窩裡，繼續射擊，同時，捉摸最巧妙有效的戰術。

她摸摸腰上插著的手榴彈，立刻有了主意，就對旁邊的亞娟說："暫停射擊，先放敵人上來，靠近以後用手榴彈消滅他們！"

亞娟趕快向民兵們傳達阿寶的命令。

人家迅速地掏出手榴彈，打開蓋，拉出弦，擺在面前，等候敵人來享受。

這邊的槍聲一止，敵人以為民兵被壓住，就神氣起來，試探地露出腦袋，往上爬。

亞娟小聲問："扔手榴彈嗎？"

阿寶又把一枚手榴彈的蓋子用牙齒揭開，拉出弦，眼睛盯著敵人，說："沉住氣！"

敵人已經臨近了，都能看清前邊那幾個怯生生的賊眉鼠眼。

亞娟急著問："扔嗎？"

阿寶說："再近點！"

敵人越爬越近，企圖起身射擊。

阿寶喊聲"打"，先投出一顆手榴彈。

手榴彈在敵群爆炸。

沙飛石舞，煙霧一團。

接著是一片哭喊聲。

阿寶一躍而起，"衝啊"，帶著民兵，勇猛地衝進煙霧中的敵群。

這時候，鄭太平帶領二班的民兵戰士趕到了，從側面向敵人打過來。

敵人被打得連滾帶爬，倉皇逃命。

一個頑抗的偽軍，又被打翻在地；沒斷氣，動了動，往海邊爬去。

子彈在礁石上進起火花，在海面中激起水柱。

沒有送命的敵人上了橡皮舟。

阿寶命令："停止射擊！"

亞娟憤怒地說："一定要打翻他們的船，一個也不能讓他們活著回去！"

阿寶說："只要他們後退，我們就可以讓他們帶著一口氣走開。"

幾架敵機，像蒼蠅一樣飛來。

敵機把罪惡的炸彈投到了島上。

阿寶正待組織對空射擊，敵機已經跑沒影了。

……

阿寶帶著民兵們，站到頭額上有傷疤的老漁民身旁。

鮮紅的血塗染了西沙的土地。

鮮紅的血銘記下侵略者的罪狀！

阿寶把那悲憤的少年拉到跟前，高高地舉起拳頭說："同志們，敵人留下的血債，一定要血來償！我們更勇敢起來，踏著烈士的血跡前進，誓死保衛我們祖國的每一寸神聖領土！"

鐵拳舉起，像西沙島上的麻楓桐林。

誓言響起，像西沙大海的波濤。

少年扯住阿寶的衣襟，兩眼含著淚水，聲音發顫地說："阿姨，我一定聽你的話……"

阿寶撫摸他的頭："好仔！"

少年伸出兩隻小手："給我一枝槍吧，給我一枝槍吧！"

阿寶心頭一熱，深情的目光，在那張稚嫩的臉上停了好久。

海濤一聲接著一聲地吼叫。

湧浪一排追著一排地跳躍。

阿寶從肩上取下槍，雙手托起："拿起來，戰鬥下去！"

西沙漁家的少年，接過了打擊侵略者的鋼槍！

在暴風雨般的掌聲裡，民兵們的臉上啊，升起紅色的曙光！

二十

琛航島經歷了一場激烈戰鬥之後，又呈現一種暫時的寧靜。

南海西沙獨有的強勁的海風，驅散了硝煙和火藥的氣味。

小鳥又啼叫了。

野花又飄香了。

阿寶坐在麻楓桐的樹蔭裡，給那個受了傷的漁家少年包紮好創傷。

少年受傷了，是西貢強盜打的，那傷痕，在腦門上，跟他的阿公一樣。

阿寶壓抑著心裡的悲憤，眼望著蒼茫的海水，預測著形勢的變化。

海面上滾動著一排排巨大的湧浪。

湧浪裡停泊著嚴陣以待的艦艇。

艦艇上的海軍官兵們，各就戰位，注視著大海西南的遠方。

遠方的島嶼在波濤中隱現，幾條敵艦在那裡，像鬼影似地閃動。

阿寶想：人民海軍的軍艦把橫衝直撞的敵艦阻住了；守島的

民兵把企圖侵佔島嶼的敵軍打回去了，這些強盜們會不會就此善罷甘休，退出中國的海域呢？

阿寶想：毛主席教導，搗亂，失敗，再搗亂，再失敗，直至滅亡，這是一切反動派的邏輯；他們總是錯誤地估計形勢，一定還要頑固地掙扎，我們必須保持警惕，準備迎接更複雜、更激烈的鬥爭。

阿寶想把少年留在這裡，自己去找黨團員碰碰面，再分頭去鼓動民兵和漁民群眾。

"你在這裡休息休息吧……"

"不，我在這裡替你站崗！"

她看了看少年通紅的臉笑，就又走到戰壕裡問亞娟："咱們還有水嗎？"

亞娟說："只有那一壺了。"

"哪一壺？"

"就是你說的，要留到萬不得已的時候再用的那一壺。"

"拿來吧。"

"怎麼？"

"給他留下喝。"

亞娟從肩上摘下水壺，小心地擰下蓋子，舉到阿寶的嘴邊，說："我請求你，你也喝一口吧！"

阿寶推開她的手，說："我不渴的。"

亞娟說："你莫要說不渴了。上島幾天，你喝了幾口水？"

阿寶說："大家都一樣呀！"

亞娟使勁一擺手，說："不對，帶來的水，你都讓大家喝了；我們挖工事，你也挖工事，我們換班休息了，你還要遊動、查哨，連續幾天幾夜這樣苦幹，再要乾渴著，這怎麼行？……"

阿寶輕輕地拍著夥伴的肩頭，低聲說："亞娟，如今我們為保衛祖國領海領土衝鋒、戰鬥，準備獻出生命，一定要發揚一不怕苦，二不怕死的無產階級革命精神，乾渴一點算得了什麼！你莫掛心，我不要緊。"

亞娟堅持說："你是要緊的。你是領導，如果敵人再打上來……"

"你放心。我們是在苦難中摔打出來的，是在這鬥爭中鍛鍊出來的，應當經得住一切考驗！只要我的鮮血不乾，生命不止，就能繼續戰鬥下去！"

"我不明白，一口水，又有什麼大緊呢？"

"亞娟，缺一口水是死不了人的。你剛剛說了，如果敵人再打上來，有的同志要是受了傷，這一口水，可就頂了大用呀！"

亞娟終於被說服了。她沉默了片刻，把壺蓋擰上，為了不使阿寶看到她就要流出的激動的眼淚，轉身走出戰壕。忽然，她的眼前一亮，拍手喊："嗨，嗨，運輸船來了，咱們的漁輪來了！"

阿寶手扶樹幹，急忙地張望。

她瞧見，在海灣的地方，不僅有黎阿伯掌管的漁輪，還有他們大隊的運輸船。

她想，不用說，向陽漁村的大隊又補充人來，力量更強了，守島更有把握了。

幾個民兵一齊狂歡地朝海邊跑去。

亞娟揉揉眼，也追著大家朝前跑。

她聽到背後"哘嚓"一聲響，轉身一看，大吃一驚。

剛剛站起身的阿寶，走了兩步遠，感到一陣暈眩。她絕不讓自己摔倒在地。她扶住一根樹枝。

樹枝被她壓折了。

亞娟慌著轉回來，扶住阿寶。

阿寶的嘴唇起了泡，冒著血珠。

亞娟擰開了水壺，把壺嘴放在阿寶的口上。

阿寶搖搖頭，使勁推開水壺："亞娟，不，這水一定要留下！”

民兵們擁著船上的人走來了。

“阿寶，阿寶！”

“她怎麼啦？她怎麼啦？”

阿寶抬起頭，看到的第一個人是黎阿伯；看到的第二個人是她的阿爸程亮；後邊還站著何望來和鄭安，還有向陽大隊一群青壯年男女社員。

黎阿伯後悔地說：“我早估計到，這邊的吃水成了大問題，可是阿亮……”

程亮說：“我也估計到，阿寶他們會挺住的。我們運來水，應當先給別的島上送呀！”

民兵們圍上阿寶，一齊勸她快喝些水。

程亮疼愛地看著女兒，說：“你節水的任務，到此完成了，我們運來了大批的水。喝吧，喝吧。”

何望來招呼鄭安說：“快跟我走，快些往島上運水給大家喝呀！”

鄭安追在何望來的後邊，走幾步，不由得扭轉頭看阿寶一眼，無限感慨地跟何望來說：“如今這一代人，真的了不起呀！”

何望來點點頭：“是呀。一代比一代強，咱們兩個得猛追趕。”

幾個民兵也跑上前去幫他們擔桶。

阿寶一見幾個塑膠桶裝著滿滿的清水，這才肯把亞娟壺裡的水喝下去。

多麼甘甜的水呀！

她立刻感到胸口很舒服，身上也爽快了，就向黎阿伯問了運輸的情況，又向阿爸問了後續來的社員中有沒有武裝民兵。

黎阿伯擺動著大手說：“阿寶，有一句話告訴你，全漁輪的人，積極性都極高，沒有一個給咱祖國、給咱社會主義新漁民丟臉的！"

程亮說："永興島上的各行各業的人，聽到南越偽軍侵略咱們的西沙，都氣憤的不得了，連夜搶著報名要到前線來，請戰書、決心書堆了我一桌面，一再催我下命令，答應他們來。我們的人多得很哪！我們又從永興開來兩條軍艦，我和你阿來叔就是乘軍艦來的。"

阿寶滿意地笑。

何望來也報喜信說："海軍基地的領導，來到了永興，親自指揮我們鬥爭。你們的漁船跟敵人大艦英勇地周旋的事蹟，向中央首長報告了。大家都說你們是英雄，西沙的漁民都跟著你們光彩！

突然間，大海的那一邊發出戰鬥警報。

民兵們又跳起來：

"軍艦拉笛了！"

"快看，敵人的兵艦又轉來，多了，整四條，都是大個的！"

大家這時遠遠的看到，四條大型的敵艦，從甘泉島那一邊像四隻野獸一樣，搖搖晃晃地開了過來。

我們的巡邏艦立刻起錨，迎上去了。

阿寶吹起螺號。

民兵們迅速地進入了戰壕。

何望來眼盯著海面細端詳，不由得說："哎呀，敵人的艦那麼大，咱們的艦這麼小呀！四個對四個，咱們的四個加在一塊兒也不頂他們的一個大呀！"

這話正說到鄭安的心病上："是呀，海南港灣裡有那麼多的大軍艦，為何不開出兩條來呢？"

何望來說："當然啦，打仗不能光靠武器。"

……

程亮和一夥剛上島的社員擁到剛挖好的環形工事裡，觀望海上的形勢。

阿寶站在高高的瞭望哨上，一手握槍，一手舉著望遠鏡。

她看到我們的四條艦艇列成威武的長隊，勇猛地摧開湧浪，向前衝去。

她看到跑在最前邊那條艇，正是符海龍指揮的那一條“勁松號”。她彷彿看到符海龍豪邁地站立在指揮臺上，怒視著迎面撲來的敵人。

她好像聽到符海龍又一次向祖國和人民發出莊嚴的誓言。

大湧一排趕一排。

浪花一叢逐一叢。

矯健的海鷗追著戰艦飛翔……

二十一

在敵艦被迫撤退以後，我們的軍艦按照指揮所的命令，停止追趕，返回原來的錨地待命。

符海龍通過話筒向指揮所報告了“勁松號”跟敵艦英勇鬥爭的情況，受到上級表揚。上級讓他們再接再勵，繼續嚴密地注視敵人動向，做好戰鬥準備。

他又立刻跟萬德一起召集了黨、團員會和幹部碰頭會，分析了敵情，進一步研究了戰鬥準備措施。

最後，他讓副艦長在指揮台堅守，就親自到各戰位仔細進行檢查。

他看了前主炮，又看了後主炮。

他從彈藥庫又走到主機艙。

各戰位的準備都是合格的。

各戰位的戰友們都是情緒昂奮的。

大個子裝填手李虎林，從炮位上探著身子，舉了舉又黑又粗的胳膊,操著東北人的口音朝他喊:"艦長,我攢了二十一年的勁頭,從沙角訓練團開始,我練裝炮也三年整了,就等著到西沙來使的,你可不能讓我再憋著回去!"

符海龍仰起頭來,對他說:"憋憋長大個子;到了該用的時候,那才足哪!"

全炮班的同志都大笑起來。

李虎林拍了拍烏黑的炮管,裝作很嚴肅地說:"咱們講究民主,都有表達意見的權力;我這個老夥計,見西貢小丑一個勁地耍無賴,氣得直哼哼,它要求跟那個大南瓜對對話!"

符海龍也讓他說笑了:"咱們的大炮要求發言問題,得請西貢小丑來批準哪!"

全炮班的同志開始沒聽明白,愣一下,領會了,又爆發起一陣放懷的大笑。

在機艙裡,操舵班長梁峻峰正彎著腰擦拭機器,好久才發現身邊的艦長。

他直起身,靦腆地齜牙笑笑,用胳膊抹抹腦門上的汗水,又要接著擦機器。

這個少言寡語的人,一天都難得開口。他的話,就是他的行動。

符海龍問:"機器怎麼樣?"

梁峻峰簡短地回答:"一切正常。"

"注意隨時檢查。"

"是。"

"輪機、舵房是戰艦的兩條腿,你這個部位可是追打敵人的關鍵哪!"

"艦長放心,只要我們的心臟還跳動,咱們的艦就一定要按照命令行動!"

符海龍聽到這句話,心頭一陣發熱。

　　他對這樣的豪言壯語，沒有表揚，也沒有鼓勵，只是用他的手掌在梁峻峰那淌汗的背上輕輕地拍了幾下。

　　這是他最滿意的表示。

　　梁峻峰的臉紅了。

　　當符海龍在彈藥庫口，跟運彈手小張這個新戰士談心的時候，戰鬥警報又響起來了。

　　戰士們迅速地歸到戰位。

　　符海龍急忙登上指揮台。

　　副艦長報告：“指揮所通知，敵艦四艘，又擺開新的隊形，從珊瑚島和甘泉島之間向我錨地進竄，命我迎敵！”

　　符海龍立刻下令：“起錨，前進！”

　　錨鏈響，馬達鳴。

　　大海又憤怒地跳動。

　　敵艦擺開單縱隊，一個對著一個，張牙舞爪地朝我艦衝了過來。

　　又是老對手，逼近“勁松號”的還是痢痢頭的那個十號艦。

　　還是老套子，碰上硬的以後，又調轉船頭，急急匆匆地往回返。

　　炮位上的李虎林第一個罵開了：“狗雜種，跟大爺鬧著玩來了！”

　　“真憋氣！”

　　“打沉了它們多省事！”

　　符海龍立即朝戰士喊：“同志們，不要鬆勁，嚴密監視敵人，做好戰鬥準備！”

　　戰士們立刻又精神抖擻。

　　炮栓拉開了。

　　炮彈吊上來了。

　　裝填手都把炮彈抱在胸前。

敵艦先快後慢，倒退到千米以外的地方，一條艦升起白旗，突然，四條艦一齊轉向。

"轟"，"轟"，一排炮彈朝我艦發射過來。

南越西貢當局在中華人民共和國的領海西沙點起了戰火！

大海憤怒了，浪濤發出抗議的呼嘯！

島嶼震驚了，萬木舉起自衛的刀槍！

中國西沙的每一滴海水，每一塊礁石，將永遠地刻記下敵人的罪惡！

⋯⋯

八億英雄的人民，克制是有限的，我們忍無可忍了！

符海龍在敵人的第一聲炮響裡，大喊一聲："打！瞄準敵艦，狠狠地打呀！"

凝結著仇恨的大炮"發言"了，怒吼了！

顆顆的炮彈，向敵艦射去！

海上硝煙彌漫。

彈道像一條條白線在空中劃過。

彈落敵艦上，冒起一團團煙火。

李虎林手疾眼快有力氣，刷刷刷地猛裝填，嘴上還不住地連聲喊："快，快，不讓敵人喘氣！"

他回身接過舉起來的炮彈，扭過頭來就往炮膛裡猛裝猛填。

他一接一裝，忽然發現送來的炮彈比剛才低了許多；注意地往下一看，運彈手小張，鮮紅的血從脖上往下流，手托著炮彈，咬牙用勁地往上舉。

李虎林忙說："你負傷了！"

小張一搖頭："沒關係。"

李虎林說："你趕快去包紮⋯⋯"

小張挺著胸膛說："不，我要堅守崗位！死也要死在咱們的戰位上！"

李虎林的心通著戰友的心。他的心頭是熱的；熱，變成了殺敵的勇敢和力量。他再沒說二句話，就接過炮彈飛快地裝進炮膛。

用炮彈討還血債！

用炮彈教訓敵人！

用炮彈維護祖國的尊嚴！

用炮彈捍衛南海西沙，祖國這片神聖的領海！

這一炮打得準，不偏不歪，正擊中在敵十號艦的指揮臺上，應聲碎裂，坍塌了！

符海龍連聲高喊：“打得好，打得好！同志們，狠狠地打呀！”

炮聲轟轟。

硝煙滾滾。

二十二

“勁松號”和兄弟艦緊密配合，猛攻猛衝，打得敵艦潰不成軍：

有的起了大火；

有的成了“啞巴”；

有的只顧自己倉皇逃命。

我艦越戰越勇，迅速地分成兩路編隊，乘勝追擊，懲罰敢於進犯的頑敵。

不停歇、不斷聲的炮火，真是“像滿天冰雹朝敵蓋，如密集雨點把敵淹”！

也就在這個時候，敵人發現那艘被他們突然襲擊下中了彈的“勁松號”起了火。

這一下，走入絕境、不甘心滅亡的敵人，如同撈到一根救命的稻草，好似打了一針強心劑。

癩痢頭爬到大南瓜跟前，哆哆嗦嗦地說："指揮艦上的長官命令，咱們艦不要急著走，要掙扎一下。長官說，那個'勁松號'已經癱瘓，要拚一下，把它打沉，多少撈上一把，又突個缺口，再逃命……"

大南瓜哭喪著臉說："你快回報，就說咱們自身難保，只有快些跑了！"

癩痢頭說："長官許下願，他那條指揮艦要配合我們，來個左右夾攻……"

大南瓜搖搖頭："咱們剛才靠艦大、火力強，都沒打過人家；如今，艦都垮了，士兵也都怕了，他們共軍打仗，一向是越戰越勇、直前不後的。只要咱們艦把他們誘到夾擊點，那就算成功了；否則，大家都逃不脫……"

大南瓜無可奈何地咧咧嘴，說："不聽他的命令，也有逃不回去的可能，逃回去也得殺頭；聽他的命令，照樣九死一生。唉，事已至此，只好聽天由命了。你看著指揮艦的行蹤，看他是真配合還是讓咱們當替死鬼。"

癩痢頭點點頭："言之有理，不能上當。"

兩個心懷鬼胎的頭子，一邊指示放慢速度，一面觀察指揮艦的動向；見指揮艦果真放慢了速度，這才決定照上峰的計策行事。

十號艦又打起精神，掉轉頭來，開始用最猛烈的火力攻打"勁松號"。

敵人指揮艦在遠遠的洋面上伺機行動。

二十三

符海龍穩穩地站在"勁松號"的指揮臺上。

烈火熊熊。

火光映照著他那鋼鑄石刻一樣堅毅的臉孔。

濃煙滾滾。

煙霧亂卷在他那泰然挺立的高大的身邊。

他在冷靜地判斷敵情。

他在仔細地考慮戰術。

他想：面前的敵人，自以為艦大炮火強，才膽敢如此瘋狂；以劣勢的裝備戰勝優勢裝備的敵人，是我軍的光榮傳統；打仗靠毛澤東思想，靠指戰員一不怕苦，二不怕死的革命精神；因此，應當近戰，使敵人的大艦變成沉重的負擔，使敵人的大口徑炮不能發揮力量；這樣，我們的艦雖然中彈著了火，仍然可以發揮殲敵制勝的巨大威力。

他主意拿定，一面指揮滅火，一面下令："把定方向，加速前進，靠近敵十號艦！"

"勁松號"帶著火，拖著煙，像一隻勇猛的雄獅，衝向敵人十號艦。

也就在這個時候，符海龍發現那艘敵人指揮艦偷偷地從另一側靠了過來。

他立刻識破了敵人的陰謀：如果繼續前進，就會進入兩條敵艦之間，陷入兩面受敵的被動陣位。

他朝遠處望望。

我們的幾條艦，正集中火力打一條準備遠逃的敵艦。

他機動靈活，又下令："全速後退！"

"勁松號"又如同一隻前撲的猛虎一樣，機動靈巧地向後竄回。

企圖夾擊"勁松號"的兩條敵艦，撲了空，差一些撞到一起。

符海龍趁敵人矇頭轉向之際，喊一聲："集中火力，打十號！打，打，打！"

前主炮和後主炮，一齊開火，炮彈像冰雹一樣，潑到十號敵艦上。

那個增援的敵人指揮艦見勢不妙，扭頭轉向，還想擺開陣勢。

我們的另一條艦靠過來，阻住了它的去路，猛打猛轟。

增援的敵指揮艦也著了火，丟下十號艦，轉身逃跑了。

符海龍抓住這個有利的戰機，下令："加速，靠近十號艦！"

"勁松號"又如雄獅往上撲。

十號敵艦妄圖拉開距離，邊打炮，邊逃跑。

符海龍下令："加速，追，追！"

操舵兵突然報告說："艦長同志，發電機被破壞，停電了，電舵失靈！"

符海龍大聲喊："用車鐘發信號，使預備舵！"

操舵兵又報告，預備舵房也被破壞。

符海龍沒有聽清，正要問，只見一個滿臉汗水的戰士跑到指揮台下。

這個戰士是操舵班長梁峻峰。

梁峻峰說："艦長，請下達命令吧，保證沒問題！"他喊著，朝後甲板跑去。

他飛快地跑著。誰也不曾見過這個慢性子的戰士這樣飛跑過。

他打開艙口蓋，跳進後舵房。

他抓住離合器，用力地扳。

受到彈片破壞的離合器，用手扳不動。

兩個戰士跟他後邊跳進來，跟他一起扳。

離合器像鑄在上邊，仍然扳不動。

梁峻峰抓過一把鐵錘，掄圓了，猛力敲。

離合器終於被他敲開了。

他大吼一聲："操人力舵！"

六隻年輕的大手，一齊把住了舵盤。

軍艦前進，掀起大浪。

大浪把海水拋到甲板上。

暴雨般的海水，嘩嘩嘩，從艙口往人力舵房裡一個勁地猛灌。

這時候，一夥戰士按照梁峻峰的主意，一個挨一個地站立在甲板上，從指揮台一直通到後甲板。

符海龍又下令："加速！"

航海長急忙把口令傳給指揮台下邊的一個戰士。

指揮台下的戰士又把這個口令往下傳。

這是一條用人組成的傳話線，迅速而又準確地下達著命令：

"左五度！"

"右七度！"

"把定！"

我們的戰艦，機動靈活而又飛快地追逐著左彎右拐的十號敵艦。

大南瓜見勢不妙，扯開嗓子喊："快，快，跟他們拉開距離，好打他們！"

癩痢頭趕忙傳令。

嚇掉魂的匪兵，手忙腳亂，機器不聽使喚，速度越發顯得慢。

大艦成了笨蛋！

大南瓜怕得要死，吼吼地叫："快，快，猛開炮，猛開炮，打！"

癩痢頭伸出手槍逼著小個子軍官親自打炮。

小個子軍官又用手槍逼著炮兵開炮。

趴在炮位上的兵，戰戰兢兢地打起炮來。顆顆炮彈落在"勁松號"遠遠的後邊。

大口徑的炮，不能打近，只能打遠，成了廢鐵一攤。

大南瓜絕望地說："再不跑開，我們真要完蛋了！"

癩痢頭陪著哀鳴："他們咬住我們不鬆口呀！"

小個子軍官嚇得連話都說不上來。

……

符海龍精神倍增，鼓勵戰士："加油，再加油，靠近，再靠近！"

距離四鏈了！

距離三鏈了！

……

跟敵艦都靠在一起了。

符海龍在指揮台，高高地舉起手槍，吶喊一聲："同志們，用機槍、手榴彈打呀！"

一顆顆手榴彈投過去了，

一排排子彈掃過去了，

敵艦處處開火花。

甲板上的敵人，死的死，爬的爬。

小個子軍官就地斷了氣。

癩痢頭像一條乾魚掛在欄桿上。

大南瓜的頭在艙門裡，屁股留在艙門外。

十號敵艦在密集的炮火中完全失去控制，在原地打轉轉。

沒有死的敵人，好似被驚嚇的癩蛤蟆，劈裡啪啦地往海裡跳。

中國人民海軍的另一艘艦趕了上來配合，用猛烈的炮火朝十號敵艦轟打。

敵艦搖搖晃晃。

慢慢地、像有點不情願，又無可奈何地沉入了海底！

其餘的三條敵艦，全部帶著煙火，四處逃跑。

我艦猛追猛打。

勝利的歡呼聲，從戰鬥的艦艇上，一直響到寶石般的海島。

二十四

島上的民兵，登上了舢舨，飛一般地奔向著了火的“勁松號”。

如同群星把明月圍繞。

上艦，幫著滅火！

上艦，搶救傷患！

上艦，祝賀勝利。

“海軍同志們，你們打得好！”

“海軍同志們，你們打得好呀！”

阿寶興奮地在人群裡擠。

她抬頭看一眼艦長符海龍。

符海龍向她行了個軍禮。

她轉身看一眼炮手李虎林。

李虎林朝她咧著嘴巴笑。

她緊緊地握住了萬德政委的大手：

“感謝你們，感謝你們！你們給人民報了仇、雪了恨，你們打出了軍威，打出了國威，打出了咱們西沙兒女的威風！”

在濃煙滾滾的後機艙裡，一幅壯麗的奇景，展現在人們面前：

三個操人力舵的戰士，站立在淹到腰深的水裡，水裡滲著鮮血。

那個少言寡語的梁峻峰，昏迷地伏在舵上，嘴裡還不停地喊：“聽口令，操舵，不要管我……”

阿寶第一個跳進艙裡，驚訝地問：“進這麼多的水，你們爲什麼不關住艙口蓋呀！”

一個戰士回答：“關住就聽不到傳口令了！”

阿寶又問：“小梁怎麼啦？”

一個戰士回答："敵人開第一排炮，他的腹部就受了傷，我們剛知道。"

阿寶又心疼，又著急地說："受了傷，就快些下艦去包紮搶救吧，不能再泡在水裡了。"

戰士們回答他：

"我們班長不肯離開戰位，政委都勸不走他！"

"這舵主要靠他帶著我們操縱的，技術不熟練真不行呀！"

阿寶在島上看著這場海戰奇觀的時候，她曾為我們海軍戰士的英勇頑強感動，也曾為我們戰艦的機動靈活讚歎；當"勁松號"中彈起火以後，她更為它擔心：唯恐機器受損傷，不能運轉。當她組織了民兵，集中了舢舨，準備闖過來救護接應的時候，出人的意料的"勁松號"又活躍在戰場上的炮火、硝煙和水柱之中了。

她現在才真正弄個明白，靠什麼，使我們的戰艦像雄獅前進，似猛虎後退，如海燕在浪中靈活地穿飛！

靠的是人力操舵！

不，靠的是我們人民海軍戰士對黨，對祖國人民的赤膽忠心、非凡的勇敢！

阿寶感動的說不出話，和幾個女民兵一齊抱起梁峻峰，要接他上舢舨，登島救護。

梁峻峰醒過來了，推著民兵的手："同志，同志，我不能離開戰鬥崗位！"

一群身強力壯的民兵和青年漁民，圍在他的身旁，同聲回答：

"同志，我們補充你的戰位！"

"放心，我們替你幹！"

在這群青年裡邊，就有向陽大隊的操船能手鄭太平。

梁峻峰朝眾人信任地點點頭："要堅守崗位，這裡是戰艦的兩條腿……"

……

戰士、民兵並肩展開一場滅火戰：

用水龍頭澆。

用沙土蓋。

用衣服撲打。

人多勢眾，勇敢的人多，西沙的人都勇敢，水火再無情，也能把它徹底地戰勝。

火，終於滅了。

煙，漸漸地散了。

"勁松號"在艦長符海龍那驚天動地的命令聲中，又開動起來：

你是出山的猛虎。

你是鬧海的蛟龍。

你是穿雲的海燕 ——

不，你是中國人民年輕海軍駕駛的戰艦！

飛呀，飛呀，又躍上前去，把西貢侵略者追殲！

二十五

勝利的喜悅，保衛祖國神聖領土完整的勝利喜悅，洋溢在南海西沙。

這種喜悅，在一個曾經遭受過近一個世紀的帝國主義侵略、蹂躪，吃盡了國破家亡、山河碎裂苦頭的中華民族來說，是何等的高尚呀！

這種喜悅，在這些曾經在過去的年代，用鮮血和生命保衛過這塊領海、領土，在當了國家的主人之後，又以辛勤的勞動和汗珠灌溉了這塊領水、領土的人民群眾來說，是何等的寶貴呀！

這種喜悅，從西沙自衛反擊戰的第一聲炮響起的早晨，一直持續到繁星滿天的深夜。

潮水也被喜悅鼓動起來了，嘩嘩地喧響不息；恰似無陣列管弦樂器、打擊樂器、民族樂器和西洋樂器，一齊吹吹打打。

各種類型的船隻，像穿梭一樣往來奔忙。

運輸物資的漁輪。

補充給養的汽艇。

傳送消息的舢舨。

琛航島避風港裡，眾多的大小漁船，星羅棋佈地圍繞在兩艘剛剛開到的巨型的驅逐艦的周圍，飄飄蕩蕩，宛如翩翩漫舞。

人們熱烈地議論著：

"好大的艦哪，賽過兩座大樓！

"早上要是在這裡，敵人的艦艇一個也休想跑掉！"

"這回只不過是給西貢一點顏色看，哪裡跟他們動真的啦！"

"對的。這叫小試鋒芒，讓他痛一下，看以後還敢不敢張嘴巴！"

"說來也真有趣。西貢小丑也要往這塊肥肉上咬一口，不料想崩掉了牙齒！"

"哈，哈，哈！"

這時候，有幾條小舢舨，從琛航、廣金和晉卿幾個島的方向開過來，把那上邊的人送到大軍艦上。

軍艦上正召開緊急會議。

各路英雄都歡聚在一起了：各艦艇的指揮員，各島駐守的民兵幹部，還有幾名剛剛隨艦趕到的海軍指揮所的領導和陸軍作戰部隊的領導。

阿寶走進會議室的時候，看到總指揮身邊坐著的阿爸程亮。

阿寶找個位子坐下的時候，又看到對面正望著他微笑的符海龍。

在這樣的場合，許許多多想要交流的感想和話語，不方便，也不可能表達完全。

他們只用一個簡單的眼神，交流了複雜的一切，而且彷彿立即被彼此領會了。

前線總指揮首先傳達了中央軍委和國務院對參加這次西沙自衛反擊的海軍和民兵嘉獎令。他又表揚戰士和民兵們打得勇敢，打得頑強，打得有理、有利、有節；評價這次自衛反擊戰打出了軍威，打出了國威，打出經過無產階級文化大革命戰鬥洗禮後的國防力量的新水準。

最後，他向大家傳達中央軍委的命令：立即收復被南越西貢當局侵佔的珊瑚、甘泉和金銀三島，給侵略者以嚴厲的懲罰！

這是多麼振奮人心的消息呀！

熱烈的掌聲代表了人們堅決擁護的心意。

阿寶高興得差一點跳起來，情不自禁地又朝符海龍看一眼。

符海龍那紫紅的臉上放起紅光，兩隻大眼睛顯得更加明亮。

阿寶又轉身看阿爸。

程亮正跟海軍指揮所和陸軍作戰部隊的領導小聲地交換意見。

陸軍領導佈置了具體安排：拂曉前由海軍艦艇把登陸部隊送到前線。

程亮代表地方政府發言了，他的聲音是那樣的宏亮：

“我首先代表西沙的漁民，感謝人民海軍同志。你們保衛了我們西沙領海，保護了我們公社社員的生命財產。我再代表全體守島的民兵、駐島的漁民，表示堅決擁護中央軍委解放我國三島的命令。我最後提一條建議，西部這三個島子，我們都是熟悉的，礁立太大，水的深淺度很不相同，湧浪又急，軍艦根本不能靠岸。這就給步兵登島帶來了困難。安排不當，還會造成不應有的傷亡！”

總指揮插言說：“你的看法很正確！”

程亮繼續說："我們今天海戰打的是人民戰爭,明日解放島嶼,也應當打人民戰爭!"

阿寶聽到這兒,猛地站起身,大聲說："我有一個具體建議。明日,我們民兵用舢舨運送解放軍同志登島,這樣又快又保險哪!我們保證完成任務,請首長們答應我們的要求!"

程亮聽女兒一說,先哈哈大笑起來。

他是因為女兒把那種漁家青年婦女直爽的脾氣帶到這樣的會場上來了,還是因為女兒跟他想到的辦法完全一樣而發笑呢?

阿寶被笑得不好意思了。

參加會的人,全體都支持阿寶的意見和要求。

散會以後,阿寶登上返回琛航島的舢舨,一邊搖著櫓柄,還忍不住地笑。

這種笑裡,不僅帶有更多的興奮和滿足,尤其是,對即將來臨的新的戰鬥的熱烈期望。

島邊的礁石上,有一盞紅燈給她引航。

燈光像一條金絲線,長長地投在水面上,激動地顫抖不停。

黎阿伯、亞娟帶領一群民兵和社員,在這裡等候她多時了。

七八隻手把她拉上岸。

十幾個人把她圍在中間。

聽不清幾張嘴同時在問她的話:

"怎樣,有何新任務下來?"

"快些講,等急了我們!"

"曉得根底,早些準備!"

阿寶又接上了她從會場帶來的笑。

黎阿伯懂得事體,就對眾人說："莫要再叮問了,這是軍事秘密;該讓大家知道,支書會傳達的。"

亞娟逗趣說："我問個非軍事秘密吧。"她說著,扯住阿寶的手,"看到咱們那位英雄艦長了吧?"

阿寶一邊走著，一邊點點頭。

亞娟不放鬆地追問：「你對他說什麼了，表揚呢，還是祝賀？」

阿寶繼續走著，又搖搖頭。

亞娟還是不肯甘休：「他對你說什麼了，誇獎呢，還是感謝？」

阿寶再一次搖頭。

亞娟故意生氣：「喲，這也不能告訴我們一句，都成了軍事秘密嗎？」

阿寶終於開口了，半玩笑、半認真地說：「在這樣祖國領海、領土是完整還是欠缺的關鍵時刻裡，我們一個革命者，心裡想的，嘴裡說的，除了鬥爭、鬥爭，還能有什麼話呢？」

所有的人都笑了。

笑得很熱情，很莊嚴。

因為這句話，把西沙的老一代，還有西沙新一代兒女們的心都給打動了。

笑聲一路，通向戰鬥的坑道，傳到每個戰位上。

二十六

西沙的拂曉，天水一色，使人難以分清是飛行在空中，還是遊弋在海上。

遙遠的東方，有幾條新絲網一樣的淡淡的光線，有幾片海鳥羽毛般的細薄的雲彩，把這裡的景色點綴得更加奇妙多姿。

波湧呈現各種形狀，在跳動的水面上自由地豪放地滾動著，壓過來，又倒下去，再鼓漲壯大，噴吐著泡沫。

經過衝刷過的人民海軍的戰艦，像一匹匹鐵青色的駿馬，在海濤那交響樂一般的轟響的歡騰中，運載著雄糾糾的步兵戰士，起錨前進,直奔珊瑚等三島。

漁船、舢舨,如群星點點,似山花朵朵,在那些背著步槍、插著砍刀的民兵和漁民的操縱之下,緊緊地追在艦艇的後邊,又像一群貼水而飛的鰹鳥。

阿寶和亞娟這兩個女將夥搖一隻舢舨,帶領著向陽大隊民兵排的幾隻舢舨,跟隨在大艦的後邊,趕到了金銀島的前沿陣地。

軍艦在礁盤外停車,漸漸趕到的漁船、舢舨圍繞在它的四周。

軍艦的甲板上,擠滿了待命的戰士:綠軍裝、紅帽徽,披掛著新式武器;一個個憋了一身勁頭,滿面怒氣,不住地磨拳擦掌。

阿寶深情地望著這些可愛的戰士們。

她覺得,雖然都不曾見過面,卻都是十分熟悉的。

她想,這些戰士,有的可能來自遙遠的小興安嶺,有的可能來自萬里長城線上,有的可能來之湘江岸邊……保衛祖國的共同目標,使大家走到一起來了。

她想,陸軍在海上作戰,尤其需要人民群眾支援;我們民兵負責往島上運送戰士,這副擔子是非常重的——順利地登島,就是勝利呀!

她想,我們一定要出色地完成黨和人民交給的光榮任務!

她又轉頭看看金銀島。

她的兩眼緊緊盯著隱約可見的那棵大椰子樹,樹上掛著一面外國的旗子。她恨不能插上翅膀飛上島,把那旗子扯下來,撕個粉碎。

戰鬥終於在人們焦急的等待中開始了,艦上的炮管一齊對準島上敵人的工事,炮彈"轟隆、轟隆"地在那裡爆炸開花。

小島暴怒起來了。

炮聲中升起團團濃煙。

濃煙中噴射起暴雨似的沙粒。

沙粒中樹木的折枝碎葉在飄舞、墜落。

一顆炮彈正巧穿透了那面破旗。

在炮火的喧騰聲中，艦上的步兵戰士們，迅速地放下橡皮舟，或是登上民兵的舢舨。

阿寶見幾個戰士把一挺重機槍抬到艦舷上，就對亞娟說：「咱倆運那個機槍班，它對奪島子重要！」

亞娟點點頭，往那邊搖舢舨。

阿寶朝艦上大聲地喊：「同志，上我們這個舢舨吧！」

機槍班長操著山東的口音問：「我們這傢伙分量重，小船經得住壓嗎？」

阿寶說：「沒問題！請上吧！」

班長又說：「我們不靠小碼頭，要繞到左邊去靠，好掩護尖刀班登島！」

阿寶說：「我明白！」

機槍班的戰士們很信任這兩位女民兵，一齊動手，先把機槍吊放下來，隨後，一個個跳上舢舨。

阿寶和亞娟一齊用力搖著櫓，讓舢舨衝進湧浪中，朝著不易靠近的險要地方劃行。

二十七

金銀島像一頭暴怒的大水牛抖動著，要把盤踞在身上的侵略者甩到大海裡去。

侵略者像牛虻一樣，死死地叮住寶島，不肯鬆口。

他們早已做出抵抗的準備。

他們妄想熬時間，等待主子按照諾言，派飛機來掩護，派大艦來接應。

他們利用了一切地形和物資，構造了許多明的和暗的碉堡，封鎖住島邊。

炮彈在島上爆炸。

硝煙在島上彌漫。

侵略者鑽在洞裡，受不到殺傷，卻能對準靠岸的船隻開火。

……

西沙的軍民們，面臨著一場艱鉅的戰鬥。

西沙的軍民們，個個都是鐵打的漢，絕不會被困難嚇住，也不會被敵人壓倒。

他們奮勇地向島子的跟前衝。

舢舨和橡皮舟剛開到礁盤上，島上的敵人就用機槍朝他們瘋狂地掃射。

槍彈激起水花，潑到船上。

阿寶和亞娟合力搖櫓，讓舢舨靈活地左彎右轉，躲避槍彈。

他們繞過敵人火力集中的小碼頭，要奔向一個偏僻的角落登島。

海水觸到島下的礁盤，形成大湧。

大湧一排又一排地壓過來，好像帶著強大的彈性，迫使舢舨不能前進。

小舢舨劃上去，被推開，劃上去，又被推開。

戰士們幫助她倆搖，用盡力氣往上衝。

這條舢舨上，人太多，武器重，左右搖晃，前俯後仰，怎麼也不能靠岸。

阿寶滿頭渾身汗水淋，握櫓的手刀割一樣疼痛。她想：如果不盡快地上礁盤，轉過去搶灘上岸，被右邊的敵人發現，把火力引過來，舢舨就會有被打沉的危險；自己是共產黨員，是支前的民兵，責任重大，一定要闖過這道難關。

她焦急地朝右邊看一眼。

那一邊，舢舨和橡皮舟上的軍民們，正進行艱險的搏鬥。

湧浪很大，槍彈很密。

敵人見解放軍被湧浪阻截在礁盤下面，更狂了，機槍、步槍一齊發射過來。

英勇的解放軍戰士們，不畏艱危，"通通"地跳進海水，躍進湧浪，朝島上游去。

阿寶想：自己駕駛的這條舢舨上，運載的是重機槍班，單個戰士游上岸，不能立刻發揮戰鬥威力，一定要把他們全部人員和武器都一齊送上海灘。

她急中生智，就大聲喊道："亞娟掌好櫓，我來推船！"

阿寶說完，就跳下水，雙手扳住船舷往前推。

班長一見這個女民兵如此勇敢機智，也跟著跳進水裡。

機槍班的戰士們，一個跟一個，都"撲通，撲通"地從船上跳下來了。

班長拉住一個戰士說："你不會游水，快到舢舨上去！"

那個戰士說："我扶著船，沉不下去，減少它的重量，快一些。"

阿寶聽到這句話，心裡熱呼呼，渾身更有勁，跟戰士們一起，推著舢舨，勇猛地向前闖。

大湧掀起來，橫在前邊一堵牆。

他們托著舢舨，越過去！

大湧撲上來，壓住頭頂一片雲。

他們猛勁推舢舨，衝過去。

制服一排湧浪，又制服一排湧浪。

避開一陣彈雨，又避開一陣彈雨。

載著重機槍的小舢舨，在他們同心協力的搏鬥下，終於靠上了礁盤，臨近了海灘。

戰士們一個個虎躍般地要往岸上衝殺。

就在這個時候，迎面的黃沙丘上，突然伸出一隻烏黑的槍口。

班長首先發現了："注意，前邊有敵人的機槍！"

阿寶一揮手："快，朝左邊推呀！"

大家扭頭一看，左邊的海水中突出地豎立著幾塊大礁石。

眾人一齊用力，把舢舨飛速地推到礁石的後面。

沙丘上的敵人剛把機槍架好，想要發射，卻不見了舢舨。

他們狠狠地亂掃了一陣，最後發現舢舨躲藏的地方，只能拿礁石出氣，再不能發揮殺傷的作用了。

解放軍戰士們又氣又急，他們喊起來：

"班長，得上島呀！"

"我們不能光躲著呀！"

"拼命衝吧！"

班長說："我們要想個巧妙的辦法，盡快地搶上去……"

阿寶說："同志們先在這裡隱蔽好，我去除掉敵人的機槍！"

班長說："讓我去！"

阿寶說："你莫要爭。這島子我最熟，危險小，成功的把握大；我幹成功了，你還要領著全班同志登島，讓咱們這個機槍發揮威力呀！"

班長不肯聽，硬要往島上衝。

阿寶拉住他："同志，先讓我去執行這個任務。如果我犧牲了，你再來！"

她說著，一縮身，潛進海水裡了。

海水旋轉成一朵花，又滾起湧，又翻起浪。

……

二十八

大海茫茫，白浪滔滔。

島上硝煙彌漫，連接著空中飛渡的烏雲。

煙雲，在樹木和草叢中滾動。

煙雲，在灘頭和沙丘上翻卷。

潮湧，猛烈地衝上海灘，又急速地退下去。

退下的潮湧，留下白的，紅的，綠的珊瑚碎粒，還有花的，形狀很奇特的貝殼和海螺。

退下的潮湧，留下一個人，一個在這裡生長、壯大的，西沙大海的子孫 —— 阿寶！

阿寶在海水裡潛了一個弧形的大圈子，繞到一個無人注意的地方，靠了岸。

她抬頭一看，心裡不由得猛烈一動。

這個地方，正是當年阿爸背著她，戰颱風，闖海浪，投奔救星共產黨，登島的地方！

這個地方，正是當年阿爸帶著她，奪寶島，保甘泉，翻掉侵略者的舢舨，殺敵的地方！

現在呀，阿寶來到這個地方。

阿寶要開闢一條衝鋒的道路，登島殲敵，保衛社會主義祖國領土完整，為人民立功勞！

她像一枝利箭，穿過白玉般的灘頭。

她像一隻飛鳥，翻上黃金似的沙丘。

煙雲把她遮住了。

綠樹把她掩護了。

她在樹木的空隙和西沙藤的棚架下匍匐前進。

她看看大海。

大海裡，舢舨和橡皮舟上的人民解放軍戰士們，正為搶灘登岸，英勇地搏鬥。

她看看寶島。

島子上，頑固的敵人，正為阻擋登島的軍民，瘋狂地掙扎。

她看看那挺封鎖海灘的敵人的機槍。

兩個敵人躲在掩體裡，正朝著海水中的礁石掃射，不讓礁石後邊的舢舨劃出來。、

她繼續前進，靠近，再靠近。

她神奇地插到兩個敵人的背後。

她躍身而起，大吼一聲："繳槍不殺！"

兩個敵人嚇掉魂：

"共軍上島了！"

"媽呀，快跑！"

他們丟下機槍，抱著腦袋，往樹叢裡鑽去。

阿寶跳進掩體，抓住機槍，剛要呼喊舢舨上的同志快搶灘登岸，忽然發現一樁意外的變故。

右側，又出現一挺機槍，朝著礁石後邊的舢舨兇惡地開火了。

舢舨不能再行動！

舢舨上的同志非常危險！

阿寶靈機一動，掉轉機槍的槍口，對準右側敵人的機槍，"噠噠噠"，子彈雨點般地掃過去。

敵人的火力被壓住了。

解放軍的機槍班長抓住時機，指揮眾人，推出舢舨離開礁石，朝海灘飛奔。

就在這個時候，兩個丟下機槍逃跑的敵人，發現上了當，又喊叫著，朝阿寶反撲過來。

阿寶扭頭看他們一眼，繼續沉著地朝右側敵人的機槍陣地猛烈射擊。

人民解放軍勇敢頑強地上岸了。

兩個反撲過來的敵人跳上掩體了。

阿寶不顧他們，依然不停地射擊，壓住右側敵人的機槍。

人民解放軍迅速地把重機槍架起來了。

兩個敵人已經撲到阿寶的身上。

右側敵人的機槍又還了魂，叫起來。

阿寶一面跟敵人奪機槍，一面朝解放軍戰士們喊：“狠狠地打呀，不要管我！不要管我！”

人民解放軍的機槍開口了，復仇的子彈，像風雨一樣，蓋到敵人的機槍陣地上。

敵人的機槍被打啞了。

“衝啊！”

“衝啊！”

英勇的健兒們，衝上了金銀島。

阿寶仍舊緊緊地抱住機槍不鬆手。

一個敵人跟她奪槍。

一個敵人掐住了她的喉嚨。

機槍班長衝上來了。

幾個端著步槍的戰士也衝上來了。

兩個敵人，像兩隻雞婆一樣被抓住。

阿寶躍身而起，對班長說：“快，快，用這挺機槍，朝小碼頭那邊的地堡打，好讓同志們從碼頭上登島！”

班長激動地架起機槍，朝小碼頭跟前敵人隱蔽的碉堡猛打。他抓個空隙再看阿寶的時候，她已經沒了蹤影。

阿寶又衝回海灘。

阿寶迎上了亞娟。

“阿寶姐！”

“快，快去給同志們帶路！”

“阿寶姐，你已經受傷了，看衣服上的血……”

“聽指揮，去帶路！”

“你去做什麼？”

“我用舢舨去接應游水的同志，幫他們快些登島！”

阿寶說著，就衝向浪花飛濺的灘頭。

她在灘頭跳上顛簸的舢舨。

她把舢舨又開進山巒般的大湧裡。

西沙的大海,大海的西沙,此時更加歡騰,用最大的聲響,為它的英雄兒女助威風!

……

二十九

衝鋒號在金銀島上響起來了。

解放軍戰士們的腳伴隨著密集的槍聲。

槍口噴射著火光。

槍口噴射著仇恨。

槍口噴射著正義的吶喊!

地堡在冒煙。

地堡在飛沙。

地堡坍垮了!

"衝啊!,'

"殺呀!"

他們邁上小碼頭的棧橋。

他們踏上那北國瑞雪一樣白的珊瑚沙。

他們登上那江南早稻一樣黃的黃沙丘。

他們鑽進茂密的羊角樹叢。

他們穿過粗壯的野海棠林。

槍彈在他們身邊呼嘯,打碎的葉子,在他們的頭頂上紛紛地飛舞。

亞娟從後面追上來。

亞娟從隊伍的旁邊繞到前面。

她大聲地喊著:"同志們,這個島子我熟悉,我給你們帶路當嚮導！"

她帶領著圍殲敵人的英雄隊伍，踏上一條可以環行全島的路上。

這條路是西沙兒女們，懷著無限的愛與恨，用心血和汗水開闢的。

小路已經被敵人的獸蹄踐踏得不成樣子了。

路上挖了溝。

路邊扔著罐頭盒，破布片，裸體女人的照片，還有摔成兩半的佛像。

路邊倒著毀折的樹木，燒塌的茅寮，砸碎的坐凳，還有啃過的野果。

亞娟看到這一切，憤怒的心胸裡又好像加了油。她更勇猛地往前衝。

……

鄭太平跟搬運子彈箱的一支隊伍，從他早就為這次戰鬥準備好的小碼頭登島上岸，很順利地跑過來了。

他老遠就喊："亞娟，亞娟，看到阿寶姐了嗎？她受傷了，你應當照管照管她呀！"

亞娟想起剛才在灘頭跟阿寶相遇的情景，心裡又一熱，不回答鄭太平，直奔甘泉井那邊衝。

一個解放軍戰士忽然竄上來，猛地把亞娟按倒在沙土地上。

"砰！砰！"兩聲槍響。

子彈"颼颼"地從亞娟的頭頂上飛竄過去。

那個解放軍戰士又一躍身竄進樹叢。

樹叢裡，一個偽軍，靠在一棵野海棠的樹椿上，正往槍膛上推送第三顆罪惡的子彈。

解放軍戰士大喊一聲："繳槍不殺！"

那個偽軍被嚇得渾身一抖，連忙丟下槍，跪在地上，把兩隻汙髒的手舉起來。

亞娟紅了眼，舉起步槍就要打。

解放軍戰士攔住她：“敵人已經交槍投降了，咱們的政策是寬待俘虜。”

亞娟氣撲撲地停住手。

這時候，衝鋒的隊伍都跑遠了。

戰士說：“你押俘虜，我去追隊伍！”

亞娟說：“我們支書給我當嚮導的任務，我得堅決地執行呀！”

戰士說：“好多民兵同志已經接替你的工作了。把這個東西交給你啦！”

他說完，轉身就跑。

吶喊聲在四周響著：

“殺呀！”

“殺呀！”

戰士們一個個像猛虎一樣，迅猛地朝著敵人藏身的工事、叢林衝去。

亞娟很不情願地押著俘虜走出樹林。

她想，阿寶現在怎麼樣了呢？是在海裡搏鬥，還是衝回島上？

她想，阿寶是西沙兒女的好榜樣，一生一世都要按照阿寶的腳步走。

她越想這一些，越急著要去衝鋒。

她聽著槍聲、喊聲從四周傳來。

她看見了阿爸何望來。

何望來端著槍，跟一隊解放軍戰士，朝著草棚那邊衝過去。

她又看見了黎阿伯。

黎阿伯跟一夥漁民同行，手握一把砍刀，瞪著兩隻憤怒的眼睛四處搜索。

她剛要喊，又看見了鄭安。

老鄭安提著一把木槳，從後面追上來了。

她高興地喊：“鄭安阿伯，你快些過來幫我看管這個俘虜吧！”

鄭安停住步，朝那個丟魂落魄的偽軍看一眼，說：“我想親手抓一個呀！這些壞東西，可恨極啦！當年在峴港，我挨過他們的鞭子。這回，要不是海軍大艦，解放軍的隊伍來，島子丟了，性命也難保！看起來呀，不拼不鬥是不行的；我再停在這裡，島子立刻解放，我就撈不著拼殺了！”

亞娟動員他說：“看俘虜這個任務極重要。你把他押到小平地去，我們再抓著俘虜就送給你，不讓他們跑掉，以後也就不能再害人了。”

鄭安覺得管上俘虜，是他平生沒有幹過的大事情，也是很威風的，就朝前跨一步，對偽軍大吼一聲：“走，走！你要老老實實地給我走！不然，我可是不好惹的！”

亞娟笑笑，端起步槍，向屹立著椰子林的地方衝去。

當她登上一道沙丘，兩眼不由得一亮。

椰子樹下，小盆地上，烈士韋阿公的墓旁，這時候是金銀島最熱鬧的地方。

從四面八方衝上島子的解放軍戰士，民兵和漁民們，都湧向這裡匯合了。

黨委書記程亮衝到那裡了，

黨支部書記阿寶衝到那裡了。

向陽大隊的老年一代和青年一代，都衝到那裡了。

亞娟也飛一般地往那裡衝。

她趕過一串被民兵押送的俘虜。

她趕過一隊抬運戰利品的人。

她看到一個英姿勃勃的戰士，奔向一塊高地。

高地上豎著一根桿子。

戰士非常熟練地爬到桿子上，把西貢的偽國旗扯下來，摔到地下，把一面鮮紅奪目的五星紅旗懸掛在頂尖。

……

一聲巨大的鳴響，從藍空上傳來。

人民空軍戰士，駕駛著銀燕，在祖國的寶島上，閃電般地盤旋。

穿過硝煙的白雲。

擦過椰樹的梢頭。

飛吧，飛吧，給鏖戰的健兒們助威！

三十

解放西沙群島的戰鬥勝利了。

阿寶這時候才顧上看看自己的肩頭。

她的肩頭上染著一片鮮紅的血跡。

她激動地望著那獵獵飄揚的紅旗，心頭是熾熱的，是滿足的。

高闊的藍天。

燦爛的驕陽。

飄舞的雲朵。

浩瀚的大海。

珍珠般的寶島。

翡翠似的森林。

明鏡樣的泉水。

金子的沙土。

銀子的珊瑚。

……

寶島上的一切一切，都因他的英雄兒女們正義鬥爭的勝利喜悅，而展現了如此多嬌的新容。

打掃過戰場，在陽光普照的金銀島上，登島的陸軍和民兵們舉行了戰地祝捷大會。

他們集合在粗大的野海棠樹下。

他們坐在開滿鮮花的草坪上。

他們喝著島上的清泉水。

他們談論著珊瑚、金銀、甘泉三島已經全部收復的勝利。

他們暢談著這些海島的歷史、今天和未來。

談論寶島的歷史，誰又能比阿寶更瞭解得更徹底更具體呢？

她深情地看著這裡的每一個人，看著這裡的一草一木，想了很多，很多，也想得很遠，很遠……

程亮走到女兒的跟前。

“阿寶，你看，咱父女兩個又到這裡戰鬥了！”

“這是韋阿公犧牲的地方……”

“還有，你和海龍親手栽的椰子樹。”

“是呀，長得多麼挺拔、茁壯！”

“你，還有我們大家的願望和志氣，終於在批林批孔的烈火勢若燎原的時刻實現了。”

阿寶撫摸著手裡的鋼槍，說：“共產黨的哲學是鬥爭的哲學。今天的勝利，是鬥出來的，絕不是林彪孔老二所說的什麼‘和’出來的。我們西沙兒女的行動，就是對這些破爛貨最徹底的批判！”

程亮點頭說：“非常對，非常對！這就是真理呀！”

阿寶又環視著四周美麗的景色，說：“我要帶領社員同志們，結合我次西沙自衛反擊戰的鬥爭和勝利，深入地批判林彪宣揚的孔孟之道，把大家守島、建島、保衛西沙、開發西沙的勁頭鼓得足足的！不論是什麼樣的敵人，膽敢來進犯我們，一定要把他們埋葬在人民戰爭的狂濤巨浪之中！”

程亮笑著說：“你已經抓住綱了，志氣會更大的。幹吧，阿爸支持你！”

……

會議開始了。

勝利的歡呼聲響徹金銀島，響徹富饒美麗的西沙，響徹中國遼闊的南海。

大海歡呼！

叢林起舞！

紅的、白的、黃的、藍的，還有紫的各種野花，一齊擺動起豔麗的花朵。

阿寶扯著亞娟的手，登上她們曾經同海軍戰士一起跟海嘯搏鬥過的高崗。

她眺望大海。

她看到一隊人民海軍戰艦在藍湛湛的波濤中巡邏。

她看到"勁松號"上飄揚的紅旗，紅旗下的指揮台，看到符海龍一手舉著望遠鏡，一手向她揮舞致意。

阿寶忍不住激動地對亞娟說："過幾日，隊裡運來水泥和鋼材，要在金銀島造樓房、搞加工廠。我想在這裡組織一個大隊，我永遠留在這裡工作。那時候，一定把我家的小海接到這裡來。"

亞娟看她那麼激動，就笑笑，故意問："海龍哥同意你這樣做嗎？"

阿寶點點頭，意味深長地說："他一定會贊成！要讓我們的後輩子孫，永遠在西沙戰鬥，在西沙紮根！"

春風吹到西沙群島。

五星紅旗，在寶石般的島子上高高地飄揚，飄揚……

第一稿 1974 年 4 月 22 日寫完於北京月壇

第二稿 1974 年 7 月 7 日寫完于廣州石榴崗

第三稿 1974 年 8 月 30 日寫完於秦皇島東山

（原載《解放軍文藝》1974 年第 11 期）

晶　妹　子

葉　蔚　林

　　去年，我在韶山公社整整住了兩季，從春到夏。我住的房子，正遙對著韶峰。這座挺拔的山，在朝陽裡，月色下，都閃射出青銅般的亮光。看見它，心頭就會給崇高的情感所占滿……

　　記得一個初夏之夜，我從公社開會回來，看見晶妹子披著梧桐樹影，安靜地站在門前。

　　"晶妹子，怎麼還不睡？"我問道。

　　"噯，大姐，"她摟住我的臂膀，輕輕地說，"你說，韶峰像什麼？……"

　　我不明白，平日裡風風火火的晶妹子，此刻心裡想些什麼。我順從她，站下，舉目四望：山林、房舍，像浸在深深的湖水裡。林蔭下的柏油路，宛若一道小河。電燈，這裡那裡閃耀著，像無數明亮的眼睛。這時，面對韶峰，誰的心能是平靜的？哪能不去想想過去的、今天的和未來的鬥爭！

　　星光下的韶峰，顯得越發挺秀。可韶峰究竟像什麼呢，我卻說不上。

　　"像一座紀念碑！"晶妹子說，陡地提高了聲音。

　　呵，好一座巍峨的紀念碑！我激動地應道："像。"

　　"一看見它，我就想起無數革命先烈，也想起我爺爺！"晶妹子鄭重地說，"大姐，我每天早起出門，就好像看見爺爺站在韶峰上，大聲問我：'妹子，你幹得怎麼樣啊？'"。我不由得側轉身，驚奇地望著她。呵，晶妹子，你什麼時候突然長大了……

晶妹子是我的房東姑娘，共青團員，大隊的赤腳醫生。她今年只有十七歲。但是，在生產隊裡，誰不把晶妹子誇讚？她愛學習，肯鑽研，關心國家大事，遇事敢做敢為。她熱情、爽快，幹啥都有股猛勁兒。她扯秧，站直腿，深彎腰，頭也不抬，只聽見嘩嘩水響，秧苗就像頭髮被她用推子剪下來似的。她插秧，兩腿叉開，管十行，手指在水面跳動，像彈鋼琴。我住在她家時，晶妹子常常和奶奶爭著做飯。她一上灶，馬勺、鐵鍋一齊響，灶膛裡風呼火嘯，嚇得雞都不敢攏邊。連做飯，晶妹子也顯得生氣勃勃的。

奶奶告訴我，晶妹子像她爺爺。她爺爺是大革命時期的老黨員，"馬日事變"後，犧牲在湘潭。堂屋裡掛著烈士的遺像，隆起的眉骨下，嵌著一雙細長的眼睛，眼角稍稍挑起，帶著嚴峻的神情。起初，我看不出他與晶妹子有什麼相似之處。但是，自打這個夜晚之後，我心服了：還是奶奶看得準啊……

五月一過，旱象露了頭。七月梢，韶山地區的旱情發展到了最高峰。漣河水位降到歷史的最低點，灌區北幹渠的水，再不能自流到韶山公社了。早稻已割罷，晚稻卻大部分插不下去。但是英雄的韶山兒女，並沒有給旱情嚇住，而是勇敢地迎接大自然的挑戰。

一天夜裡，我蹲點的大隊黨支部召開支委擴大會，團支部委員晶妹子列席了會議。走上會議室的小土樓，人們都習慣地朝毛主席舊居的方向望一望。此刻，雖然隔著夜幕，隔著山坡，但是那裡的一切陳設，早已刻在他們的心上。在那裡，毛主席當年親自點燃過桌上那盞桐油燈，方桌的上首，擺過馬克思的相片和斧頭鐮刀紅旗，毛主席在這裡親自看著韶山的第一批共產黨員宣誓。如今，彷彿依然迴響著那莊嚴的聲音：

"努力革命！" "服從組織！"

"犧牲個人！" "永不叛黨！"

他們實現了自己的誓言，把寶貴的生命獻給了人類最壯麗的事業。現在，我們面對眼前的考驗，難道還需要更多的言語嗎？

會議開得嚴肅而熱烈。晶妹子咬住薄薄的嘴唇，專注地聽別人說話。我第一次看見，她的眉宇間夾起了一道淺淺的豎紋。臨散會，黨支部書記對晶妹子說：

"青山坳五十四畝高岸田，水，你們團支部包下！"

"行！"晶妹子挺胸應道。

"天熱，還得保證社員們不要中暑。"

"行！"晶妹子又應了一聲，側過身，幾乎是從樓門口跳下去的。

接著，早就等在院坪裡的年輕人揚起了興奮嘈雜的喧響，晶妹子那嘹亮的聲音飄蕩在高處："同志們，任務下來了，幹哪！"於是，火把、手電筒像一條游龍，越過田野，上了青山坳。晶妹子領頭唱起了激昂的歌：

　　我們年輕人，火熱的心，

　　革命時代當尖兵，

　　哪裡有困難，哪裡有我們，

　　赤膽忠心幹革命……

那些日子，韶山地區真是個白熱的戰場。在如火的驕陽下，在搖曳的燈光中，一台台電動機、柴油機日夜高歌；在一些高岸田上，一遞遞龍骨水車，吼出不絕的雷鳴……，天上沒有風，樹葉卻被一種膨脹的氣浪鼓蕩得籁籁發抖。那些天，晶妹子流的汗比誰都多。她白天和突擊隊在青山坳抬水管子，晚上又坐在灶前熬大鍋解暑藥，有時半夜裡還要去看病人。她經常全身濕淋淋的，鬢角掛著汗珠兒。奶奶說："換換衣，你會熬病的。"

"奶奶，我會病？"晶妹子咯咯地笑著，挺挺胸脯說："有工夫病嗎？"

離立秋只有六天了，抗旱鬥爭進入決戰階段。這天中午我收工回家，不見晶妹子，問奶奶，奶奶說公社來電話要她去一轉。夜裡回來，我看見晶妹子又像三個月前那樣，安靜地站在梧桐樹下，仰望著青蔥蔥的韶峰。

聽見聲息，她像被驚醒似的，急急走過來，一把攥住我的手說："大姐，我要走了，要離開韶山了。"

"哪兒去？"

"北京！"姑娘激動得聲音發顫了，"到毛主席身邊讀大學！"

我知道，公社黨委推薦了一批優秀青年上大學，其中也有晶妹子。可是沒想到這麼快就決定了。

進屋，扭亮電燈，我看見晶妹子的臉紅得像朵石榴花，眼睛閃射出照人的光彩。我問她什麼時候走，她說五天後到長沙集中。

"那麼，這幾天你該好好準備準備。"

"大姐，我全準備好啦。"晶妹子說著，從挎包裡掏出六枝鉛筆，往桌子上一放，"大姐，幫我削削，一枝枝全削得尖尖的。我從小總是削不好鉛筆，不知怎的，一削就斷，一削就斷……"她見我沒完全弄清她的意思，又認真地說："到了學校，我坐下就可以記筆記了。用斷一枝，就換一枝！"

原來這樣！我想笑，又很感動。年輕的韶山女兒，她的心，已經飛到北京了。

消息風一樣吹遍了韶山公社，人們紛紛來向晶妹子表示祝賀。大家正說得熱鬧，大隊的一個幹部闖了進來，通知晶妹子：大隊決定撤走青山坳的抽水機，安裝到水源更困難的生產隊，問她有什麼意見。

晶妹子望一望在場的青年們，刷地站起來，一挺身說："行！"

"那你們怎麼辦？"

　　"挑！"在場的青年們齊聲答道。晶妹子抓起桌上的鉛筆，往我手裡一塞，向青年們喊道："同志們，毛主席教導我們'要提倡顧全大局'．我們要學習'龍江風格'，幹吧！"

　　晶妹子出去之後，四天四夜沒回家。我到青山坳去看她，她正和突擊隊的幾十個青年男女，用水桶到韶河汲水，挑上小山坡，倒進乾裂的田裡。晶妹子看見我，雙手托住扁擔，輕輕一送換了肩，抿抿乾燥的嘴唇，低聲問我："大姐，我的鉛筆……"

　　"全削好了。"我說。

　　她朝我笑笑，一閃身就過去了。我知道她不肯耽擱一點工夫，臨走前要再為這親愛的土地多流幾滴汗，多出一把力。

　　傍晚，最後一坵田也汪滿水了，拖拉機開下了田。看見雪亮的犁鏵終於插入濕潤的土地，泥垡像波浪似地翻起時，晶妹子高興地大叫起來。她和姑娘們跑到水庫，痛痛快快洗了個澡，披著濕漉漉的頭髮回家。

　　父親知道女兒要走，特地趕回來送別。他聲明只能在家待兩個小時，晚上他還要主持一個會議。吃罷飯，父親對女兒說話了：

　　"黨送你上大學，不是你比別人聰明能幹，只是因為革命的需要。記住了嗎？"

　　"記住了。"晶妹子迎著父親嚴肅的目光，點點頭。

　　我以為做父親的還會繼續說下去，誰料他只有這麼兩句話。他走進臥室，捧出一口斑駁陳舊的小木箱，對晶妹子說："這是爺爺臨犧牲時，托人帶回來的，爺爺用它藏過斧頭鐮刀紅旗。你拿去。"

　　父親的話強烈地震盪了晶妹子的心。她雙手接過箱子，緊緊摟在懷裡，熱淚盈眶。老奶奶坐在一邊，看著晶妹子淚珠滾滾，卻不動聲色。她知道這不是嬌慣孩子的時候。

　　父親走後，晶妹子又背著藥箱出門了，回來已是夜半。但她沒睡，在灶屋破柴。我披衣起來，見炭盆已經燃旺，幾隻小藥罐煨在火邊。

晶妹子抽抽鼻子，問我："大姐，藥香吧？"

"香。"我說。

"今晚香得特別。"晶妹子說，"想起明天要走，真捨不得這些小罐罐……"

那些陶罐，一個個擦得金黃瓦亮，上面都貼著標籤，寫著病人的姓名和每日服藥的劑量。現在它們全都噴著熱氣，咕嘟嘟地鼓出泡沫，彷彿向晶妹子訴說著惜別的話。

停了一陣，晶妹子突然問我："大姐，大學到底要讀幾年？"

"聽說是三年。"

"唉，三年，那就趕不上了。"

"趕不上什麼？"

"大姐，你想，咱們在三年裡，要努力實現水利自流化，山區田園化，耕作機械化……可我都插不上手了！"

"那麼，你想留下嗎？"

"不是的，我是……"晶妹子驀地笑起來，搖著頭，"哎呀，我說不清！"

第二天，趁早飯後出工前的空隙，鄉親們都來話別。突擊隊的姑娘、小夥子們依依不捨。晶妹子好容易才謝絕大家相送，又反轉來送夥伴們到青山坳，目送他們走下水田。

再見吧，親愛的同志，數山邊的枇杷花開三度，待新栽的蜜桃結出第一批鮮果，那時，晶妹子就會回來，依然和你們一起戰鬥、歌唱、插秧和收穫了。

晶妹子只允許我一個人送她到火車站去。我要到大隊部辦點事，我們約好八點鐘在公共汽車站會齊。

可是，誰想得到呢，剛到大隊，支書立即告訴我：公社黨委同意晶妹子留在大隊。並且委託我和晶妹子談談。這個情況，我是知道的。就在錄取通知下達的第二天，支部曾經反覆研究過：

是不是把晶妹子留下來好些。她是赤腳醫生，貧下中農信賴她，需要她。等新的赤腳醫生培養起來之後，再送她去讀書也不遲。當時，支部只是把這些想法提供公社黨委考慮。我呢，心情是矛盾的，願意晶妹子上大學，也願意她留下來。而現在，晶妹子已經做好一切上大學的準備，歡送會也開過了，告別的話也說過了，突然改變，她一下子能轉過彎來嗎？

　　走上公路，我一眼就看見了晶妹子。她站在公共汽車站旁邊的白楊樹下，身邊放著那只色澤斑駁的小木箱。她依然穿著那件洗白了的北京藍襯衫，青布褲子還沾著幾星泥點兒。惟獨兩根短辮繫了一匝紅毛線，腳上穿了雙新的解放鞋。早晨的陽光把她的身影投得很遠。一瞬間，我覺得晶妹子完全長大了，成熟了，她的頑皮和天真，已經成爲遙遠的過去。我喊她一聲，她看見我，埋怨我不早來，害她等了又等。一輛汽車駛過來，晶妹子提起箱子就要上車，我把她拉住了。

　　“大姐，走哇！”晶妹子叫道。

　　“等一等。”我把她拉得離汽車遠些，“你聽我說，公社臨時決定……”

　　她雙手把箱子摟在胸前，望著我，不說話。她那坦白、正直的眼睛像兩塊水晶，沒有一絲陰影。看著這雙眼睛，我覺得一切措辭都是多餘的，於是就直截了當地說：“晶妹子，根據需要，大隊把你暫時留下了。”

　　“行啊！”晶妹子用清朗朗的胸音答道，就像我多次聽見她在接受任務時的回答一樣。

　　“你有什麼意見？”

　　“有一點。”

　　“說罷。”

　　你應該快點跑來告訴我！”晶妹子咯咯地笑起來，把箱子遞給我，三下兩下脫了鞋子，卷起褲腿，一扭身，像只敏捷的小鹿，越過馬路，奔向田野。

"晶妹子！"我喊道。

"趕立秋，把秧插下去啊 ── "她答著，跑得真快，轉瞬間消失在松林的後邊。

啊，年輕的韶山女兒，你就這樣跑開了。在你看來，隨時隨地聽從黨的召喚，就像錦葵朝太陽那樣合理，夜合向月亮那樣自然！

我摟著小木箱，仰起頭，望見高高的韶峰。啊，我彷彿看見晶妹子的爺爺，在綠叢中高高站起，親切地望著他的革命後代；那雙細長的眼睛，漾起欣慰的笑紋……

一直到我離開韶山地區，再沒聽見年輕人們談論晶妹子上大學的事，但是誰都把這件事記在心裡。一旦他們接受什麼任務的時候，都學晶妹子那樣說個"行"字。晶妹子呢，她更加歡快地鬥爭、勞動、學習、歌唱，把青春和熱情，全部獻給韶山美麗的土地。她惟一覺得遺憾的是，沒來得及把削好的六枝鉛筆，送給頂替她去讀大學的同志。

今晚，我的小桌上擺著一封韶山來信，是晶妹子寫的。她告訴我韶山豐收的喜訊，告訴我她光榮地加入了中國共產黨。立刻，我彷彿又看見她那雙熱情而又頑皮的眼睛，像窗外晶瑩的星星在閃動。難忘的韶山女兒啊，我將永遠感謝你，感謝你給予我寶貴的啟示：一個革命者，面對韶峰，面對祖國大地上一切有名或無名的紀念碑，應該怎樣勇敢地給自己提出嚴峻的考問，作出鏗鏘的回答。

（原載《解放軍文藝》1974 年第 7 期）

進駐的第一夜

俞 天 白

由於心情太激動吧，我坐在列車車廂裡睡熟了，卻又猛然蘇醒過來。

列車仍然風馳電掣般地在飛奔。坐在我對面的趙大伯，手握煙袋，斜倚在窗口，呼呼地睡著，他那紫銅色的皮膚，在車燈下發著微光；車窗外，田野、山巒、河流、林木都在晨曦中急速地向後移動……

從上車以來，一陣又一陣的激情，又控制了我。在批林批孔深入開展的現在，在農村插隊落戶整整五年的我，和趙大伯以及其他許多貧下中農一起，在鬥爭中編寫了《四書批判》、《儒法鬥爭的故事》、《法家著作介紹》等材料，縣的廣播站、省報和電臺，都先後發表或廣播了，廣大工農兵熱烈讚揚我們。前天，我們又獲得一個有力的策勵：省人民出版社決定出版我們寫的材料。為了精益求精，貧下中農推選我同趙大伯去出版社進一步修改。你說，對於像我這樣一個還很幼稚的小青年，受到黨和人民這樣高度的評價與信任，能不激情滿懷嗎？

這時，我不覺又拔出胸前的那枝大號金星金筆。烏黑粗大的筆桿，在晨光下，閃閃發光。鏤刻在筆桿上那一行字，更像鏤刻在我的心頭。這一行字是："不忘階級囑咐，努力學習，努力戰鬥，勇往直前。"我深情地看著，輕聲地念著，無比親切地撫摸著。這枝金筆，是柯大豐師傅送給我的。他是第一批進駐我母校的工人毛澤東思想宣傳隊隊員。此刻,他那粗獷、豪放的神情,又明晰地浮現在我的眼前。……

一九六八年七月底,工人毛澤東思想宣傳隊響應毛主席的偉大號召,邁著堅定的步伐進駐上層建築。

校園裡彩旗飛舞,歡迎工宣隊的巨幅紅色標語表達著人們心裡火焰般熾熱的感情。馬路兩旁人山人海,歡呼著,跳躍著,多少雙長滿老繭的手在擦拭滿腮的熱淚;多少雙期望的眼睛,在注視著校門內外嶄新的未來!

那時我是個紅衛兵組織中的小頭頭,在這之前的一天,我們部分同學同班主任江明華為抓"複課鬧革命"問題發生了矛盾。我們建議出去學工學農;江老師卻等著"統一安排",要我們在教室裡坐下來。一頂牛,我就覺得這矛盾"不可調和",因為,我們和江老師從文化大革命以來一直是對立的兩派。我一氣,把書本一摔,想離開教室。誰知我那枝夾在書本裡的永生牌金筆也掉落在水門汀上,紫醬色的筆桿裂開了!我更氣了,連筆也不拾,當眾宣佈:只要江明華在,我就不踏進課堂!我們想拉一些同學,到一家鋼鐵廠裡去學工,而且打算住在工廠裡,同江明華唱唱對臺戲。

如今,工宣隊進駐學校了。我迫不及待地想找他們,請求支持。但我一早就聽到一個消息:工宣隊的負責人柯大豐師傅,和江明華老師在少年時代是共過患難的好朋友。柯師傅已捐來鋪蓋,住到江明華那間宿舍裡去了。

我又氣又急,想江老師靠舊交情,真不要臉。工宣隊員一進駐上層建築,就講私交,多不好!可我決定仍舊去聯繫工廠,看看學校裡的動靜再說。

誰知,這天,我晚上回家時,同學一個又一個跑來告訴我:柯師傅到處找同學們談心,談得那麼推心置腹,要同學和江明華老師團結起來,共同批判資產階級教育路線。同時,柯師傅還在到處找我；我摔壞了的那枝鋼筆，也由同學傳到了他的手中。

　　這時夜已深，我連夜找上門去。柯師傅的宿舍裡，還燈明盞亮。一道粗大的光柱，從窗口射出，把窗下的鬱鬱蔥蔥的冬青、梧桐、棕櫚，照得更加濃密深沉。我正想繞過窗口，推門進去，卻見柯師傅站在窗口邊，“嚓嗒”一聲，把窗扇打開，掛上搭鉤，嚴肅地說：“讓前後窗子都開著睡覺，不是很好嘛！”這一下，使我吃了一驚，心想裡邊兩個人好像正在爭論什麼呢，我倒不便在這個時候闖進去，這樣，我只好在窗外站住了。

　　只見江老師正緊鎖雙眉，一口又一口地抽著香煙，彷彿心情十分激動。他苦笑道：“這邊窗子一開，牆外頭那家機器廠的聲音傳進來，我無法入眠。”

　　柯師傅回過身，站在江明華面前，魁梧的身影，彷彿把整個視窗都堵住了。他那洪亮、明快的嗓音，透過窗戶，在寂靜的校園夜空中迴蕩：

　　“怎麼，明華，我記得你過去並不這麼嬌。當年，我們兩家的滾地龍就在鋼鐵廠邊上，在那轟轟隆隆、叮叮噹當的聲音裡，我和你一到夏天，照樣睡在外面，光著屁股餵蚊子；今天，你這麼點聲音，也睡不著了？”

　　江明華無可奈何地說：“長期腦力勞動，養成這麼個生活習慣。有啥辦法呢！……”

　　“生活習慣？”柯師傅意外地反問了一下，突然想到什麼，就在江明華對面坐了下來，打算詳細詢問似地說：“老江，你不支持小吳他們結合課堂教育去工廠學工，是不是怕打破你這生活習慣？”

　　這可點到了我們的矛盾，我的心裡彷彿揣著兩隻兔子，劇烈地跳動起來。佇立在這裡聆聽他們的對話的願望更強了。

　　這時，江老師好像又激動起來，說：“大豐，我跟你不說假話。我不支持他們，不僅因為我不大適應那鋼鐵廠的生活；更主要的是，小吳同我是對立的兩派，他們故意拿這個將我的軍，叫我好看！我……"

　　"不對！"柯師傅這有力的一聲，像刀劈斧砍一般，斬斷了江明華的話，使我也為之一震；"什麼兩派！你用你的'派性'，蒙住了雙眼，看不見資產階級教育路線的毒！明華，這一天來，我跟小將們談過心，同你也算談了那麼幾個小時，我要說，你變了。"

　　我的心潮沸騰起來。柯師傅說得多麼尖銳啊！你看，江老師的眼都紅了，他端起桌上的茶杯，一飲而盡，彷彿想借它澆滅心頭難以抑制的火氣似的，然後猛抽著香煙……

　　柯師傅口氣緩下來，用顫抖的手，從口袋裡掏出一枝大號金星金筆，說："你記得解放初期廠裡送我上學時，師傅們送給我的這枝鋼筆上刻的字嗎？你記得嗎，我們為什麼以後又在學校裡分手？"

　　哦！今天同學們告訴我的，有關柯師傅的事情，這時如潮水般湧到我心頭來！我聽說，柯師傅解放前當過童工，解放後，廠工會送他上了學校，還送給他幾本毛主席的書，一枝大號金星金筆，上面刻著這樣一行字："不忘階級囑咐，努力學習，努力戰鬥，勇往直前。"他上學之後不久，他的鄰居江明華也進了這個學校。江明華解放前曾拾過荒，現在他們是同學了。可是幾年以後，柯師傅由於受不了劉少奇反革命修正主義教育路線的迫害，毅然離校回廠！而在那風雲變幻的日子裡，一向沉默寡言的江明華暗地裡是支持和同情柯師傅的。柯師傅要走，他再三挽留不住，才拭淚分手，一別竟近二十年！……

　　這時，我不禁想：為什麼兩人重逢後的第一夜，卻為了我們的事，發生爭論呢？我悄悄地走近窗下，凝視室內，想搞清他們爭論的結果。只見江明華老師被柯師傅這一問，慢慢地平靜下來，說："記得，我都記得。那年，你離校回廠，我卻仍舊在那裡用功讀書，而且搬了家。老師們關於雪窗螢火、刺股懸樑之類的教育，給我的印象太深太深了！為了考上大學，我日日夜夜進修功課，眼睛近視加深到一千度，而且患了神經衰弱症。一九五八年工農業生產大躍進，我卻關緊門窗養病……"

柯師傅雙眉一擰，面色更嚴峻了，他緊緊追問："這只是神經衰弱造成的嗎？實質是什麼呢？"

江明華低沉地說："資產階級教育路線摧殘了我，資產階級的名利思想和地位觀念毒害了我。"

"對。"柯師傅說得很沉痛，"不過，你還說得不徹底。當年我和你念書的那個環境，是叫我們走一條個人奮鬥的道路，叫我們忘了為誰握筆桿！今天，從你身上得到了證明：經過了這麼巨大的一場文化大革命，你卻還想把當年修正主義的一套教學方法、手段，搬出來對付我們的小將，習慣於關起門來搞教學。可是，你還說這是小吳他們搞派性！"

江明華心頭一震，彷彿煙火燙痛了他的手。我也不覺為柯師傅這番尖銳的批評而感到震驚！柯師傅用事實告訴我：江老師也是修正主義教育路線的受害者！柯師傅是如此滿懷熱情地幫助江老師，而我，卻非常不夠，不僅看不清江老師問題的實質，同時也不瞭解柯師傅的寬闊胸懷，誤以為他與江老師"講交情"，好像唯有我自己最革命！這不也是資產階級派性掩蓋了自己頭腦中的小資產階級思想嗎？……

在我同江老師的矛盾中，現在，我發現了自己同柯師傅思想上的巨大差距。我感到愧悔不安。但我雙腳跬躕著，沒有足夠的勇氣進門去向他們表示我的態度……

柯師傅走近江老師，語重心長地說："老江，我離廠來這裡時，工人們囑咐我：戰鬥環境變了，心可不能有一刻離開機器，離開工廠呀！是的，我們工廠裡的同志聽不到機器聲，就睡不著。我也想，舊學校給你的毒害，最根本的一條，就是脫離實際，脫離勞動，現在更應當到工廠農村去，同工農群眾一起來洗刷這些舊教育制度帶給我們的毒害。這樣才能教育好下一代為誰握筆桿！老江，我們明天就同小吳他們結合課堂教育，下廠去學工，用實際行動，支持他們。同自己頭腦中的資產階級思想決裂，一定要下個狠心哪！"

話很輕，但很知心。在我心裡彷彿響徹了春雷。這些不僅是對江老師，也是對我說的啊！我毅然推門衝了進去，向柯師傅，向江老師主動檢查了自己同江老師發生矛盾的思想根子，是缺乏無產階級高瞻遠矚的革命胸懷；並要求柯師傅把那枝永生金筆還給我，留作教訓⋯⋯

熱淚在江老師的眼眶裡滾動。柯師傅卻果斷地把我那枝金筆留下，打算修理後給他自己使用；卻把他那枝有著不平凡經歷的大號金星金筆送給我。他說："小吳，我們支援你，因為你堅持走與工農相結合的路。只有走這一條路，才會懂得為誰掌握筆桿，才會懂得我們工農的心！小吳，就讓我們的鋼筆交換一下吧，我相信，你不會忘了工人階級的囑咐的！⋯⋯"

我伸出雙手接過來，彷彿接過工人階級一顆跳動著的心；也彷彿捧著整個歷史的期望！⋯⋯

第二天，柯師傅就帶領我們師生，下廠了⋯⋯

"嗚！——"列車發出一聲長鳴，把我從往事的浮想中喚醒。放眼看，車窗外，夜幕已經消逝。我們前方的天幕上，是一派耀眼的清輝，彷彿有億萬支金線，從地平線上升起，編織著無限絢麗的錦緞。⋯⋯

啊，祖國，你又在這秀麗明媚的色調中，開始了新的一天！

趙大伯仍然酣睡著。我卻仍緊握著柯師傅這枝大號金星金筆，禁不住以崇敬的心情想念工宣隊員柯大豐師傅，因為正是他鼓勵我響應黨的上山下鄉的號召，來到農村幹革命，而在六年前他率領一批工宣隊員進駐我母校時，在第一個晚上，他就給我上了一堂非常深刻的課。這堂課使我明白：只有工人階級的寬大胸懷，才能高瞻遠矚，洞察事物的本質。誰如果讓小圈子把自己"圈"住，講私交，搞資產階級派性，他就會蒙住自己的眼睛，以致看不到一切。

（原載《文匯報》1974 年 7 月 28 日）

山鄉花正紅

金　河

一

　　下了汽車，最先撲入眼簾的是杏花山和山下的龍泉溝。在這一帶山區，杏花山不是什麼大山，龍泉溝也不是出名的大溝。我目不轉睛地望著，因爲那是生我長我的地方。

　　離故鄉五年了，乍一踏上故鄉的土地，似乎還有點心跳。和煦的春風吹拂著面頰，暖融融，柔軟軟的。腳下耙耮得平展展的土地，散發著春天特有的泥土的清香。杏花山，遠遠望去像凝著胭脂色的雲彩，不用說萬樹杏花正在迎風怒放。杏花山下，龍泉溝畔的梯田直接山腰。梯田上人馬歡騰，正在播著豐收的種子。……我的兩隻眼睛真覺得有點不夠用了。妹妹的簡短家信年年都給我報告豐收的喜訊，但我卻沒想到故鄉這個窮山溝這麼快就換上了一身新衣！

　　走進龍泉溝大隊的樹林，我放慢了腳步。筆直挺拔的白楊，輕盈婀娜的河柳，顯示著蓬勃生機，吐露著嫩綠鵝黃，或齊頭直向藍天，或並排依依牽衣。我抹去頭上沁出來的汗珠，停下了腳步。說實在的，即使不累，在自己參加栽植的樹下也是留連忘返呀！

　　"同志！"

　　猛聽見有人喊了一聲。我轉過身來往後看了一眼，沒有人。

回到故鄉，也許耳朵過於敏感，把鳥叫當成人聲了。我有點暗自好笑。

「同志，請您幫個忙！」

這一聲我聽清了，確實有人招呼。但我前後左右轉了一圈，還是沒見到人。

隨著一連串咯咯咯的笑聲，身後又傳來一句：「往高處看！」

我抬頭一看，噢，在一根新豎起的水泥電柱頂上，一個女電工正在作業。看樣子，她在往電柱頂上固定橫擔。

這個女同志倒很實在。我想，她在桿頂，我在地上，這又有什麼忙可幫呢？

「勞駕，請把您腳底下的那個螺母遞給我。」

我抬腳一看，可不，一個螺母被我踩到土裡去了。我拿著螺母又犯了愁：小時候，我倒爬過大樹，掏過喜鵲蛋，爬光溜溜的水泥電桿這套本事我可沒練過。桿頂上那位女電工尚且用腳扣，何況我這門外漢呢？我仰起頭望著她，螺母無可奈何地在手裡掂著。

女電工早看出了我的為難相。只見她從腰裡取出一個繩團，自己抓住一頭，然後把繩團「啪」地一下投給我，說：「拴到繩上。」你瞧，在我想來是那麼難的事，她的一根小繩就解決了。

「我們那位同志回去取材料去了。麻煩您啦，謝謝！」女電工解釋了一句，便熟練地緊起螺絲來。

我把眼睛從女電工身上移開，向遠望去，只見一排剛剛豎起的電柱，像一條青龍，沿山起舞，直向龍泉溝伸展開去。我禁不住興奮地問女電工：「同志，龍泉溝什麼時候通電啊？」

女電工笑著搖了搖頭說：「這是輸往夾山溝大隊的。」

「那……那龍泉溝呢？」我問。

「龍泉溝一年前就有電嘍！」女電工看了我一眼又說，「您不是本地人吧？"

"是本地人，不過離家五年多了。"我說。

"噢——"她一面專心幹著活兒，一面笑道，"怪不得哩！您是進了城，把農村忘了！"

"那哪能！以農業爲基礎嘛。"我忙說。

"是肚子餓了想'基礎'，吃飽了肚子忘'基礎'吧？"

我不想去解釋什麼。對這個爽快、潑辣的女電工就像對故鄉山山水水一樣，我倒感到很新鮮。

"同志，你們是哪個施工單位的？"我問。

"龍泉溝的。"她答道。

"龍泉溝的？"

"是啊！不認識吧？咱們是同鄉！"說著，她又咯咯咯地笑起來。

看上去，她二十四五歲。我離開龍泉溝時她應該是二十上下歲。龍泉溝不過百八十戶人家，那時二十左右的年輕人我都能一個一個地叫出名字來。我又把她打量了一番：一頂草綠色軍帽下露著兩根齊肩小辮，彎眉毛，亮眼睛，翹鼻子，厚嘴唇，藍布工作服，白球鞋，動作幹練、俐落，像一名運動員。我努力想了一陣，眼前這位女電工和我記憶中熟悉的形象還是對不上號。

她是誰呢？

回到家裡，母親自然高興得不得了。先問旅途日程，再問城裡的形勢，接著是親友們的消息。我應付了幾句便向母親說："你老先讓我到外面去好好看看龍泉溝。今天晚上，我一定詳詳細細地回答您的問題！"不等母親答話，我便跑了出來。母親也隨後跟了出來。這樣，她就成了我的解說員。

"那排紅磚房是幹啥的？"

"知識青年點。"

"溝底下那片沙灘也成了小樹林了？"

“那是知識青年小張他們栽的紮根樹。”

“河邊那個澇泥塘種上稻子了！”

“可不是。那是知識青年小王他們搞的科學實驗田。”

“咱們大隊也有拖拉機了？”

“有了！開拖拉機的，一個是知識青年小李，一個是你三叔的大小子。”

“我三叔的腿疼病怎麼樣了？”

“讓知識青年小趙治好了。小趙是咱們大隊的赤腳醫生。”

“我真沒想到咱們龍泉溝這麼快就使上了電燈！”

“唉，也不容易呀！知識青年小楊她們可受點子累了！”

　　我和母親指點著，評論著，直到天近晌午，母親要回家做午飯，我們才回到屋裡來。故鄉的變化給我留下的印象是深刻的，但同樣深刻的是，故鄉的革命巨變，往往都跟知識青年聯繫在一起。在母親嘴裡，“知識青年”這個詞兒說得驚人的流利和親切。這時，我的興趣又從故鄉新貌轉到知識青年身上。可是母親告訴我的，只是“小張”、“小王”、“小李”這些普普通通地帶“小”字的姓。這些受人稱讚的青年人開始怎樣，後來怎樣，現在又怎樣？我拿了這些問題問母親。母親伸著兩隻粘滿麵粉的手，笑著說：“你們這搞宣傳的，就好打破沙鍋問到底。要說個大概，還行；要說細枝末節，有工夫你到青年點去吧。再不，等金英回來給你介紹介紹。”

　　金英是我的妹妹，去年初中畢業就回隊參加生產勞動了。我知道，她一會兒就會回來吃午飯。但就連這“一會兒”，我也等不得了。我隨手拉了一下牆上的電燈開關，電燈亮了。這時我又突然想起了路上遇見的那位女電工和母親剛才在外面說的知識青年小楊受累的話來，便要求母親給我說說安電燈的事。

“不光安電燈哩，電也是咱自個發的。”母親漫不經心地說。

“自個發電？”我吃了一驚。在我們這個偏僻的窮山溝，聽說"電"這個詞兒也不過二十幾年,現在竟自個發電了!路上看見新豎的電桿,我以爲用的是國家的電力呢!

"可不!嗷,這事你還不知道哇?自個發的!"母親見我驚奇,也認真起來。

"我怎麼沒有看見電廠呢?"我說。

"我們不叫'電廠',叫'水電站'。"母親自豪地糾正說。

"在哪兒?"

"就在龍泉溝裡。"

在龍泉溝裡?我又愕然了。我從小長在龍泉溝,閉上眼睛,龍泉溝裡有幾個小溝岔,哪個溝岔有幾棵樹,長些什麼草,都能說得出來。在龍泉溝的一堵大石壁上,有一股自來水龍頭大清泉從石縫中湧出來,直瀉到溝底。

"那麼一小股水就能發電?"我問。

"那點泉水能成啥氣候?前二年在龍泉溝裡修了一條攔洪壩,把杏花山下來的洪水都裝起來了,發電用的就是這個水。"母親說。

聽母親這麼一說,我興奮得幾乎跳起來,便急不可待地讓母親給我講修大壩、發電的事。母親又笑著重覆了她的那句話:"說個大概還行,那些細枝末節的事,我這大字不識的老婆子可說不清楚。"

"大娘,又啥東西說不清楚了?"我和母親正說著,門外不知誰插了一嘴。

母親笑著對我說:"你看,說曹操,曹操就到 —— 小楊,楊抒來了。"

門開了,進來的是一位姑娘:一頂草綠色軍帽下露著兩根齊肩小辮,藍布工作服,白球鞋,看上去像一名運動員。這不是在路上碰見的那位女電工嗎?

在我留神看她的時候,小楊也上下打量了我一下。看樣子,她也認出了我就是那個忘"基礎"的人，臉上露出了一種想笑又往回懸的俏皮神色。

"不認識吧？這是我大兒子，五年沒回來了。"母親介紹說，"這是小楊，知識青年。"

母親不介紹還則罷了，一介紹，點著了小楊一連串笑的導火索。她伏在母親的肩膀上，咯咯咯地笑個不停。這一笑倒把母親笑懵了。母親輕輕地朝小楊的頭拍了一下："這丫頭今個碰上啥喜事了！"說著也莫名其妙地笑起來。笑了一陣，小楊才跟母親說起了剛才路上的事，又是惹起了一陣笑聲和閒話。

"快到裡屋坐吧。"母親說，"小楊來得正好。我這個大兒子非讓我給他說說你們修水庫、安電燈的事不可，你快給他詳詳細細地說說。晌午別回青年點了，一會兒熟飯，就在這兒吃吧！"

楊抒搖搖頭，不好意思地笑了笑說："都是平常事，沒有什麼可介紹的。真的！老金同志有機會到我們青年點去，給我們講講外地知識青年的先進事蹟吧。 —— 大娘！"楊抒轉過頭來對母親說，"剛才金英從山上捎回口信，二號水輪機出了毛病，她正在山上搶修，不回來吃午飯了。我這就到山上去，順便把午飯給小英帶去吧。"

"你呢？"母親關切地問。

"也到山上去吃，帶著哩！"這時我才發現楊抒的腰間多了一個黃色的挎包。

一聽楊抒要到杏花山上去，又引起了我的一番興致，我想看看杏花山，也想跟楊抒好好聊聊。我對母親說："媽，您給金英帶飯多帶一份，我也到山上去吃！"

我本來想在路上跟楊抒聊聊，誰知這個計畫落了空。"山高石頭多，出門就爬坡。"我們這裡正是這樣。往杏花山去的盤山小路，現在已經變成了通車大道。不過這步步上坡的路，乍走起來也還很叫人上喘。楊抒走在前頭，兩條腿像安上了風火輪子，颼颼颼地像走平地。開始還和我搭訕幾句,走起來倒像是把我忘了。我在後邊緊趕,直抹頭上的汗珠,哪裡還有嘮嗑的機會!有時,我緊走幾步追上她,問問她的事蹟,她卻守口如瓶。結果,上山路走了一半,我只是得知她家是赤峰的,下鄉四年掛零了。

大概是多年的新聞宣傳工作養成的習慣,對於我要採訪的對象的頑強防守姿態,我的回答是百折不回的出擊!我趕上她,故意嚴肅地說:"小楊,你的事蹟並不屬於你個人。如果有成績,那是毛主席革命路線的勝利。宣傳毛主席革命路線的偉大勝利,是我們每個人的光榮責任,包括你。"

楊抒的彎眉毛跳動了一下。她爽快地說:"您這話說得很對。不過,我看你們做宣傳工作的同志有時就不這麼辦。要宣傳一個人怎麼先進,總是把個人講得怎麼怎麼好,總是把黨和群眾放在一邊。咱龍泉溝的下鄉知識青年能在農村有所作為,還不是毛主席指引的?還不是黨培養的?還不是貧下中農教育的?"

我慶倖她開了口,便準備把談話引到她的事蹟上去。我說:"對,這是我們對待成績的基本原則。不過,具體……"

"具體的事例也很多。"她已經看出了我的意思,但故意打斷我的話說,"咱大隊黨支部就及時引導我們避免走舊式農民的老路,做有文化的社會主義新農民。"

知識青年一個個都是朝氣蓬勃的姑娘、小夥子。他們來到社會主義農村,自然是有文化的社會主義新農民,怎麼又來一個"舊式農民的老路"呢?我有點迷惑不解了。

沒用我追問,楊抒便誠摯地談起來:"我們剛下鄉來的時候,有一個普通的想法,就是一心把各種農活學到手,做到抄起犁能種地,拿起鋤能耪地,彎下腰能間苗,掄起鐮刀能收割,'滾一身泥巴,磨一手老繭'。我們想,能做到這樣,就算真正跟貧下中農結合在一塊兒了,就是真正的農民了。這時候,大隊黨支部陳書記找我們開座談會,讓我們談談下鄉以後的想法、體會。

會開得很隨便，很熱烈。我們這種想法也端出來了。陳書記給我們提了兩個問題。一個問題是，毛主席親自制定的教育方針中說到‘有社會主義覺悟’的勞動者，什麼叫‘有社會主義覺悟’？陳書記說，有社會主義覺悟，就是有堅決執行黨的基本路線的覺悟，就是要堅持階級鬥爭、路線鬥爭，堅持無產階級專政下的繼續革命，堅持同舊的傳統觀念實行最徹底的決裂。沒有社會主義覺悟，即使是生在新社會的年輕人，也是舊式農民！第二個問題，陳書記提出來，叫我們回答，你們為什麼叫‘知識青年’？你瞧問得多有意思。人們天天叫我們‘知識青年’，我們也說自己是‘知識青年’，說真的，叫慣了，也就不去想它到底是為什麼了。陳書記一問，我們只是你看我，我瞅你地發笑，半天沒人吱聲。陳書記呵呵地笑了起來：‘這有什麼難回答的？就是因為你們有一定的科學文化知識嘛！’我們說：‘我們學的都是書本知識，還不會運用。跟貧下中農比，我們什麼都不懂，哪有什麼知識呀！’陳書記說：‘你們看到了自己的不足，虛心向貧下中農學習，這是很對的；可是也應該看到自己的長處，發揮自己的長處哇！缺乏實踐，那就大膽實踐唄！農村需要知識青年，不是要你們只充當一名勞動力，更重要的是需要你們充分發揮你們的革命鬥爭精神，發揮你們的才能和智慧，把你們的知識獻給飛躍發展的社會主義農村。’說到這裡，陳書記問我：‘楊抒，聽說你很愛好物理和數學。咱這龍泉溝有用得上物理的地方沒有？’我說：‘有。但我沒有想到用。’陳書記語重心長地說：‘當前，咱農村的生產水準還不高。毛主席號召我們：

> 農業學大寨，實現糧食穩產高產；還號召我們像重視農業合作化那樣重視農業機械化。一鋤一鐮，改變不了面貌。我們要講革命，講大幹，講科學。墨守成規，一鋤一鐮，修修補補，這是小農經濟的幹法。希望你們不要走舊式農民的老路，要做有社會主義覺悟的有文化的新農民！’

聽了陳書記的話，我們就像站在杏花山頂，看見了一個更加廣闊的天地，望見了更加燦爛的前途……"

"這以後，你就把物理用到龍泉溝了？"我問。

她輕輕地點了點頭說："咱龍泉溝水源缺，地下水位深，水澆地少。我們跟貧下中農商量以後，向黨支部提出了在杏花山裡修壩攔洪、蓄水澆地的建議。黨支部和社員群眾可支持了！ —— 金英！"楊抒突然喊起了妹妹的名字，"金英，你看誰來了！"

這時我才從楊抒敍述的往事中鑽出來，發現我們已經來到一座大石壩底下。水從石壩的閘門裡湧出來，高高地跌下，濺起一團團白色浪花。壩下，紅杏掩映，機聲隆隆，新房座座，銀線條條。曾是偏僻、貧瘠的故鄉，如今，多像一幅景色壯麗的風景畫！

二

妹妹從機房裡鑽出來，一隻手拿著扳子，另一隻手沾滿了油污。看上去，雖不如楊抒那樣成熟，但樸實強健，粗手大腳，渾身都帶著一種農村姑娘特有的粗獷、奔放的勁頭。

妹妹興奮地問訊了我幾句之後，就責怪楊抒道："楊姐，你怎麼又來了？"

"我怎麼就不能來？"楊抒笑道，"我給你當給養員，又給你哥哥當嚮導，你還不歡迎！給，你們哥倆先吃，我去看看二號水輪機。"說著把乾糧袋遞給了妹妹。

妹妹攔住楊抒笑道："你別那麼不相信群眾！機器，今天下午保準修好。你明天就要走了，快回去收拾收拾東西，休息休息吧！"

"走？"我心裡咯噔一下，腦子立刻翻了幾個個兒：看來楊抒不是回城工作，就是上大學了。我真有點想不通，為什麼下鄉知識青年每當做出一些成績之後，往往又被抽走呢？我有點掃興地問：“小楊也抽上去了？”

妹妹笑道：“楊姐要走，早就走了。上大學，進工廠，機會多了，還用等到現在？棋盤溝大隊也要辦水電站，到咱大隊來求援。大隊黨支部決定派咱大隊最棒的水電‘工程師’—— 我楊姐去支援。明天就走。”

“還回來不？”我問。

“怎麼不回來？去那兒幫幾個月忙就是了。”妹妹笑著說，“放心吧，楊姐是咱龍泉溝的人了！”

楊抒瞪了妹妹一眼，叉開話題謙遜地說：“我會幫什麼忙？不過，我倒希望得到這麼一個好的學習機會。”說著，她奪過妹妹手中的扳子，小辮一甩，走了。

我想再請她往下講講，因爲“過了這個村，就沒有這個店”了，便忙喊：“小楊，你還沒介紹完哩！”

“就那麼多了。”她回頭說了這麼一句，身子已經閃進了機器房。

吃著乾糧，妹妹解釋道：“小楊就是不願介紹自己的事蹟。她的事蹟，不用加工，也能編一部挺好的電影，還是故事片。”

我又竄掇妹妹：“那你就給我說說。”

妹妹被我竄掇得沒法，才給我講起楊抒的故事：

“楊抒剛下鄉來時，就住在咱家，和我住一個屋。”妹妹回憶著說，“攔洪壩還沒動工，楊抒這個總設計師、總工程師就忙上了。沒有測量儀器，她就學外地的土辦法，請木匠張大爺給做一個小木架，往水盆裡一放，就解決問題了。她白天和測量小組的同志們在杏花山上跑一天，晚上就伏在桌子上畫呀、寫呀、算呀的。我不懂楊姐那麼多知識，給她幫不了什麼忙，就在旁邊幫她抄抄寫寫的。有一天晚上，我睏得實在睜不開眼了，就提議睡一覺。她看了看我，笑了：‘你先睡吧，我一會兒就睡。’我睡了一覺，醒來時，看見她還在忙。我一看窗戶，比先前亮了。我說：'天亮了吧？'楊姐說：'傻妹子，那是月亮出來了。'正說著，外面大公雞叫起來。楊姐咯咯地笑了：'還是傻妹妹說對了。也好，連軸轉吧！'她下地洗了把臉，揣上兩塊乾糧，又上山了。"

"這樣下去，身體哪能受得住？"我說。

"可不。"妹妹說，"媽給我一項任務：不準楊抒這麼熬夜。過了十點半，楊抒不睡覺，我說不聽，媽就要過來干涉。開始，我盡在媽面前給她打掩護。後來，我看她眼睛熬得像紅杏，兩腮像用刀刮去了兩片肉。我說：'楊姐，你再這樣，我可要如實匯報了！'她笑了：'好妹妹，大壩沒修起來，現在不是休息的時候。'"

"大壩修上之後也那麼忙嗎？"我問。

"我們苦幹了一冬又一春又搭上半個夏天，壩修起來了。大壩修上不幾天，一連下了三天瓢潑似的暴雨。我們二三百人在壩上壘土，幹了三天三夜，大壩還是讓洪水給衝開一個大口子。大壩決口那天晚上，我和楊姐從山上回來，一路上她心情很沉重。她一會兒望望雨後高遠的藍天，一會兒又低頭瞅著自己的腳步。我說：'楊姐，你想啥呢？'她昂起頭來說：'我想怎樣總結經驗教訓，發動群眾，把大壩再修上！'她說得很慢，可挺有分量。到咱家大門口，我看見大門上貼著一張白紙。湊到跟前一看，上面還有字，好像寫的是一首詩。我就順手扯了下來，楊抒沒有發現。進了屋，我拿到燈下一看，原來是順口溜：

> 楊抒只會念洋書，
> 來到龍泉瞎搗鼓。
> 放著農活她不幹，
> 偏要上山修水庫。
> 氣得龍王發大水，
> 半年汗水蹤影無。

跟她這樣鬧下去，

穿不上來吃不足。

楊抒楊抒快住手，

別再糟蹋大老粗。……"

"這麼一個東西，你還能背下來！"我說。

"能背，再過十年八年的也能背下來！因爲印象太深了。"妹妹接著說，"我正在看，楊姐也湊過來。我忙團拉一下塞在衣兜裡。爲啥呢？爲了修大壩，她吃苦受累，最後反倒落了個挨罵！我想讓她吃完飯，好好休息一下，以後再告訴她。她好像聞到點特殊氣味，好說歹說，說啥也要看。我就只好給她了，順便說一句：'什麼東西，都是屁話！'我在一邊觀察著她的臉色，怕她受不住，沒想到她平靜地把那個順口溜看完，彎眉毛一挑，反倒笑了。輕輕地拍了我一巴掌說："我當什麼秘密東西，原來是這麼個寶貝！搞這種東西的人也真蠢，這個小動作有啥用？聽見狼嚎，就不養小豬崽了？金英，快吃飯。吃完飯，咱們到大隊黨支部去，商量商量看怎麼繼續作戰！"妹妹停了一下，又對我說："楊抒就是這麼個人：我們一塊嬉鬧起來，她像個小孩子；可是碰上這樣的陣勢，她真像杏花山的石頭那樣堅硬！"

"當天晚上，我們就去找陳書記。"妹妹接著說，"還沒等我們開口，陳書記就遞給我們一張紙。我一看，也寫著一個順口溜，跟貼在咱大門上的那個內容、字體都一樣。原來這一張是貼在大隊門前的黑板報上的。我氣得手都哆嗦了。我說：'誰這麼沒長好下水！我們受點損失，他幸災樂禍，這麼攻擊人！'楊抒滿不在乎地說：'讓他去攻擊吧，再攻擊些日子，我們又把大壩修上了。他越攻擊，我們越要幹。大寨人能三戰狼窩掌，我們就不能再戰杏花山？非叫山洪來爲我們服務不可！陳書記，你說咱該咋幹吧！'陳書記搖搖頭說：'幹，這是確定了的。但是，對這個動向，我們也不能忽視。這個東西，是一份很難得的反面教材。它告訴我們,在向大自然作鬥爭的時候,千萬不要忘記階級鬥爭,不能忘記黨的基本路線。大壩被衝壞了,敵人跳出來造謠中傷,在群眾中,在幹部中,也可能產生灰心情緒。我們的任務,首先應該是打擊敵人,教育群眾和幹部,用黨的基本路線把群眾重新發動起來,組織起來!'……"

"那個順口溜到底是誰寫的?"我問。

"後來,經過發動群眾找線索,對筆跡,原來是地主分子賈老九寫的。在批鬥他的大會上他交代:他怕大壩修成後,渠水從他家的墳塋地前邊過,破了他祖上的'風水'。他想利用大壩被衝的機會,把責任都推給楊抒,把楊抒趕走,叫大壩修不成。你看他多壞!"

"後來呢?"

"後來,黨支部又發動群眾,總結經驗,到底把大壩又修上了。秋天,又遇一次比夏天那次更大的洪水,大壩往山裡一躺,像鋼鑄鐵打的,連個石子也沒掉。不過楊抒累得更瘦了。"妹妹話裡,充滿了對楊抒的稱讚和關切。

"她真該休息休息。"我說。

"休息?"妹妹笑道,"大壩修成了,她更忙了。開渠、辦電……對了,一會兒你去看看我們的水輪機、壓力水管,那可有看頭。"

我一聽說"有看頭",便興奮地問:"都是新機器吧?"嗯"

"國產的?"

"不是。"

"進口的?"

"也不是。都是我們自己造的。木頭的!"妹妹顯得很自豪,"這是楊抒和木匠張大爺的聯合發明!"

木頭機器能發電,這是多麼新鮮的事喲!我還要問下去,妹妹已經吃完乾糧，站起身來，要去替換楊抒了。臨走她還說：「楊抒的事說不完，回去再詳細說吧。」

三

二號水輪機歡快地轉動起來，山中的鳥雀呢喃蜜語，遍山的杏花彌漫著醉人的香氣。春日的太陽斜掛在西部天空，照得人熱乎乎，甜絲絲的。

我對家鄉巨變欣喜若狂的心情，也感動了楊抒和妹妹，由於我的提議，她們倆也陪我攀著淩增的山石，登上了壩頂。嘿！這又是一番多麼令人心曠神怡的景色呀！杏花山伸出兩隻巨大的手臂，抱起一湖藍瓦瓦的春水。柔風吹來，水面皺起一輪輪漣漪。疏密橫斜的杏花，蓓蕾乍放，蜂圍蝶繞；丁香、山楂，葉芽初綻，肥綠喜人。快活的鯉魚跳出水面，不知是歡迎客人，還是欣賞戰鬥的春光，或是預報漁業豐收的喜訊。

我陶醉地看著故鄉的人民雙手繪出的湖光山色，心裡充滿了崇敬和自豪。「太好了，真像一個大公園。比公園還好，太好了！」我情不自禁地說。

「哪能說那麼多好？建設的任務還在後頭哩！」楊抒指著一面山坡說，「那裡是去年栽的蘋果、花紅和海棠，再有三五年就結果了。這邊，今年秋天準備栽龍眼葡萄和八里香梨。那時候，杏花山可以改改名，叫『百花山』，或『千花山』。……」她指點著，評論著，說得那麼自然，那麼有力。我完全相信這位山區建設者能夠和群眾一起，創造出神話般的業績來。

「那時候才算建設好了。」我說。

「那還不行。」楊抒又不客氣地糾正我的話說，「你看，和杏花山相連的，還有多少山頭沒綠化哩！那全縣、全省、全國呢？還有更艱鉅的農村社會主義革命的任務哩！就算是一個開始吧！"

多麼好的青年吶！她身置杏花山中，胸懷杏花山外；腳踏現在的堅實土地，眼望將來的崇高目標。我切實感到，一代新式農民正在茁壯成長起來。

哎 ——

山也笑，水也笑，

毛主席革命路線指方向，

形勢無限好哇！

哎 ——

天也新，地也新，

一代革命新人在成長，

一片新面貌哇！

……

熱情、歡快的歌聲從杏花山頂傳來，山谷裡的回音遠近相應，迭宕起伏。接著，又是一聲清脆的鞭響。我極目向山頂望去，雪白的羊群在山頂時隱時現，牧羊人站在高山之巔，用歌聲抒發著自己的豪情。我的心，一下子又被牧羊人吸引過去了。

"那是誰？"我問。

妹妹先看了楊抒一眼，又神秘地對我說："問我楊姐吧！"

楊抒緊繃著臉，故意不動聲色地說："本村的人還不認識？"

我又側耳聽了聽歌聲，似覺耳熟，但無論如何想不起來是誰了。

妹妹見我實在聽不出來，便道："楊姐不說，我告訴你：鄭青春，我鄭二哥！"

"就是溝南鄭大伯的二兒子？"我問。

"對了！高中畢業後，就回來當了放牧員。"妹妹說。

"還叫'放牧員'幹啥？就叫'羊倌'有多好！"楊抒插

了一句。

　　“人家我鄭二哥可不是舊式的羊倌。打他接手放羊後，咱大隊的綿羊全部變成了改良羊。一個個瞟滿肉肥，個大毛厚。去年羊群實現了百母超百仔。他可有一套科學了。他的事蹟要編一部電影，和楊抒比也不相上下。對不，楊姐？”妹妹說著，看了楊抒一眼，便嗤嗤地笑。

　　“我不知道。”楊抒還是緊繃著臉說。

　　“你怎麼不知道？”妹妹問。

　　“我怎麼就一定知道？”

　　“因爲你們倆的關係不比尋常！”

　　楊抒噗地一下笑了，“啪”地一巴掌，打在妹妹的脊背上，兩個人嬉鬧著動起手來。這時我才弄清楚爲什麼妹妹剛才說楊抒是“龍泉溝的人”了。

　　我從杏花山走下來的時候，耳畔似乎還響著鄭青春充滿激情的嘹亮歌聲。我不擅長唱歌，但也情不自禁地輕輕唱起來：

　　　哎——
　　　天也新，地也新，
　　　一代革命新人在成長，
　　　一片新面貌哇！
　　　……

（原載《遼寧文藝》1974 年第 7-8 期）

戰 地 春 秋

胡 萬 春

一

一輛草綠色的軍用越野車在門坊前停下了。

從車上下來一個五十多歲的老幹部，身材不高，卻長得魁梧、壯實、虎背熊腰，站在地上就像粗大的樹樁那樣扎實，不可動搖。他的頭髮剪得像一把烏黑的大板刷，古銅色的臉上有兩條剛毅的濃眉。他的眼睛，喜歡微微眯著觀察事物。

他名叫梁輝，有軍人風度；神色是嚴肅的，但並不讓人感到嚴厲。他邁開大象那樣穩重的腳步，昂首欣賞著門坊。

這座巨型的門坊，是用花崗石和水泥砌成的。它具有我中華民族傳統的建築藝術的特點。它的形狀，宏偉、美觀而有氣魄。

梁輝站在這壯麗的門坊面前，心胸開闊了不少。他邁著大步向前走去，面前是一條寬廣的大道，兩旁種滿了終年常綠的松柏。走過一個圓形的大花圃，就可以看到氣魄豪邁的石階梯。這些階梯全都是用花崗石砌成的，一組又一組地鋪到山坡上，在那頂峰，有一個大平臺，矗立著壯嚴、肅穆的大石碑，碑上有毛主席專門為這座淮海戰役的革命烈士紀念塔題的字。每個字都閃耀著金黃色的光芒。梁輝昂視著這座莊美的紀念塔，真是心潮澎湃。當年，在偉大的統帥毛主席指揮下，就是在這裡取得人民解放戰爭史詩般的勝利。回想起炮火連天的戰爭年代，回想起自己率領軍隊馳聘在淮海戰場上的情景，怎不叫他心情激動呢？

　　他那穩健有力的大象腳步加快了速度，終於走上了大平臺，站在巨大的紀念塔下了。深秋的風習習吹來，吹得他身上那件洗白了的軍服也鼓了起來。他向周圍的原野俯視了一下，就向台下看去。遠處又一輛草綠色的軍用越野車急馳而來，一下子停在門坊旁邊了。

　　“嗯！這一定是老方來了。”梁輝微笑了一下，瞧著方也平小小的身影從車上下來，邁著輕捷的步伐，走上石階梯，向著自己這邊走來。

　　由於方也平一再向上級領導請求，終於同意把他的老部下梁輝調到大新煤礦指揮部來擔任副指揮兼黨委副書記了。方也平是山東棗莊人，梁輝的老家也靠近棗莊，他們是同鄉。在淮海戰役時，方也平是獨立師的師長，直屬野戰軍司令部指揮，是相當於軍一級的幹部。那時，梁輝是獨立師的一營營長，他的營是專打硬仗的“飛虎營”，在全軍是赫赫有名的。大軍南下時，方也平與梁輝都轉業到地方上，前者歷任建工局的局長、市委工業部長等職務；後者也在“七三一”、“四·八”工程處當黨委書記等職務，領導過不少大型地下工程的施工專案。如今，方也平是大新煤礦指揮兼黨委書記，由老部下梁輝來當他的副手，怎不叫他分外地高興呢？今天，方也平要到北京去開會，得知梁輝要來報到，就約定老戰友在這淮海戰役革命烈士紀念塔前會面，敍敍戰友之情。

　　方也平身材修長，一頭銀髮，穿了身直貢呢的夾軍服，顏色是墨綠的。這種過了時的舊軍服，今天是很少能看到的了。他年已六十一，今天刮了臉，穿了這樣的軍服，倒不失當年的軍人風度。不過，他與梁輝相比，不僅一高一矮，而且明顯地可以看出，方也平文氣多一點，梁輝武氣足一點。確實，方也平受的教育也比梁輝多，少年時還是個初中生哩。方也平一邊一步一步走近梁輝，一邊注視著老戰友的身影，深感梁輝站在高處顯得多麼威武啊！

梁輝握著雙拳撐在腰上，一對八字腳扎扎實實地站在大平臺上，臉上帶著微笑。方也平終於跨上平臺，微帶歉意地說："呵！老梁，對不起，還是你先到了。"

"報告師長！梁輝向你報到。"梁輝突然來個立正、敬禮，腳下的普通皮鞋發出"啪"的一聲。

"哈哈……你還來這一套呐！"

方也平親切地捅了梁輝一拳，他的右拳挺有分量地打在梁輝的左胸脯上，發出咚地一聲。梁輝雙腳似乎在平臺上生了根，身體像一支石柱，紋絲不動。方也平忍不住大笑著說："瞧你！還是這麼棒！"

梁輝笑著說："有來有往，也試試你的，回你一拳！"他也捅了方也平一拳。

方也平不覺踉蹌了兩步，連說："看你，看你……"

梁輝連忙扶住了方也平，說："呵！我這一下可衝得太猛了吧？亂了你的陣腳囉！"

"你看我頭髮全白了，歲月不饒人啊！"方也平指了指自己一頭銀髮，振作了一下，變得精神煥發起來，雙手交替地提了提袖子，擺出一副要大幹一場的架勢說："我可不服老，記得曹操在一首詩中說：'老驥伏櫪，志在千里；烈士暮年，壯心不已。'我還想在這當年的淮海戰場上大幹一場哩！來，看看我們中華民族英雄們的用武之地吧！"

這是一個指揮員觀察前沿陣地的好天氣，陽光明媚，藍天如洗，空氣的清晰度可達到一級。方也平和梁輝肩並肩地走到石欄旁邊，憑高遠眺，觀察郊外的一大片平原。方也平指著大平原說："這一帶歷來可是兵家必爭之地，秦末漢初，逐鹿中原。劉邦的老家沛縣，就在不遠，縣裡至今尚有沛公吃狗肉的狗肉攤子。三國時，這裡也是重要的戰略之地，後來是曹操捷足先得。人民解放戰爭時期，偉大領袖毛主席親自指揮淮海戰役，在這裡消滅蔣介石幾十萬精銳師旅，拿下了這個淮海地區，打開了通向南京的門戶。誰能想到這個四省交界的淮海戰場下面，是遼闊無比的煤海，足夠我們挖半個世紀哩！現在爲了加快社會主義建設的步伐，又一個新的、大規模的淮海戰役在這兒打響了，與過去的淮海戰役只是形式不同而已。老梁！拿出你當年‘飛虎營’的營長樣子來，我們一起在這兒大打一場礦山之仗，不獲全勝絕不收兵。”

“管！”梁輝用當地土話堅定地回答。

“這是一場硬仗，我們就要有一股子殺勁：要摧毀一座碉堡，幹掉！要攻下一塊陣地，拿下！要在這淮海戰場上爲黨爲革命好好幹出一番成績來……”

梁輝注視著方也平興奮的臉，心裡深深地受到鼓舞。他瞭解方也平，在淮海戰役時，是個相當有魄力的師長。看來，如今方也平仍有這樣的革命魄力，怎不叫梁輝由衷地高興呢？

他們眺望著過去的淮海戰場，回想起戰爭的年代，腦海裡映現出炮火連天、硝煙彌漫、千軍萬馬匯集於此的景象。他們站了一會兒，默默地回過身來，注視著紀念碑。在碑下四邊全是浮雕，雕刻著人民解放戰爭時的群像，戰士們都奮勇向前，有抱著炸藥包衝向敵人碉堡的、有端著衝鋒槍衝向敵人陣地的、有吹衝鋒號的、有舉著軍旗的，也有背著醫藥箱的女戰士，其中還有抬擔架、推小車送軍糧的民兵。這些英雄的群像，栩栩如生。他們瞧著瞧著，懷念著爲革命而犧牲的戰友，不覺熱淚盈眶了。

梁輝含著淚說：“爲了不辜負革命先烈的遺志，我們活著的一定要革命到底，勇往直前，這才對得起他們啊！”

“對！”方也平用手帕擦了擦眼睛。

他們默默地站了一會兒，就肩並肩地走下臺階去了。梁輝爲了送方也平上火車去北京，就一起坐一輛草綠色的軍用越野車，讓另一輛車先回去了。小汽車在起伏的坡道上滑行，道旁茂密的松柏發出索索的響聲。穿過廣闊的園林地區，逐漸進入市區。沒有多久，小汽車就在淮海路上奔馳了。那些裝運著採礦器材和鋼軌、枕木、水泥、黃砂的重型卡車，呼啦呼啦地迎面急馳而過，使街道上煙塵滾滾。方也平禁不住說："你看看，老梁！我們光是後勤部門就相當於一個團的兵力。每天要運輸多少器材和裝備？我們要打好這個新的淮海戰役，可不容易哪！工作真是千頭萬緒……"

"工作千頭萬緒，我們就要抓住一個綱，那就是路線。"梁輝很謙虛地微笑著說："在過去的淮海戰役中，我們獨立師全師兩萬多指戰員所以能打勝仗，歸根到底是一條，那就是正確地執行了偉大領袖毛主席的無產階級軍事路線。"

"你提醒得很對！"方也平真誠地點著頭。"就我來說，自從轉入地方工作以後，路線覺悟逐漸淡薄了。總以為驟風暴雨式的階級鬥爭時期已經過去，我們取得了政權，又處在和平時期，路線方面是不會有什麼問題的了。在這次無產階級文化大革命中，使我清醒了不少。我一度忘記了路線鬥爭，站錯了隊，執行了劉少奇的錯誤路線，對黨造成了損失，這是一個深刻的教訓，今後可不能重犯這種錯誤了。在目前的這場礦山之仗中，我們一定要執行獨立自主、自力更生、奮發圖強的建設社會主義方針，要走中國工業自己發展的道路，破除崇洋媚外的錯誤思想，以有生之年，為黨彌補一些過去的損失。"

"我也一樣，老方！"梁輝深有同感地說。

方也平點了一枝香煙，神態莊重地繼續說："目前，我們打算先開三對礦井，這就是三棵樹礦區、新莊和老莊礦區。三棵樹礦區已經施工，第一工程大隊是你熟悉的，是你的老部下，採用的全是新技術，一對三口井，主井用大鑽機，副井用沉井法，風井採用盾構加降水，簡稱盾構法。設備全都是我國自己設計、自己製造的。大鑽機還未搞好，有些人主張向國外進口鋼材和部件，我不同意。沉井法已打到八十米深度，創造了沉井的新紀錄，下一步打算還有待考慮。現在盾構法遇到了不少困難，這種施工方法你是很熟悉的，可是打豎井還是第一次採用……」

對於盾構法，梁輝確實是熟悉的。他曾領導過地下工程的施工，採用的就是盾構掘進。所謂盾構，就是一個圓形的大鋼筒，前進的一面有刃角，如一把圓筒形的刀，隨著這個大鋼筒在表土層下推進，挖出泥砂，尾隨砌隧道。現在打礦井，只是把橫著走的盾構改為豎著向地下推進。盾構加降水，就是當盾構向地下推進時，把水位降下去，防止地下水湧進盾構而造成流砂堆積的危險。

「上級領導指示我們，要走中國工業自己發展的道路，要採用新技術，為改變我國煤礦工業落後面貌作出貢獻。所以，我對三棵樹礦區是特別關注的，未來的新莊和老莊兩個礦區也要走三棵樹礦區的建井道路的。」方也平講到這裡加重了語氣。「現在，新莊和老莊兩個礦區建井工程還未開始，兩個工程隊的工人都已陸續來了。我想再等一些日子，等三棵樹礦區的盾構法和大鑽機試驗成功，也採用這些新技術上馬。但是，鬥爭還是有的，有些人就是死抱住『洋拐棍』不放，就是迷信由外國傳入我國的凍結法，說凍結法『穩妥可靠，行之有效』……」

梁輝過去雖然沒有搞過煤礦建井工作，但在接到通知上這兒來報到之前，已大量地研究了有關煤礦建井方面的資料，對全國煤礦建井施工已有了初步的瞭解了。所謂凍結法，就是把建井的那塊土地的表土層全部凍結，使地下水和流砂讓冰結住，然後用人工開挖下去。這種施工方法確實是陳舊落後的，工人在井下掘進，溫度都在冰點以下，與地面上溫差很大。但在我國目前煤礦建井施工中，是比較普通採用的。此刻梁輝聽了方也平的話，倒有些疑問產生了：盾構法和大鑽機尚在試驗階段，是否能馬上代替凍結法呢？採用凍結法就是崇洋媚外嗎？如果新莊和老莊要等三棵樹礦區的新技術試驗成功後才上馬，那要等多久？兩個工程隊的工人幹什麼呢？這是不是符合多、快、好、省？梁輝這麼一想，倒有點迷惑不解了。

"我們一定要頂住這股歪風。"方也平稍微有些激動地說："這不是小問題，是對堅不堅持毛主席的革命路線的大問題。老梁！你說呢？"

梁輝瞇縫著眼，陷入沉思中了。他聽方也平這麼問，心裡越覺得沒有把握，很難表態，於是反過來問："總工程師的態度呢？"

"陳公仁的態度倒挺堅決，他是主張扔掉'洋拐棍'，反對採用凍結法的。"方也平說到這兒微微笑了笑。

梁輝是聽說過陳公仁的，此人是在英國留過學的專家，相當熟悉煤礦建井施工的情況，是個權威。在無產階級文化大革命中，由於陳公仁崇洋媚外而受過批判。

"此公通過無產階級文化大革命倒有不少改變，對這樣的老知識份子，我們應該發揮他的作用，更好地團結他。"方也平說到這裡，眉宇間透露出一股憂慮的神色。"真想不到，倒是一位新幹部反而竭力支持凍結法，唉！真不可理解。"

"誰？"梁輝猛地扭過頭來問："是不是王大成？"

"對！他不是普通的同志，是我們的副指揮，問題的嚴重性就在這兒。"方也平又很惋惜地說："聽說，王大成在無產階級文化大革命初期曾衝擊過你，這是對的。一般說這個同志有朝氣，正是我們黨要吸收的新鮮血液，這兩天就要開支部會討論他的入黨問題。如果他堅持支持凍結法，同志們一定會認為這是路線問題，怕會給他入黨帶來一些麻煩……唉！我很為他著急，你來了，也可以做做他的思想工作，幫助他更好的進步，你說是不是？"

梁輝沉默不語，又陷入沉思中了。他不明白，一個本來具有一定的路線覺悟的新幹部，為什麼偏偏會在自己即將入黨的時候"偏離"正確路線呢？

"哎！你怎麼老是不說話？"方也平問。

梁輝嚴肅地注視了方也平一眼，思考了一下，這才說："我不瞭解情況，首先要多聽你的介紹。不過，老方！你在我腦子裡提出了不少問號，有待我去進行切實的調查研究。"

方也平笑了："你變得耐心、細緻了。"

這時候，汽車在車站門口停了下來。梁輝幫方也平提著行李，一起走進了車站。方也平站在月臺上，見梁輝一直沉默不語，有點驚訝，不覺問："你怎麼了？有心事？"梁輝忽然感到心裡有許多話要說，但不知怎麼說才好。恰在這時，列車進了站，梁輝送方也平上了車以後才說："一切等你回來再說吧！"

"好吧！有我們說話的時候。"方也平站在車門口說："我在京開會期間，這裡礦上工作由你全面負責了。你快回去吧！大夥在等著你呢！"

列車載著方也平遠去了。梁輝站在月臺上，一動不動，腦海裡不斷迴響著方也平的聲音……

二

氣候突然起了變化，傍晚時，下起暴雨來了。

草綠色的軍用越野車，在坎坷不平的、還沒有竣工的公路上行駛著，車燈的光束在路面上晃動，道路變得越來越泥濘，車輪上滾滿了粘土。

黃豆大的雨點打在車篷上，咚咚直響。

大新煤礦的大型發電廠正在施工，工地上一片燈火，到處都熱氣騰騰。梁輝坐在顛簸的車座上，一直注視著車窗外的景象。

他很想下車到電廠工地去走一下,瞭解一點情況。可司機不同意,說是新修的公路越來越泥濘,太晚了,路面變軟、變黏,汽車會開不動的。司機的話一點不假,現在汽車已經行駛得很艱難了。

沒有多久,梁輝的目光透過車窗的有機玻璃看去,只見在暴雨下的原野裡,出現一大片銀河似的繁星點點的燈光,原來成千上萬的民工正在冒雨修築鐵路和公路,人聲、鍬聲、騾叫馬嘶,沸沸騰騰。人們抬的抬,挑的挑,還有膠輪大車在扭扭歪歪搖晃。這鐵路和公路都直通煤礦,這是以後年年月月千萬噸煤炭的運輸線。梁輝感到心裡熱乎乎的,神態顯得很激動,他一閉上眼彷彿看到了當年淮海戰役時的情景,成千上萬的民工,有推小車送軍糧的,有抬擔架的,有肩背、挑擔的,人流滾滾地在這淮海地區原野上移動……梁輝心裡想:"如果說過去淮海戰役時是人民戰爭,難道今天不是又一場人民戰爭嗎?所不同的是,過去是為了消滅蔣介石的反動軍隊,解放全中國;今天是為了從這數百米深的地下取得煤炭,建設社會主義的新中國。"暴雨下得太大了,民工們已開始停止施工,人流逐漸聚集了起來,向著一個方向走去。道路很快堵塞了。

"我們已到哪兒啦?"梁輝隨口問。

"正好靠近三棵樹礦區。"

忽然天空亮起了閃電,梁輝看到了不遠處矗立在夜空中的井架ⅰ梁輝又問:"汽車還能往前開嗎?"

司機回答說:"不行,快開不動了。"

"好!我們先到三棵樹礦區去歇下。"

汽車搖晃著、跳動著,向一條叉路開去。大暴雨已過去,雨下得小了。可是雷聲還在隆隆地響,聲音好像是貼著地面滾過來的,真是名不虛傳的滾地雷啊!

司機突然停住了車,回過頭說:"梁輝同志,目前三棵樹礦區群眾意見很多,矛盾不少,指揮部的總工程師陳公仁、工程組副組長劉克西等領導都不願到這兒來……因爲這裡的群眾有很多意見，會逼著你表態的。你剛來，情況還不清楚，去了恐怕……」

「哦？」梁輝的濃眉揚了起來，瞇著的眼睛突然變得十分明亮了。如果在戰場上，那只有遇到有大仗可打的時候，他才有這種神態。他一揮手說：「群眾意見多，這證明這兒的群眾都發動起來了，關心煤礦的建設，這是大好事嘛，怎麼反倒害怕呢？你往前開，我決定在這兒歇下了。」

「那 —— 好吧！」司機又開動了汽車。

當汽車開近三棵樹礦區的井架時，梁輝忽然看見黑黝黝的田野裡有一盞礦燈在閃亮著，奇怪！這裡怎麼會無緣無故出現一盞礦燈的呢？這時天空中閃電一亮，梁輝恍惚地看到那邊的一口井邊好像有一個人。梁輝叫司機停一下車，打算步行走到工地去看一看；他下了汽車，叫司機先把車開進礦區的車棚裡去。雨很小，淅淅瀝瀝地下著。梁輝披著黑色的防水服，邁開穩重的大象腳步，在十分泥濘的田野中走過去。他走近了那盞亮著礦燈的地方，看得出有個坐著的人影子。他大聲問：「是誰？」

那盞礦燈轉了過來，燈光直線照在梁輝的臉上，使他瞇起了尖銳的眼睛。原來礦燈是插在礦工帽上的，礦工的眼睛向什麼方向看，燈光就會照向什麼方向。大概對方看清了來人的面貌了，大聲叫起來：「啊！梁輝同志，你來啦？」聲音很清脆，分明是一個女同志的聲音。

「韓珍！你幹嘛坐在這兒？」梁輝一聽聲音就知道是誰了。過去梁輝曾領導第一工程大隊進行地下隧道施工，他當然熟悉隊裡的一些幹部。何況韓珍是隊裡唯一的女工程師，是個性格潑辣、工作幹練的女同志。

韓珍沒有立即回答，似乎把話噎住了。

梁輝走近了她，礦燈的燈光照向了漆黑的夜空，那是韓珍仰起了臉瞧著梁輝的緣故。梁輝借著礦燈的散光，清楚地看到了她那張激動的秀美的臉，她眼角下似乎在流著眼淚，分不清，也許是雨水吧？梁輝估計韓珍一定有什麼心事，也許是工作上遇到很大的困難了。

"你在哭……這不像共產黨員的性格。"

"不，是雨水！'，韓珍連忙分辯著說。

梁輝微微一笑，說："那隨便你說囉！天知道是什麼？"韓珍沒再說什麼，梁輝沉默了一下，說："說說吧，出了什麼事啦？"

"盾構不能推，井裡水位降不下去。"韓珍激動的情緒平伏了下來，憂鬱地說："這裡地層情況很複雜，表土層有一百四十八米，流砂層多，有十九層，最厚的有三米五，地下水的湧水量最高達到每小時三千噸。我們在風井周圍打了十六口降水小井，用了十六台抽水泵，可是水位只能降到九十四米左右，盾構推進到九十六米就下不去了。"

梁輝的濃眉蹙緊了。"指揮部知道了嗎？"

"他們全知道，只有副指揮王大成下來，總工程師陳公仁和工程組副組長劉克西都不願下來解決問題，好像我們會把他們一口吞掉似的，怕得要命。"

梁輝又問："王大成怎麼說？"

"他是一月革命時殺出來的造反派，是新幹部，作風倒挺深入的。"韓珍聽到梁輝在呵呵地笑，這才想起王大成過去衝擊過梁輝的事，連忙轉換了話題說："他下來後，和工人們一起商量、研究，認為再增加四口降水小井的深度，用四台深井潛水泵來抽水，可以把水位再降低。"

"這主意不錯吧？"梁輝點著頭說了一句。

"可是工程組劉克西說：'到哪兒去弄深井潛水泵？全是空話。就是要上海加工，那也遠水救不得近火。'……"

梁輝聽了，立即握著拳頭一揮，說："怎麼能這樣指揮施工呢？"

　　“現在，我們三棵樹礦區問題很多。盾構法也遇到了這樣的困難。主井由於大鑽機部件不齊還未動工。副井用沉井法，已下到表土層八十米了，創造了沉井法打豎井的最高紀錄，這是一個勝利，下面該用凍結法開挖下去。可是指揮部除了王大成以外，都反對使用凍結法，說凍結法是從外國傳入我國採礦工業的洋辦法，不能用。這樣一來，副井只能停止施工了。” 韓珍說到這兒，又激動了起來，說：“在這種情況下，工人們都很急，意見很多。從整個大新煤礦來看，新莊與老莊兩個礦區至今還未開始施工，指揮部說要等我們三棵樹礦區兩項新技術成功以後，用新的施工方法來施工。這樣下去，我們到哪一年才能出煤炭？老是等待、等待！”

　　聽了這些情況，好像一團亂麻，真是錯綜複雜。梁輝沉思了一下，從這紛亂的事情中，理出了一個問題：“難道採用凍結法就是崇洋媚外？就是不堅持獨立自主、自力更生的路線？”就像面對一隻時鐘，他懷疑有了誤差，可是把時針撥到那個點上才是正確的呢？誤差有多大呢？

　　“有些人已經在刮冷風，叫嚷三棵樹礦區的一對井早晚要下馬了。” 韓珍說這話時顯得很痛苦、也很傷心。“梁輝同志，你說氣人不氣人？真叫人受不了啊！”

　　“那你就這麼一個人坐在這兒傷心啦？”

　　突然，天空中閃電一亮，韓珍向旁邊一口報廢的井筒一指說：“梁輝同志，你看！”在電光下，在礦燈的照射下，地面上有一口水泥的、圓形的大井筒，井筒露出地面兩米，周圍長滿了野草，讓人感到荒涼。在井筒四邊不遠處，有三棵被鋸掉的大樹的樹椿，樹根還節節攀攀爬在地上。

　　“這口煤井，就是一九六二年本地礦務局搞的，但是被劉少奇的錯誤路線砍掉了，下馬了。” 韓珍憤怒得聲音也變了。“劉少奇還作了三條黑指示：一是地方不能搞，二是沒有外國專家不能搞，三是沒有外國的建井設備不能搞。完全是崇洋媚外的洋奴哲學。今天又刮起了這股類似的冷風，我們能忍受嗎？難道我們三棵樹礦區的一對井又要下馬了嗎？"

梁輝斬釘截鐵地說："辦不到！"這聲音洪亮、堅決，有一種氣勢磅礴的力量。韓珍站在梁輝魁梧、壯實、剛強有力的身軀旁邊，彷彿給她增添了巨大的力量。

"說這些話的是哪些人？"梁輝嚴峻地問。

"其中就有劉克西。他說：'韓珍！你那個盾構打豎井是下不去的，別逞能了，弄不好三棵樹一對井全下馬，這可不是小事啊！'真奇怪，這個人為什麼對盾構這麼反感？對我也總是冷冰冰的。過去，我對他並不熟，也沒有打過什麼交道，怎麼無緣無故會變成我的冤家？"

"他是公開跟你講的嗎？"

"不，他是私下說的。"

"哼！這個人……這種話當然是不能見太陽的。"梁輝接著用十分關切的口吻說："對你壓力很大吧？韓珍！不要緊，但是要清醒，可能是我們在執行建礦路線方面有什麼偏差，給右的思想以可乘之機了。對劉克西這個人，我過去還是有所瞭解的……"

確實，梁輝對劉克西並不陌生，一提起這個人，梁輝的頭腦裡就會出現一雙經常有點浮腫的金魚眼。劉克西的本人情況很簡單，出身在一個普通的職員家庭裡。本人是舊大學畢業的，學的是文科。今年四十幾歲。解放以來，他曾當了多年辦事員，一度也流露過知識份子"懷才不遇"、"不受重用"等錯誤思想。但他有一定的辦事能力，有人說他"工作比較踏實"，後來也不知怎麼搞的，在一九五八年入了黨。由於劉少奇的"入黨做官論"的影響，他因入黨後未受提拔，心懷不滿，所以在國家遭受三年自然災害時期，立場動搖，滿口胡扯，在四清運動中被清查、批判過。一九六四年，梁輝擔任"七三一"工程處黨委副書記時，有人提議讓劉克西擔任技術科科長。梁輝在黨委會上表示不同意。事後，並找劉克西談了次話，強調思想改造的重要性，希望他下功夫改造自己，爲人民服務。劉克西卻因此對梁輝耿耿於懷，很不滿。後來，梁輝調到“四〇八”工程處去了，新接任的一位副書記不瞭解情況，不久就提升劉克西爲科長了。無產階級文化大革命開始以後，劉克西打著“造反”旗號，貼了梁輝許多大字報，說梁輝對他“打擊報復”。群眾的眼睛是雪亮的，他們揭露了劉克西是在“渾水摸魚”，批判了他的資產階級個人主義。自然，這終究還是思想意識問題，群眾批判他一下，他自己也作了檢查，事情就算了結。後來，一度表現還比較老實，兩年前被調到大新煤礦來了。對這一些情況，梁輝是完全清楚的。但如今劉克西爲什麼對韓珍、對盾構法施工，抱這種態度，梁輝就不清楚了。所以他也不便多說什麼。

　　“走！看看井去！”梁輝邁開穩重有力的腳步，向著工地走去。

　　韓珍隨在他身後，跟著他堅實的腳步，感到自己心裡踏實多了。作爲一個三十五歲的工程技術人員，她還算是年輕的。過去，她在梁輝領導下，分擔過一些施工方面的責任，但跟今天比起來，那時的擔子輕多了。用盾構開掘豎井是礦井建井中的一項創舉。在國外，也沒有先例。如今，就是她那樣的一個女同志，制訂和設計了這個方案。她肩上的擔子就更重了。她多麼盼望有個堅強而正確的領導來支持她啊！

　　“梁輝同志！我有一個問題要請教你。”韓珍忍不住說：“你認爲我們指揮部目前貫徹的建礦路線有沒有問題？”

　　“不要請教我，要請教你自己和群眾，我今天就是在請教你，還要請教群眾。”梁輝聽到韓珍的提問顯然感到很高興。他真誠地說：“你所提的問題，也正是我在思考的問題。用什麼來判斷呢？我感到要讀一讀列寧的《共產主義運動中的‘左派’幼稚病》,你也讀一下,看看我的感覺是否對頭,以後告訴我,好不好?"

韓珍默默地點了點頭,不再問了。

他們走到了井架的下邊,來到了風井的井口。井架周圍降水井的抽水泵全都在"崆腔腔"地轟鳴。抽上來的地下水,嘩嘩地流向附近的排水池中去了。

"呵 — 梁輝同志來啦!"老模範、掘進班長馬連玉正在井口工作,一見梁輝就欣喜地迎了上來。馬連玉四十四歲,瘦長個子;由於多年在野外施工,顯得比他實際年齡蒼老了一些。他直率地說:"我還以為指揮部主要領導除了王大成以外再也沒人敢來啦。"

掘進工張小龍說:"梁輝同志又不是膽小怕事的領導。可沒想到來得這麼快,到底還是當過'飛虎營'營長的啊!"

"嗨!我也差一點被你們嚇跑了。"梁輝幽默地笑著說:"因為我的大象腿太重,給黏土黏在這兒啦!"

工人們都哄笑了起來,大家活躍了。

梁輝穿好防水雨衣,把韓珍頭上的那頂礦工帽戴在自己頭上,雙手往吊桶上一撐,魁梧的身體升了上去,他一下子爬進了吊桶,揮著手對馬連玉說:"通知絞車房,把我放下去,我要親自看看井下的情況。"

"下面有水,萬一突然大湧水,你太危險……"

"別婆婆媽媽的,放!"梁輝大聲地下了命令。

馬連玉無可奈何地搖了搖頭,他知道梁輝的脾氣,決定了的事情是絕不動搖的。只得說:"小心!放!"

鋼纜把吊桶吊起來,又慢慢地往井口下面放了。梁輝站在吊桶裡,觀察著井壁的縫隙處透水情況。隨著吊桶下放,井筒變得黑沉沉的。梁輝向下看去,只覺深不見底。其實才不過只有九十多米的井深。一到下面,井壁滲透的水淋下來,像下大暴雨似的。

“咚”地一聲，吊桶底部碰到井下水了。在礦燈照射下，盾構像個無底的大鋼桶，有一半沒在水裡了。看來不降低地下水位，確實是無法開掘下去。他拿著礦燈搖晃著，打著信號。上面鋼纜又往上吊了。

梁輝從大吊桶上下來，默默地巡視了大家一眼，大家也注視著他。好像什麼話也不用說，一切全明白了。梁輝拍了拍馬連玉的肩膀，猛地返過身，走向調度室。他拿起電話，大聲地說：“喂！接指揮部工程組！”

馬連玉、韓珍和工人們全都注視著梁輝。

“你是誰？嗯……誰？哦，是劉克西，我是梁輝，我現在在三棵樹礦區風井的井口，這裡地下水位降不下去，盾構不能推進，怎麼辦？你們考慮了嗎？什麼？沒有深井潛水泵，有困難……”梁輝生起氣來，激動地反駁道，“難道就這麼忍心？瞧著他們停工？什麼？只有向國外去訂貨？中國的難道不能用？沒有，什麼沒有？請馬上向上海東風電機廠掛長途電話，他們剛剛試製成功了九十二矸的深井潛水泵……你不知道，太不像話了。……要四台，用卡車直接運來，立即起運……”

梁輝放下電話聽筒，激憤地握緊了拳頭。他沉默了一會兒，走近馬連玉，雙手放在他的肩上，說：“老馬！等一兩天你們就會有深井潛水泵，就能打四口更深的降水井，就能繼續施工了。”

韓珍激動得小聲地哭了。馬連玉含著熱淚說：“梁輝同志，我們一定把盾構沉到底！”

工人們也激動地說：“我們向黨保證。”

梁輝在三棵樹礦區最困難的時刻，以自己的實際行動支持了盾構法施工，支持了新生事物，工人群眾的心一下子和梁輝靠得更緊了。大家圍住了梁輝，紛紛談出了自己對煤礦建設的意見，強烈地批評了指揮部的有關領導幹部。張小龍把梁輝帶到副井的井口，憤怒地說：“你看看，梁輝同志！這口井我們用沉井法已打了幾十米深,我們提出用凍結法完工。可指揮部硬是不讓,眼看著這口井荒廢著,這叫人多麼痛心啊!"

"還批評我們工人有崇洋迷外思想!"

"眼看著新莊和老莊兩個礦區在那裡窩工,就是不許採用凍結法上馬,這樣等下去,我們到哪一年出煤啊!現在,大家再也坐不住了,他們自己起來蓋凍結房,不管領導上怎麼樣,他們自己準備用凍結法施工了。"

"我們也要這麼幹,在副井蓋凍結房。"

當工人們提意見時,梁輝始終耐心地、仔細地傾聽著,既不插話,也不打斷大家的議論。正當大家這麼說著,突然張小龍問:"梁輝同志,你支援我們的意見嗎?"

大家一下了沉默了,注視著梁輝的臉容。

梁輝震動了一下,他意識到自己這一個表態是非同小可的事。自己對盾構法施工已用實際行動表了態,對凍結法施工呢?表什麼態呢?如果支持的話,對整個大新煤礦影響將多大?千斤萬斤的重擔一下子壓到了梁輝的肩上,梁輝是感覺到這副擔子的重量的,這可是一次嚴重的考驗啊!

"同志們!"梁輝環視著一張張充滿革命熱情的臉,心情很激動。這是多麼好的工人同志啊!他們關心革命工作勝於一切,他們都信任自己,怎麼說呢?"同志們!我的心是跟你們貼在一起的,但我剛來,下馬伊始,就稀裡嘩啦,可不是共產黨員的作風。請同志們稍許給我一點點時間,讓我把情況瞭解得全面些。那時,我們再一道研究,好不好?"

工人們完全理解梁輝的心情,每個人都愉快地笑了。他們已從心裡感到梁輝是支持大家的了。大家看看時間已晚,也不多說,讓梁輝去休息了。

當馬連玉、韓珍陪著梁輝到宿舍去時,馬連玉憋不住說:"大家都在考慮一個問題,領導執行的建礦路線究竟對不對?我感到不大對頭啊！"

梁輝猛地站住了。馬連玉的話就像一道閃電，在梁輝心裡一亮，與他自己心裡反覆思考無數遍的想法結合在一起，水乳交融，成爲一體了。他增強了信念，感到了一種巨大的力量。他回頭看了看馬連玉，見他沒再說下去，這才邁開腳步繼續沉思著往前走了。

韓珍也回到了自己的宿舍。雨早已停了，天空中開始變得清澈明亮，就像墨藍色的水晶，星星也在閃閃耀耀的了。韓珍洗過臉，坐在寫字臺前，把《列寧選集》第四卷打開，找到了梁輝要她讀一讀的那篇文章。她讀著讀著，突然感到自己心裡亮堂了。列寧說："因爲任何真理，如果把它說得'過火'（如老狄慈根所指出的那樣），加以誇大。把它運用到實際所能應用的範圍以外去，便可以弄到荒謬絕倫的地步，而且在這種情形下。甚至必然會變成荒謬絕倫的東西。"在另一處又說："這是無可爭辯的真理。然而。只要再多走一小步，彷彿是向同一方向邁的一小步，真理便會變成錯誤。"韓珍托著臉沉思起來了。

一陣清新的風吹進窗戶來，把她剪短的頭髮吹得飄動起來。她打算關窗，忽然看見一個身材魁梧的大漢在院子裡踱步，啊！是梁輝吧？是他。梁輝很少抽煙，現在他一邊抽著煙，一邊邁開腳步，緩慢地繞著一個圓圈在踱步。韓珍猜想，梁輝一定也是在思考著全礦的大是大非問題，路線問題。她不想打擾他，就悄悄地關上了窗戶。開始還聽到梁輝堅實的腳步聲，後來輕下去了。

韓珍睡到床上，想起梁輝的話："你在哭……這可不像共產黨員的性格。"感到臉上熱辣辣的。她感到自己身上缺少一種東西，是什麼？對，是梁輝身上所有的那種不可動搖的、堅強的革命信念。這時，她又聽到窗外傳來梁輝"嚓嚓"的腳步聲。她傾聽著這堅定扎實的聲音，聽著，聽著，她睡著了。她睡得那麼甜蜜，那麼舒坦！多少個不眠之夜啊，換來了今夜的酣眠。是什麼使她心情安定了呢？是梁輝堅實的腳步聲嗎？是的，是的。不要羞愧，韓珍，你挑慣了革命重擔，一定也會練就共產黨員的性格的。一個願意把自己的青春獻給革命的同志，是高貴的。你，韓珍，就是這樣一個同志。三十五歲了，你忘記了自己，甚至忘記了人生的一件生活慣例，忘記了結婚。你睡在簡陋的工棚，你工作在風風雨雨的野外，你吃在轟轟鬧鬧的工人食堂。只有能爲革命貢獻自己一切的同志，才能對未來的共產主義大廈自豪地說："我曾爲它增添過一磚一瓦！"這就是一個革命者最高的獎賞，除此之外，還需要什麼呢？

在韓珍酣睡時，梁輝堅實的腳步聲一直在響著。這個貧農的兒子，這個經過抗日戰爭嚴酷的鍛鍊的民兵隊長，這個在解放戰爭中身經百戰的指揮員，在今天這樣的夜晚是無法安睡了。他是有樸素的階級感情的，後來感到不夠了。他是有一定的階級鬥爭經驗的，後來感到不夠了。他是有機智勇敢的作戰經驗的，後來感到不夠了。這些不夠，是他經過無產階級文化大革命以後感到的。他感到要與工人群眾一起用無產階級感情去分辨路線，要用階級鬥爭的觀點去分析路線，要以無私的戰鬥精神去捍衛毛主席的革命路線。無產階級文化大革命的熊熊烈火，熔煉了他的一顆革命的紅心，使他永遠記住："在革命的征途上，每走一步都要看看是否走在毛主席的革命路線上？"爲了使大新煤礦正確地沿著毛主席所指向的航道前進，他在苦思冥想，徹夜不眠……

一夜過去了。太陽光透過窗戶照在韓珍的臉上，她醒來了。她起了床，洗了臉，推開門一看院子，吃驚地呆住了。

院子的泥地上，有一個圓形的、像汽車輪胎壓出來的凹坑，顯然這是梁輝沉重的腳踩出來的，可見他踱步踱了一夜，思考了一夜。在那圓形的凹坑旁的地上，扔滿了煙蒂……

韓珍瞧著這一切，眼眶濕了。

從工地那邊，隨風傳來了工人群眾的熱烈的掌聲和歡呼聲，就像山呼海嘯。韓珍猛地清醒過來，向工地跑去。在讓雨衝刷得亮閃閃的輕軌上、汽油桶上、料石上、井架上，到處都是人，人們的臉是那麼興奮、那麼激動。韓珍從人群中擠過去，看見梁輝魁梧的身軀正從一隻汽油桶上下來，走向草綠色的軍用越野車。他已經講完話了，要到指揮部去了。韓珍和工人群眾一起送梁輝上車，汽車“呼”地一下奔馳起來，顛簸著、搖晃著，逐漸遠去了。

三

綠波蕩漾的淮海湖，在晨輝照耀下，微波粼粼。雁群此起彼落，有的在湖面上飛掠，有的懶洋洋地氽在水面上。片片漁舟，三三兩兩地散佈在湖面，那勤勞的漁人已在撒網打魚了。煤礦地質勘探隊的鑽機鋼塔，一座一座地矗立在湖畔，使淮海湖的自然景色別有一番風姿。這時，沿著湖畔的公路上，王大成騎著一輛自行車急馳而來。昨晚他宿在新莊礦區，因此一清早就回指揮部來開會了。微風吹拂著湖邊的蘆葦，蘆花的香味一陣一陣迎面撲來，給人一種清新的氣息。

王大成十分喜愛淮海湖畔的景色，因爲在這湖下蘊藏著很厚的煤層。在這秋高氣爽、朝暉萬里的時刻，看來他本人也顯得更加朝氣蓬勃。三十六歲的年紀了，但看上去還是那麼年輕。黑蒼蒼的長方臉上，有一雙機靈的眼睛。他身材中等，卻有著運動員那樣的體格，這大概是由於他常弄弄單槓、雙槓的緣故。煤礦周圍的老鄉，根本看不出他是指揮部的主要領導幹部，還以爲他是一個普通工人哩！因爲他總是穿一身勞動布的工作服，保持著鉗工的本色。

公路伸向遼闊的田野，是一片大平原。遠處，出現了居民區；原來荒涼的田野上，如今一幢幢四五層的高樓平地而起。這些乳黃色的、青灰色的房屋,被當地的老鄉稱作 "上海式的大洋樓"。這裡有大新煤礦指揮部辦公大樓,有一座中型的礦工醫院,還有正在建造的文化館、劇場、百貨商店。這裡將是未來居住幾萬人口的煤城。……

當王大成騎著自行車進入中心街道時,街頭上人來人往,車輛穿梭一般馳過,已經顯得熱鬧了。

"大成同志!" 忽然王大成聽到背後有人叫。

王大成跳下自行車回頭一看,向著自己奔跑過來的是劉克西。胖乎乎的劉克西,有一張黃黃的圓臉膛,有一雙老是帶點浮腫的金魚眼。他穿著很 "樸素",簡直 "樸素" 得太過分了。一身藍卡其的制服,舊得變成醬油色,領口破破爛爛,身上身下,補釘上再打補釘,袖口上還拖著線頭、布條子,好像他每時每刻都在向人顯示:"看!我是多麼艱苦樸素啊!" 王大成很看不慣他這種裝模作樣的打扮,一再向他指出 "老劉!你應該穿得乾淨點嘛!" 劉克西一聽這話,反而很得意,好像這是一種表揚。

"大成同志!聽到消息了嗎?" 劉克西跟上了王大成,帶點神秘的神情問。

王大成搖了搖頭,不知道劉克西指的是什麼消息。

"你怎麼這麼閉塞?梁輝同志已經來啦!"

"哦!這很好嘛,可大大加強領導力量了。" 王大成笑了笑說:"看你大驚小怪的,又不是 '原子彈爆炸'。"

"你啊!真是的……" 劉克西苦笑了一下。

王大成怎麼能理解劉克西的心思呢?梁輝的到來,這對劉克西來說,真好像 "原子彈爆炸",內心中震動很大。在他的心目中,梁輝是個很 "厲害" 的人,心裡總有點恐懼。

昨天晚上,他接到梁輝從三棵樹礦區打來的電話,讓梁輝嚴厲地批評了一次,真有點膽顫心驚。在過去,他特別害怕梁輝那一雙老是瞇縫著的眼睛,總感到這雙眼睛一直在觀察自己,彷彿自己心中不可告人的心思會讓梁輝一眼看透了似的。昨天晚上他挨了梁輝的批評，也有這樣的感覺，好像自己有意刁難韓珍的想法已被梁輝識透了。所以，他一夜沒有睡好，真有點心慌意亂了。

人們常說：“樹有根，水有源。”劉克西這個黨員幹部所以會成為這樣一個人，也是有根源的。他父親是個一生“鬱鬱不得志”的舊知識份子，母親出身在一個“詩禮傳家”的名門望族，一個是終身當個小職員，一個是終身當個小學教師。祖輩家境的破落，給他父母心境上留下淒涼與失望的痕跡。他們中年得子，生下了劉克西，於是便把家道中興的希望寄託到他的身上。因此在劉克西五六歲起，父母就教他讀《三字經》，讀孔丘的《論語》了。幾年以後，幼年的劉克西對孔孟的書已讀得滾瓜爛熟。到十九歲進了大學，讀了四年文科。還沒有畢業，全國就解放了。他的頭腦裡，從小就深深地耳上了“學而優則仕”以及孔孟修身養性的邪說，特別牢記著子思所說的“莫見乎隱，莫顯乎微，故君子必慎其獨也”，就是怎麼樣不讓自己內心懷有的不好的動機隱藏起來，獨處反省，修身養性。只有這樣“克己復禮”才能當大官。當他開始踏上社會時，他父親曾有一番囑咐，說：“時代不同啦，靠半部《論語》走天下是不行了。但為人處世之道，還是適用的，得自勉呀！”解放以後，他讀了劉少奇的論《修養》，感到自己的舊思想找到了新形式，如獲至寶。他修身養性，假裝積極，混入了黨內。但他的“雄心”幾經挫折，“懷才不遇”的心情時時縈繞在他的心頭。

大新煤礦初建時，劉克西就參加了籌建工作。由於他在業務上有一點能力，就被提升為工程組副組長。但他並不滿足，一心想爬上組長和副指揮的崗位。他處處討好方也平，迎合他的觀點，但他萬萬沒有想到，居然會探到這樣一個對他不利的風聲：為了培養女幹部，指揮部黨委曾打算提升韓珍為副指揮兼工程組組長。這使劉克西立即感到自己的“前進道路”上，遇到了障礙。

於是，他在暗中千方百計想踢掉這塊障礙物 ── 韓珍。他怕韓珍設計的盾構法施工成功，這將會大大提高韓珍的威信，有利於她的提升。於是，他處處進行刁難，甚至明明知道上海有工廠製造深井潛水泵，也說沒有，藉口要向國外進口。誰知"釘頭碰著鐵頭"，又讓梁輝頂掉，自己的打算落空了。

在劉克西意志消沉時，他會產生一種強烈的仇恨，恨自己"生不逢時"，恨自己不該生活在這樣一個新社會，對黨對社會主義制度都沒有好感了。昨天一夜，這些思想情緒又再次湧上心頭。由於沒有睡好，眼睛也更加浮腫了。現在在路上看見王大成，他靈機一動，就叫住了王大成……

"聽說你在一月革命的時候，衝擊過梁輝同志？"劉克西微微笑著說："這對一個具有無產階級革命胸懷的老幹部來說，照理是能正確對待的。但另一種人就不同了。"

王大成猛地停住了腳步，態度變得嚴肅了。他注視著劉克西，在揣摸劉克西說這話的意思。

"對梁輝，我是有些看法的。四清運動中，我向他提了一些意見，結果在討論提拔我擔任技術科長時，他搞了我一下，唉！怎麼說呢？"劉克西把話噎住，停了停，然後又吞吞吐吐地說："不說了，這沒什麼意思。今天不是要開黨支部會嗎？像你這樣的勃幹部，入黨問題早就應該解決了。我個人舉雙手贊成。不過我先打個招呼，可能我也要向你提一些意見。這種意見，我不提，別人也會提，無非是說你支援凍結法上馬是錯誤的……至於梁輝，他是否往事重提，我就不知道了。"

王大成感到奇怪起來，劉克西為什麼要在這個時候向自己說這些話呢？這是不利於領導班子團結的話，是不應該向自己說的。王大成在政治上是比較敏感的，雖然他的經歷比較簡單，初中畢業後就進工廠做工，做了十多年鉗工，但是他學習馬列主義和毛澤東思想是很認真的，特別是通過無產階級文化大革命的鍛鍊，階級鬥爭和路線鬥爭的覺悟有了很大的提高。他始終記住：
人的本質"是一切社會關係的總和"，很注意通過人與人的關係
來觀察階級鬥爭和路線鬥爭的動向。於是說："老劉！你說這一
些幹什麼？"

"沒什麼，同志之間隨便交流一些思想嘛。"

劉克西這麼說著，就抬了抬手，先向指揮部大門口走去了。

王大成也隨著進了大門，放好自行車，就上了樓，到了自己
的辦公室。他坐下以後，細細分析了一下劉克西的話，感到他的
話有兩種意思，一是暗示梁輝會在自己入黨問題上打擊報復；二
是他反對凍結法上馬，事先打個招呼避免得罪自己。

對梁輝這個老幹部，王大成沒有忘記一月革命時的一件事。
那時，因為舊黨委執行劉少奇的資產階級反動路線，革命造反派
開始衝擊舊黨委了。一天，王大成正好拿著寫好的大字報、大標
語，拎著糨糊桶，準備在辦公樓門口刷起來。剛巧梁輝從樓上下
來，問："小王！你又貼誰的大字報、大標語啦？"王大成見了
梁輝，理直氣壯地把大標語一抖，攤了開來，只見上面寫著："梁
輝執行資產階級反動路線必須徹底批判！"梁輝從頭到底看了標
語，就拎起糨糊桶，拿著大掃帚往牆上刷糨糊，說："小王！你
貼！"王大成見梁輝有這樣的氣魄，心裡不免暗暗有點敬佩。就
這樣，梁輝幫王大成把所有大字報、大標語全都貼完了。當時，
造反派並不知道黨委的內部情況，後來才知道，梁輝對黨委執行
資產階級反動路線也是有鬥爭的。所以，梁輝是最早站出來的老
幹部，不久就結合進革命委員會了。

"不，梁輝絕不是那種人！"王大成把劉克西的暗示否定
了。他認為梁輝正是自己學習的榜樣，如果他在支部會上對自己
提出了尖銳的批評，就應該特別重視。而且，自己更應該以黨章
的標準嚴格要求自己，不斷努力。但當他想到劉克西為什麼要說
這種話時，他立刻就警惕起來，覺得劉克西一定有什麼不可告人

的目的了。

正在這時,總工程師陳公仁走了進來。

王大成連忙站起身說:"陳總!你有事嗎?請坐!"

陳公仁是個禿了頂的老頭,年已六十歲了。稀疏的頭髮全都白了,眉毛是灰的,很長。臉型看來挺善良,一看就知道是個"好好先生"。他穿了件勞動布的上裝,下身卻是筆挺的西褲,有點不倫不類的樣子。他一邊走進辦公室來,一邊兩手搓著,又摸摸臉,好像在往臉上擦雪花膏似的。他有點愁眉苦臉,未坐下先歎了口氣說:"真叫人坐立不安啊!小王!我雖然是從英國留學回來的舊知識份子,可愛國心總是有的,我擁護黨,擁護社會主義,擁護毛主席,至少也有'一愛三擁護'吧?眼看著新莊和老莊兩個礦區遲遲不能進行建井施工,四千多工人在那裡窩工,浪費國家資金,怎不叫人心痛?"

王大成笑了,遞一枝香煙給陳公仁,還幫他點了火,說:"既然這樣,先採用凍結上馬的建議,你爲什麼不支持?"

"難哪!小王。"陳公仁悶聲悶氣地說。

"有什麼難處呢?堅持真理嘛!"

"我跟你不一樣,比方說採用凍結法上馬,這種話你可以說,我可不敢說。"陳公仁坐在椅子上,弓著背,搖著頭。隨著一口煙吐出來,他又歎了口氣,說:"我是喝過洋墨汁,吃過洋麵包,專講 ABC 的人,過去崇洋思想確實很嚴重,滿腦子洋奴哲學。無產階級文化大革命,衝了我一下,批了我一下,好得很!我清醒過來了。"

王大成說:"那不是很好嗎?"

"當然好!我再也不想舊病復發,就得特別警惕自己才對啊。"陳公仁似乎推心置腹地說:"所以,對於新莊和老莊先採用凍結法上馬的主張,我就得慎重了嘛!"

"在路線問題上,你可不能採取明哲保身的態度啊!"王大成態度嚴肅地說："我希望你能丟掉一個'怕'字，把革命的責任感增強起來，堅持正確觀點。"

"唉！難哪！真難。"陳公仁站起來了。

王大成關心地問："這幾天飯吃得下嗎？"

陳公仁搖頭："吃不下！"

王大成又問："覺睡得好嗎？"

陳公仁又搖頭："睡不好！"

"這說明你關心工程建設，責任心還是有的嘛，可得想辦法啊！"

陳公仁聽到表揚自己，感到欣慰，半晌，搖搖頭說："沒辦法。"

王大成惋惜地微笑了。

陳公仁走到門口，又回過身來說："梁輝同志來了，要是他把我們指揮部的方向盤調整一下，把路線的針頭撥撥正，那我真是歡天喜地、謝天謝地了。"

這一次，王大成忍不住哈哈大笑了。

陳公仁走了不久，突然門口有人叫："小王！"王大成朝門口一看，見是梁輝，立即高興地迎了上去。梁輝握住了王大成的手說："今天討論你的組織問題，這對一個革命同志來說可是一件大事，大家對你很關心，你得好好聽一聽同志們的意見哪！"兩人邊說邊走，到會議室去了。

走進會議室，梁輝與王大成發覺出席黨支部大會的人都到齊了。會議室裡氣氛很嚴肅，都在小聲地說著話。

梁輝與王大成的到來，引起不少人的注意。王大成過去衝擊過梁輝的事，大家都是知道的，也不在意。但一經劉克西的"宣揚"，卻引起了人們的關切。那些熟悉梁輝的同志，並不贊同劉克西的估計。如今見梁輝和王大成並肩進來，腳步穩重、堅實，態度自然、開朗，氣氛就顯得融洽了。

　　黨員們展開了討論，評論王大成的表現。一致肯定王大成在無產階級文化大革命中所表現的階級鬥爭和路線鬥爭的覺悟，並給以恰當的評價。

　　王大成認真地聽著同志們的發言，不時地記著筆記，想從中吸取繼續革命的力量。他看了看梁輝，心裡盼望他能對自己提一些批評、要求和希望，給自己更多的幫助。可是，梁輝神態自若、全神貫注地聽著同志們的發言，並不時記一下筆記。

　　劉克西也在注意著梁輝，心裡卻這麼想："梁輝啊梁輝，今天雖然討論的是王大成入黨問題，對你卻是一個考驗，也是你一次思想亮相。"劉克西堅持這樣的信念：不管是什麼人，對待損害過自己的人，心裡總是懷恨的。所以，劉克西的臉上時時有著微微的冷笑，等待著梁輝的表態。

　　梁輝雖然神態自若，眯縫著眼，但他早就觀察到劉克西的冷笑了。

　　劉克西胸有成竹，見梁輝一直沒有發言和表態，他就決定來個"突然襲擊"。他心中明白，目前指揮部最棘手的問題就是對凍結法的態度，他估計新來的梁輝絕不敢支援凍結法上馬，絕不敢同他的老上級方也平唱反調。若是自己批評王大成支持凍結法是崇洋媚外，梁輝如果支持自己的意見，那他就上了鉤，他就擺脫不掉打擊報復的嫌疑。何況，劉克西感到自己還有一發"引爆雷管"，那就是批評王大成一月革命中"打擊一大片"，無故衝擊革命老幹部，他相信這一條一定能燃起梁輝心頭的怒火。他這樣盤算好，就乾咳了兩聲講話了："同志們！王大成同志是一月革命中殺出來的新幹部，有較高的路線覺悟，這是值得我學習的。對他入黨問題，我的態度是早就該解決了。"

　　梁輝一聽這話，就感到厭惡，這是多麼庸俗的當面討好啊！他想：嗯！看看他究竟葫蘆裡裝的什麼藥？

　　"但是，有些人就是喜歡說三道四。比方有人說，王大成同志一月革命中起來造反，衝擊過梁輝同志，現在看來，梁輝同志是個革命的老幹部,王大成同志當時這樣做,好像未必恰當吧？”

“這是誰說的？”梁輝立即尖銳地問。

劉克西怔了一下，連忙說：“那就不必指名道姓了，反正有人在這麼議論吧。”

“這話是錯誤的。”梁輝嚴峻地說：“當時舊黨委確實執行了資產階級反動路線，我作為黨委副書記是有責任的，王大成同志當時衝我一下對我是完全必要的，是個促進，使我能更快地站出來。怎麼能把這樣的革命行動說成是不‘恰當’呢？完全恰當，好得很！”

會場上的同志聽了梁輝的話，都以興奮、熱烈的目光注視著他，表示贊同。

劉克西做夢也沒想到梁輝居然會講出這樣一番話來，一發“引爆雷管”居然毫不起作用，只讓梁輝幾句話就頂掉了。他不甘示弱，下決心再“攻”一下。他狡猾地一笑，說：“是嘛！我同意梁輝同志的意見，這種說法明顯地是錯誤的，這些人把我們新、老幹部的思想覺悟估計得也太低了。有的人還這麼說哩，說凍結法是外國傳入我國的建井施工方法，是洋拐棍，作為副指揮的王大成居然支持凍結法在新莊和老莊兩個礦區上馬，路線不是錯了嗎？還說王大成同志路線覺悟也未必是高的。”

會場上一下子空氣變得緊張了。因為劉克西觸及了最敏感的問題，也是當前叫人最難以表態的大問題。大家的目光一下子集中在梁輝身上，看看梁輝對這樣的棘手問題採取什麼態度？

梁輝聽了劉克西這些話，相反心裡很高興，想：“小王啊！你已善於從實際出發、從黨的利益出發考慮問題了。”他這麼想著站起身來說：“我認為說這種話的人是片面的，是形而上學的。王大成同志用馬克思主義的立場觀點，從實際出發，堅持黨的多快好省建設社會主義方針，正是路線覺悟高的表現。盾構法和大鑽機是新生事物，代表著豎井建設的方向。但當前還處於試驗階段，在不能一下子就代替舊的凍結法時，爲了生產發展的實際需要，先採用凍結法上馬，有利於充分調動廣大礦工的積極性，王大成同志敢於反潮流，敢於提出正確意見，這恰恰證明他是我們黨需要吸收的新鮮血液。"

劉克西簡直不相信自己的耳朵了。這怎麼可能？梁輝居然敢作這樣的態度，太意外了。

王大成在支持採用凍結法上馬問題上，不再是孤立的了。他心情激動地瞧著梁輝，感到自己的心與梁輝在毛主席革命路線基礎上貼得更緊了。他看看劉克西，只見劉克西垂下了腦袋，像隻鬥敗了的雞似的。他在心裡說："你看！梁輝同志怎麼可能會像你猜想的那種人呢？真可笑！"

會場變得活躍起來，似乎梁輝把大家心裡想說的話一下子給說出來了，全都議論紛紛，興高采烈。最後，全體黨員一致舉手，同意吸收王大成同志爲中共正式黨員。王大成同志含著激動的眼淚，連聲說："請黨考驗我，請同志們幫助我，我作爲黨員還很不夠條件啊！"梁輝走到王大成面前，伸出結實的大手，把王大成的手緊緊握住了。

四

方也平從北京回來，發覺指揮部在建礦路線上發生了變化，心裡相當惱火。劉克西又非正式地向方也平作了個人匯報，講了梁輝在三棵樹礦區的情況，還講了那天的黨支部大會。劉克西說："老方！看來你這位老戰友同你的正確觀點並不一致，他剛剛到任，就這麼表態，未免太輕率了吧？"方也平究竟是富有鬥爭經驗的老幹部，對劉克西這樣議論梁輝，感到不對頭，立即沉下臉來說："不要這樣背後議論，允許有不同意見嘛！"劉克西這才悻悻地走了。

　　梁輝對凍結法的態度很快傳遍了大新煤礦，簡直起了爆炸性的作用。三棵樹礦區的副井，本來已用沉井法打了八十米，現在已加緊建造凍結房，決心要以凍結法開挖下去了。新莊和老莊兩個礦區四千多工人，早已等不下去，他們要幹、要戰鬥，要儘快地把埋在淮海戰場下面的煤炭開採出來。工人們的積極性本來就十分高漲，已在準備建造凍結房。當梁輝的話傳到這兩個礦區，工人們簡直像過節那樣的高興，正式動手建造凍結房了。方也平對於梁輝作這樣的表態，心裡很難受，認為是干擾了獨立自主、自力更生的建礦路線，當場下達了通知，要新莊和老莊兩個礦區的工人立即停止建造凍結房。這一下，工人們被激怒了，紛紛寫了大字報，送到指揮部，把指揮部大樓上上下下、裡裡外外全貼滿了。

　　這就像是火山爆發，是無法阻擋的，就像是烈焰熊熊的岩漿洶湧而來，氣勢磅礴，衝擊著指揮部領導機關。在這種情況下，指揮部內部兩種思想的交鋒也日益激化了。

　　方也平萬萬沒有想到，自己的老戰友、老部下來了後會給自己捅了這樣一個大亂子。“解鈴還需繫鈴人”，他決心在召開兩委會討論之前，先好好跟梁輝談一次，把思想統一起來。他感到自己在無產階級文化大革命中，有過教訓，絕不能再犯路線錯誤了。

　　這天下午，方也平和梁輝一起從淮海湖邊瞭解地質勘探情況後回指揮部來。汽車在淮海湖畔的公路上奔馳，碧藍的湖水平靜如鏡，只有幾葉小舟在湖面上蕩漾。當汽車開過大型水閘時，方也平讓司機停車，他們要下車看看。公路在水閘上通過，有半公里長，很是壯偉。

　　梁輝憑欄眺望著淮海湖，遠處湖水與天空成了一條線，好大的湖啊！方也平默默地站在一邊。梁輝知道方也平一定有話要說，思想上也早有了準備。他心裡當然清楚，自己在三棵樹礦區的一場講話，在黨支部大會上的一次表態，在大新煤礦全礦掀起了軒然大波。他自己採取這樣的立場和態度，並不是輕鬆的，而是經過一定的調查研究，經過反覆的思考，才下決心的。現在，不管怎麼樣，自己的態度已造成了全礦的建礦路線的改變，千斤重擔全壓在自己肩上了。他事先並未估計到，自己到礦上來了後，居然一開始就會與自己的老戰友產生分歧。他深切地知道這場鬥爭是相當複雜的，也是很艱鉅的。而最大的困難，不在別處，而恰恰在自己老戰友身上。

站在一邊的方也平，修長的身材很挺拔，撫摸著自己銀白色的頭髮，終於憋不住講話了。他眺望著湖面，感慨地說："老梁！回想起過去我們在淮海戰場上的共同戰鬥，真叫人懷念啊！想不到啊，今天難道再也不能像過去那樣合作了嗎？"

梁輝沒有正面回答，他回過頭來說："我一直在想：我們是怎麼取得淮海戰役的偉大勝利的呢？還不是正確執行毛主席的軍事路線的結果！"

"你的意思是不是說，我偏離了毛主席的革命路線？"

"我認為你是偏離了。"梁輝直率地說："老方！我們絕不能以消極的態度吸取過去犯錯誤的教訓。在執行毛主席革命路線的時候，只想避免自己犯錯誤，不考慮廣大群眾的積極性，不從實際出發，走向極端……"

"怎麼，怎麼？"方也平不等梁輝把話說完，截住說："我走向極端！"

"對！獨立自主、自力更生，這是我國工業建設的正確路線。你片面地把凍結法說成是'洋拐棍'，加以否定，這就沒有從實際出發。採用凍結法建井施工，是解放以來我國採礦工業普遍使用的施工方法，這是客觀的存在。凍結法當然是陳舊落後的，我們必須採用先進的施工方法來代替，但不是在一個晚上就能實現的。當新的技術裝備還來不及全部代替凍結法的時候，怎能讓新莊和老莊兩個礦區四千多工人窩工，在那兒等待再等待呢？我們應該‘爭’，應該‘奪’，這才對啊！」梁輝見方也平的臉色很陰沉，但還是堅決地把話說下去。「廣大群眾已經起來，你卻不相信群眾的積極性。你看不到獨立自主的‘主’，這個‘主’就是群眾作主；你看不到自力更生的‘力’，這個‘力’是在群眾之中。你離開了客觀實際，不考慮生產發展的實際需要，看不到群眾的積極性和創造力，怎麼還能執行毛主席的正確路線呢？」

「好吧！不必爭論了。」方也平失望地說：「回去讓兩委會集體討論決定吧！」說完，就自顧自上汽車了。

梁輝見方也平根本不能冷靜地聽自己的意見，態度冷淡，心情是很沉重的。使他沒有想到的是，面對著遼闊的淮海湖，這個湖下蘊藏著億萬噸的煤炭，為了要把這裡的煤炭開採出來為祖國社會主義建設服務，居然兩個老戰友之間談不到一塊去了。在過去淮海戰場上共同戰鬥的生活經歷，使梁輝與方也平建立了深厚的革命友誼，而今天為了建礦路線問題，不得不與親密的戰友、過去的老上司進行嚴肅的鬥爭。

「怎麼樣？上車吧！」方也平在汽車上冷冷地招呼。

梁輝點點頭，就邁開腳步走向汽車。

在汽車上，他們並肩坐著，誰也沒有說一句話。這是多少年來從未有過的事，對於雙方來說都是很痛苦的。他們都感到，感情是無法調和路線上的分歧的。他們就這麼默默地乘著汽車回到了指揮部……

上午十點，由方也平主持召開了指揮部兩委會。方也平因為跟梁輝的談話沒有收到效果，就想在兩委擴大會上以集體領導來扭轉全礦區的局面。他把會議的內容限制在討論三棵樹礦區的盾構法和大鑽機上，而把凍結法上馬問題推開去。會議剛開始，就順利地決定了兩個問題：一是梁輝到三棵樹礦區去蹲點；二是王大成親自到上海去抓大鑽機部件的加工。方也平心裡暗暗高興，因爲他本來就把全礦建井施工方法寄託在盾構法和大鑽機上的，這完全符合他的意圖。他想就此草草散會，凍結法上馬問題根本不想在會上討論了。

正在這時，門外傳來喧嘩的人聲，鑼鼓聲震得玻璃窗也格格地響。方也平站起來，走到門口，一開門就見一大群工人擁了進來，原來是三個礦區的工人代表。爲頭一個是三棵樹礦區的馬連玉，他帶頭說："我們是三個礦區的工人，是來請指揮部領導到我們群眾中來，參加我們今天下午召開的路線分析大會，聽聽我們工人的意見。"

"好，可以！"方也平莊重地回答："我們一定來。"

由於方也平作了這樣乾脆的表態，工人們高興地擁出門去，把鑼鼓敲得更加響了。

群眾一走，方也平感到壓力、衝擊很大，樓上樓下全是大字報，群眾上門請領導下樓聽意見，肯定會有許多尖銳的批評。"怎麼辦？"方也平瞧瞧大家，默默地坐下了。

"工人群眾上門來促我們，我們再也不應該落在形勢後面了。"梁輝焦慮地注視著方也平，以斬釘截鐵的堅決口氣說："要想回避矛盾是不可能的，只有勇敢地面對著矛盾、解決矛盾，才是上策。我們應該討論一下，究竟該不該在三個礦區先採用凍結法上馬？我個人認爲，完全應該，而且越快越好。請大家討論。"

王大成立即說："我完全贊同梁輝同志的意見。"

方也平不表態，問陳公仁："總工程師的看法呢？"

陳公仁摸摸自己的禿頂，又搓了搓手，感到爲難地說："我……我很難說，我過去犯過崇洋媚外的錯誤，這……這很難說啊！"

梁輝說："講心裡話嘛，大膽講吧！"

　　這一下，陳公仁振作起來了。從心裡說，陳公仁對盾構法和大鑽機是根本缺乏熱情的，他認爲盾構法打豎井缺乏技術上的根據，國外從未有過這種嘗試，是沒有把握的。對大鑽機，他看過一份資料，有個工業裝備比較強大的帝國主義國家，在試驗大鑽機打井時，結果一二百噸重的鑽頭掉在井下，一口井也報廢了。他認爲我們中國工業裝備方面還不如這個帝國主義國家，要搞大鑽機簡直比登天還難。因此，他十分欣賞凍結法。但是，他的這些想法從未流露過。這是因爲在無產階級文化大革命中，他的崇洋媚外思想受過批判。他怕被人重扣崇洋媚外的帽子，也就順著方也平走個極端，採取全盤否定凍結法的態度。其實，他對於過去群眾批判是“口服心不服”，只是在強大的輿論壓力下，在態度上順水推舟罷了。一段時間裡，他看到凍結法不能採用，造成許多工人停工、窩工，建井進度很慢，也很焦急。正像他自己說的，他是“一愛三擁護”的，是願意盡自己力量爲黨爲社會主義做一些事的。但是他不知道自己怎麼辦才好，如今見梁輝和王大成公然爲凍結法上馬講話，他的膽子也壯一點了。何況，廣大群眾也是這個主張，他感到腰桿子硬了。

　　“好，我說老實話吧！”陳公仁搓了搓手，清了清嗓子，大膽地說了：“從我心裡說，我是歷來欣賞凍結法的，我是贊成上馬的。不過，這可不能說我是崇洋媚外啊！”

　　會議室裡引起了一陣輕微的笑聲。

　　方也平皺了皺眉，感到意外了。

　　梁輝立即敏感地想：“看來，崇洋媚外的思想是確實存在的，時刻都有抬頭的可能性。”他認爲凡是走向極端的思想，表面上看來很“左”，而其實質卻是右的，是很容易從一個極端走向另一個極端的。他感到當前工業上也有一種傾向掩蓋著另一種傾向的問題，而主要危險還是右的方面，不是其他……

　　“你呢？”方也平回過頭來問劉克西。

"我？"劉克西怔了一下。他認為如果自己也像陳公仁那樣改變態度，既得罪了方也平，也不會博得梁輝和王大成的好感。於是他鼓起勇氣，頗有點"氣壯如牛"地說："我堅決反對撿起'洋拐棍'，採用凍結法是崇洋媚外思想的表現，不，我不同意。"

方也平滿意地點了點頭說："大家也談談吧！"

王大成心裡厭惡地想："簡直是小丑。"

大家的討論中，多數是支持凍結法上馬的，但沒有取得完全一致的意見。方也平見兩委會上絕大多數同志的態度有了變化，心裡頗為憂慮。他最後說："既然多數同志支持凍結法上馬，我個人暫時保留意見。等報送上級批準後，再作決定。下午我們要出席三棵樹礦區的群眾大會，我看，有關工程方面的意見，就由工程組同志講話。我本人不想講什麼意見，其他同志可自己考慮。"會議就這麼草草結束了。

下午，指揮部的主要領導全都坐車到三棵樹礦區去出席會議。工地周圍停了幾十輛大卡車，工地上人山人海，不僅開闊的地上坐滿了人，連井架上、路基上、柴油桶上、黃砂石子堆上，都站滿了人。原來新莊和老莊兩個礦區的工人也趕來參加會議了。全場不下一萬多人。不少工人在臺上發言，激烈批評指揮部領導執行的建礦路線，他們一次又一次地要領導出來表態。

坐在主席臺上的方也平，一言不發。他認為群眾中的這股風是由梁輝的表態造成的，一切由梁輝自己負責。他將堅決保留意見，不作任何表態。

這時，馬連玉站到麥克風前，對全場一萬多群眾說："同志們！毛主席要我們多快好省地建設社會主義，可是看看我們全礦的情況又是怎麼樣呢？由於指揮部領導不從生產發展的實際需要出發，漠視廣大群眾的意見，使我們三棵樹礦區的副井至今未能打到底，使我們新莊和老莊兩個礦區的四千多工人在那兒坐等，有勁使不上，請問指揮部領導，這是什麼路線？"

　　張小龍在下面叫："對！請領導回答。"

　　"這是獨立自主、自力更生的正確路線。"劉克西討好地瞧了方也平一眼跳出來說："同志們！凍結法是外國的施工方法，是'洋拐棍'，有些人就是死抱住'洋拐棍'不放，不相信我們自己的東西，崇洋媚外。我們反對這種錯誤思想，難道是錯誤路線？"

　　全場群眾譁然，議論紛紛，也有大聲指責的，正在這時，忽然全場群眾靜了下來，鴉雀無聲，原來大家看見梁輝從工人群眾中站了起來，魁梧的身體是那樣引人注目，他邁著堅實、扎實的步伐，一步一步走向主席臺。他那瞇縫著的眼睛，此刻就像鷹的眼睛那樣尖銳、那樣閃閃有光，注視著臺上的劉克西。這時劉克西不覺後退了兩步，嘴唇有些顫抖，可是沒有再講出一句話來。

　　馬連玉在臺上高興地說："請梁輝同志給我們講話。"

　　"對！請梁輝同志講話！"全場頃刻響起了熱烈的掌聲。

　　"同志們！本來我是想多聽聽大家意見的，所以跟大家坐在一起，想多瞭解一些大家是怎麼想的。我沒有準備在這個會上講話。但是，工人同志的革命積極性驅使著我不得不上來講幾句話。"梁輝把話筒拉在自己面前平靜地說。"同志們！就在我們旁邊不是有一口一九六二年下馬報廢的井筒嗎？這是劉少奇執行的崇洋媚外修正主義路線的產物，在這些人看來，沒有外國專家、沒有外國的設備，中國人是無法建設這樣礦井的。對於這樣的一條錯誤路線，我們當然要堅決反對。我們要執行毛主席的革命路線。三棵樹礦區的盾構和大鑽機，是我國自己設計、自己製造的建井設備，是新生事物，是先進的技術，是體現我們獨立自主、自力更生方針的，我們要堅決支持，要把試驗搞好。以便我們不久用這樣先進的施工方法代替陳舊落後的凍結法。"

　　"對！梁輝同志說得對！"台下有人大聲地叫。

　　韓珍在臺上插話說："但是我們絕不能等待。"

"對！當我們的新技術還來不及代替落後的凍結法時，我們怎麼能夠坐著等待呢？我們還要多快好省地建設社會主義嘛！國家需要煤，我們應該儘快地把地下的煤挖出來，爲祖國社會主義建設服務！毛主席教導我們說："自力更生爲主，爭取外援爲輔，破除迷信。獨立自主地幹工業、幹農業，幹技術革命和文化革命，打倒奴隸思想。埋葬教條主義，認真學習外國的好經驗，也一定研究外國的壞經驗 —— 引以爲戒，這就是我們的路線。"我們要打倒崇洋媚外的"奴隸思想"，也一定要反對教條主義。目前採用凍結法上馬就是崇洋媚外嗎？我不同意這種教條主義的說法。我們並不是排外主義者，我們反對崇洋媚外，但並不反對外國的技術，我們還要'洋爲中用'嘛！我們中國不僅有中醫，還有西醫，還要提倡中西醫結合，這不是很清楚嗎？如果有人去找西醫治病，就說他是崇洋媚外，這能說得通嗎？"

梁輝剛毅的濃眉一揚，向坐在主席臺上的方也平瞥了一眼。方也平的內心當然是不好受的，但是他很鎮靜，嚴肅，臉上始終沒有流露出自己的情緒。

"同志們！事物的發展，人的認識，總是有個曲折的過程，是螺旋形上升的，這是個規律。路線偏了，我們可以把它糾正；將來再偏了，我們再把它糾正。我們的革命實踐證明：什麼時候偏離了毛主席的革命路線，我們的工作就到處碰壁，錯誤也跟著來了；什麼時候正確執行了毛主席的革命路線，我們的工作就會處處獲得成功，勝利就有了保證。今天，我們工人是煤礦的主人，對於事關路線的大事，就是要管，要牢牢掌握前進的航向。同志們！只要路線看準了，就要爭分奪秒，大膽地幹起來。我們一定能夠排除干擾，戰勝難關，奪取煤礦建井的大勝利！"

全場群眾情緒沸騰了，響起了雷鳴般的掌聲。

五

　　大雪紛飛，原野上成了無邊無際的白色雪海。一輛軍用越野車在雪地上行進，汽車顛簸著、搖晃著，行駛得很艱難。

　　車上坐著梁輝，他戴著一頂狗皮帽，穿著當地的一件毛茸茸的老羊皮大衣，嘴裡噴出的蒸氣從大衣領子裡冒出來。梁輝身邊坐著韓珍，她頭上包著一塊厚實的大圍巾，穿著一件棉大衣。她剛從上海回來，梁輝就讓司機繞道接了回來。

　　“好大的雪啊。”韓珍瞧著外面紛飛的大雪說，“我在上海車站上車時，那裡正是晴朗、暖和的好天氣哩！”

　　梁輝問：“你這次在上海有收穫嗎？”

　　“有收穫，可惜時間只有三天、太匆忙了。我把自己制訂的盾構糾偏方案給有關研究單位看了，他們是很認真負責的，跟我一起商討了幾次，認為是切實可行的。”

　　“嗯！我的看法也是這樣。”梁輝點著頭說。

　　韓珍高興地問：“劉克西已把糾偏方案讓你看了？”

　　“對。”梁輝肯定地回答。“為了爭取時間，使盾構繼續往下推，我同意劉克西把你糾偏方案批了下去。前天開始，三棵樹礦區已經進行糾正盾構偏斜的施工了。”

　　韓珍興奮地說：“這太好了。”

　　從車窗向外看，只見淮海湖像罩上了一層薄紗，顯得白茫茫的。湖邊結了薄冰，白雪覆蓋在冰上，就像給遼闊的淮海湖鑲上了白色的花邊。湖中心一塊一塊的淺灘，也成了白色的不規則的花紋，猶如綠底白花的大地毯。

　　韓珍注視著大雪中的淮海湖，不時地伸手磨擦兩邊凍紅了的臉頰。她在沉思，在想像，彷彿她已看到三棵樹礦區的井筒都已打好，井下的巷道已伸向遼闊的淮海湖底，無窮無盡烏金似的煤炭通過巷道開挖出來了。

"你在想什麼？" 梁輝瞇縫著眼睛問。

"我在想，我們要儘快把這淮海湖下的煤炭開採出來，讓它為祖國的社會主義建設作出貢獻。"

梁輝感到，他身邊的這位女同志，已把自己的生活、思想、興趣、愛好全部貫注在社會主義建設事業中了。梁輝喜歡這樣的同志，欽佩這樣的共產黨員。過了一會兒，他關心地問："韓珍！在上海，到家裡去看看了嗎？"

"去了，啊喲！哪有時間呀，只在家裡待了半小時。"

"你家裡都有些什麼人啊？"

"媽媽！" 韓珍親切地叫了一聲。

"除此以外呢？"

"我只有一個媽媽。"

"你啊！" 梁輝以十分親切的責怪口吻說："自己的私事也該關心關心了。"

"不，沒有時間。"

"你媽媽一定很關心吧？"

"她老人家當然關心。" 韓珍臉紅了。心裡很感激梁輝的關懷。"有過一次，媽媽托人給我介紹了一個男人，我跟他談了十分鐘就吹了。"

梁輝笑了："怎麼十分鐘就能吹掉呢？"

"這個人真是個男人，而不是一個同志。他談的全是工資多少，房子有多少平方米，有大小衛生，有煤氣，還是獨用的，傢俱買了多少件，等等。他談了自己的條件以後，就問我的條件怎麼樣？也要我談自己的條件。" 就像有一隻蒼蠅在韓珍的面前飛，她用手揮了揮說："我一聽就惱火了，這算什麼？是交換房屋？是等價交換？我不光是要有一個丈夫，我更需要的是一個同志、戰友。這算什麼人？小市民！我不客氣地對他說：'這裡不是市場，你請吧！」這個男人就紅著臉讓我轟走了。」

「哈哈……」梁輝忍不住大笑起來，連眼淚也笑出來了。他擦著眼睛說：「戰友要在共同的戰鬥中尋找，會有的。」

「就是地球轉得太快，沒時間考慮哪。」

「找一個戰友是不用浪費時間的。」

韓珍微微笑了笑，不作聲了。

在灰白色的天空下，新莊礦區有白色的氣團飄出來，井架上積滿了白雪，像一個頂天立地的巨人。

「老方和總工程師在新莊礦區等我，我得去一下。」梁輝讓司機送韓珍到三棵樹礦區，自己下車了。「韓珍！你先回去，說不定我今天還要到你們礦區去的。」

韓珍點了點頭，說：「好吧，再見！」

汽車呼地一下又向前開去了。

梁輝戴著狗皮帽，穿著老羊皮大衣，身體顯得更爲龐大。他邁開堅實的腳步，一腳深一腳淺地在雪地上走著。大雪沾在他的狗皮帽上，變得白花花的了。

厚厚的白雪壓得井架周圍的蘆席凹了下去，一條一條冰柱子掛在邊沿上。戴著礦工帽、穿著保暖棉衣的工人們，正在井口緊張地戰鬥。一桶桶凍結得硬如石塊的凍土，從井下吊上來，「崆崆」地經裝矸頭倒向礦車。讓風雪大衣包得緊緊的總工程師陳公仁，不住地向凍僵了的雙手哈氣，白色的水氣從他嘴裡噴出來。這老頭是那麼興奮，雙腳爲了取暖不住地蹦跳著，就像一個頑皮的孩子似的。

「很好，太好了！」陳公仁跳跳蹦蹦地走到方也平身邊不住地說：「儘管凍結法是從外國傳人中國的，可它在我國採礦工業中，是建井施工最『穩妥可靠，行之有效』的方法。你看看，僅僅三個月，井深就達到了一百多米，即將到岩石層了。……」

「嗯！」方也平穿著軍用棉大衣，把海虎絨的領子翻了上來,頭上戴著有護耳的棉軍帽。他很莊重地說:"進度確實很快,成績顯著。"

陳公仁說:"怎麼樣?到凍結房去看看吧?"

"好!"方也平雙手插在大衣口袋裡,返身就走。

他們一起來到凍結房,一排排凍結機整齊地排列著。因為天氣寒冷,只開了一部分凍結機。方也平和陳公仁在一台一台凍結機旁走過,向凍結機工人提了一些問題,例如礦障多不多,維修情況等。一個工人說:"再過個把月,表土層就過完,我們就能拆除凍結房了。"

方也平聽了這話,很是興奮。

他們出了凍結房,回到了辦公室。

室內生著火爐,很暖和。方也平脫下大衣,隨手在火爐邊拿起一塊煤炭,看了看,說:"陳總!你看,我們至今還在燒外地的煤炭,什麼時候能燒上我們自己的煤就好了。"

"當然,真叫人心焦。"陳公仁在椅子上坐下了。

"我們責任重大啊!"方也平把那塊煤扔了回去,感歎地說。

"看來,新莊和老莊兩個用凍結法建井的礦區,進度都比較快。今年年初過完表土層,六月就能井筒到底打巷道,再過六個月就有工程煤出來了。"陳公仁這麼說著,興奮得不住搓著兩隻手。"這兩個礦區到後年大致可以投產了。唉!要是三棵樹礦區也採用凍結法建井,也許明年就能出煤。現在,那裡變成了一隻大包袱,拖後腿了。"

方也平搖了搖頭:"不,不能那麼說。"

正在這時,梁輝推門走了進來。狗皮帽與老羊皮大衣上的雪花,頃刻溶化成了水珠子。

"接到韓珍了嗎?"方也平順口問。

梁輝拿下狗皮帽放在桌上,說:"接回來了。上海有關研究單位認爲她的糾偏方案是切實可行的。要是今天糾偏的土方挖好，盾構糾正過來，就能繼續推進了。”

“唉！盾構法建井真是多災多難。”陳公仁感慨地說。

梁輝說：“新生事物，有點曲折是難免的。”

“曲度太大，也會折斷的。”陳公仁不以爲然地說：“唉！我總有點擔心，要是盾構再七曲八彎下去，弄不好連一口井也報廢了。勉強搶救過來，至少也是勞民傷財。”

梁輝嚴厲地頂了…句：“陳總！你對盾構、大鑽機太缺乏感情了。”

“我才巴不得它們明天就成功哩。”陳公仁啞然失笑地說：“可惜的是，良好的願望成不了客觀的事實。”

梁輝滿懷信心地說：“放心，會有這個事實的。”

陳公仁微微搖著頭，苦笑了一下。

“老梁！看了新莊和老莊兩個採用凍結法建井的礦區，確實令人興奮，進度很快，成績顯著。”方也平點上了一枝香煙，興奮地說完上面這些話後，又以後悔的口氣說：“這一功，首先應當歸於你，否則不會有如今這樣的大好形勢。真是‘早知今日，何必當初’，回想我當時的主張是多麼錯誤。看來，凍結法確實是‘穩妥可靠，行之有效，你很有遠見啊！看看現在的三棵樹礦區，停步不前，真是束手無策。要是當時按照我的錯誤主張搞下去，今天是不堪設想了。”

梁輝聽了方也平的話，濃眉皺緊了。他敏銳地感到，自己老戰友的思想又在向另外一個不正確的方向轉了。他一時不知怎麼說才好。憋了半晌，才說：“老方！你這種認識，並不對頭啊！”

方也平感到驚訝，說：“什麼，你……”

“唉！大家和和氣氣不是也挺好嘛！”陳公仁根本無法理解梁輝話中的含意，歎了口氣說：“照理說，我們過去的觀點是不一致的，是應該有矛盾的。可現在，老方也支持凍結法了，觀點不是一致了嗎？應該團結起來了。可老梁，你又要鬧矛盾了。"

梁輝說："不，我們三人想的不是一條線。"

陳公仁聳聳肩膀，搖搖頭，不想說了。

"真想不到……"方也平聽梁輝這麼說，也有點不高興了。"我們老戰友之間現在是這麼難合作了。"

聽了這種話，梁輝感到痛心，勉強控制住了自己激動的感情。他回想起過去，在淮海戰役時，那時雖然自己與方也平是上下級的關係，總感到是融洽的。那時，方也平指揮作戰，帶領隊伍，佈置具體的戰鬥任務，總是牢牢地掌握毛主席的無產階級軍事路線，堅定、正確，從不東搖西擺的。可現在，就是這同一個方也平，究竟怎麼了？

與此同時，方也平也難受地回想起過去。在戰爭年代，自己下達的命令，梁輝這個營總是堅決執行；自己佈置的戰鬥任務，梁輝這個營完成得總是很出色。那時候，真是指向哪裡，梁輝就打到哪裡。可現在，難道自己的看法處處都錯了？兩個人難道就捏不到一塊去了？

陳公仁感到空氣太緊張，看了看錶，站起身來說："好啦！該吃午飯啦！"他想以此來衝淡緊張氣氛。

梁輝拿起狗皮帽與方也平、陳公仁一起走了出去。

三個人走到食堂，上中班的工人們已經在吃午飯了。他們買了飯菜端到桌上，陳公仁看見食堂供應白煮雞蛋，就給每個人買了三個。大家在飯桌邊坐下以後，陳公仁想改變一下氣氛，搓著手說："啊！白煮雞蛋，想當年的英國吃法……"

方也平很冷淡，根本不想說什麼話。

梁輝一開口還是帶著火藥味的，他說："白煮雞蛋怎麼是英國吃法呢？自從地球上有了雞蛋，不吃白煮的恐怕很少吧？我國北京猿人的洞穴中最早發現焚火遺跡，韓非子《五蠹》中也有記載，早在上古之世，我國即有燧人氏 '鑽燧取火，以化腥臊'，看來早吃熟食的還是中國人。人啊！有時也真奇，容易事過境遷忘記老祖宗。滿清時候，李鴻章就是迷信洋槍洋炮，根本就不會想到火藥是中國人發明的，沒有火藥還有什麼洋槍洋炮呢？就是因為他不相信中國人民，他只能崇洋媚外，仰人鼻息，任人擺佈，喪權辱國。我看，讀一點歷史也許可以使人頭腦清醒一點。"

正在這時，有人叫："老方！你的電話。"

方也平就站起身來走去接電話了。

陳公仁用小湯匙輕輕地敲著雞蛋尖的蛋殼，敲出一個圓圓的小洞，把小湯匙伸進蛋殼的小口子裡，一匙一匙地挖出來送進嘴裡，還時時放一些鹽來調味。他不服氣地說："其實這種吃蛋法與凍結法是一樣的，凍結法把土地冰結，就如把雞蛋煮熟，然後用人工挖出泥砂，就像我現在一匙一匙挖出蛋白和蛋黃，道理是一樣的……"

梁輝拿著雞蛋，啪地往桌上一敲，手指一捏，剝掉了蛋殼，只幾口就把雞蛋吃掉了。於是說："我看你這種吃法還不如我們中國人的盾構法好吧？首先你在速度上失敗了。"

"可惜的是，三棵樹礦區的盾構法建井根本比不上凍結法。"陳公仁也有點激動了。

"如果用凍結法代替盾構法，那也許情況要比現在這種局面好得多了。"

梁輝站起身來說："你這是主張倒退。是啊，崇洋的總是要倒退，要倒退的必然崇洋……"

"我記得最初支持凍結法上馬的還是你吧？"

"問題不在凍結法本身，是在於指導思想。"

方也平聽過電話回來了。他臉色陰沉，冷冷地說："馬上到三棵樹礦區去，盾構糾偏有湧水的跡象。"

陳公仁幸災樂禍地說："看，這就是中國吃蛋法。"

"別忘記你自己也是中國人。"梁輝憤怒了。

陳公仁震動了一下，不作聲了。

三個人默默地穿上大衣，戴上帽子，一起走出了食堂。外面還是風雪交加，一片白色。他們走到工地，一輛草綠色軍用越野車停在那兒，車頂上全是雪，輪胎上紮著防滑的鐵鏈。他們上了車，司機就開動汽車顛簸著開走了。

他們坐在車上，沉默著，誰也不說話。

梁輝的心裡就像煮沸的開水那樣翻騰著，預感到盾構糾偏出了事故以後，一場更大的風暴來臨了。在吃午飯前，方也平帶有自我批評口氣說的話已流露了錯誤的傾向，梁輝越捉摸他的思想，心裡也就越憂慮。為什麼方也平有這麼大的搖擺性呢？梁輝感到，主要是方也平見物不見人，被凍結法建井的進度所迷惑，對暫時受到一些曲折的新生事物喪失了信心。他沒有看到群眾的力量和無窮的創造力，低估了三棵樹礦區廣大群眾戰勝困難的積極性。梁輝認為：儘管盾構法施工遇到一些挫折，但這是前進中的困難，是會被群眾戰勝的。梁輝沒有忘記淮海戰役時期的方也平，那時候，每當師部決定重大的作戰方案前，方也平總要親自深入到團、營、連，聽取廣大指戰員的意見，透徹地瞭解廣大戰士的士氣、決心，這是他吸取力量的源泉。對於一些看來很難下決心的作戰部署，或者以較少的兵力對付力量較強之敵，他也滿懷必勝之信念。為什麼現在方也平竟把黨的這種優良作風丟掉了呢？梁輝感到這是方也平所以變得脆弱、變得不堅定的根本原因。如果盾構在糾偏施工中真的發生大湧水，不僅陳公仁崇洋媚外思想更加會抬頭，而且方也平在陳公仁的影響下，將會否定盾構法而走向另一個極端。……

"看來，在我們當前的這場鬥爭中，思想上的右傾是主要的關鍵。"梁輝這麼想著，暗暗下了決心，不管遇到何種困難，也要堅決頂住這股逆風。

白茫茫的田野，寒風卷著雪在成團地滾動。

　　冷冰冰的雪花從車篷的縫隙鑽進來，沾在方也平的臉上，使他從沉思中清醒過來。他不覺說：“萬一盾構法搞不下去，怎麼辦？”

　　陳公仁一聽這話，就明白了方也平的心思。他知道方也平有爲難的地方，過去就是他最堅決支持盾構法和大鑽機的，甚至否定了凍結法，把建礦的希望全寄託在新技術上。如今，要他表示用凍結法代替盾構法，怎麼說得出口呢？何況，這一定會遭到梁輝的反對。唉！現在一切全倒過來了。現在最堅決支持盾構法和大鑽機的變成梁輝了。但是，他不相信梁輝是正確的，最多不過是走了方也平以前走過的老路，以碰釘子下場。於是說：“要是大湧水，灌滿流砂，還有什麼措施可採取的？也許井筒也報廢了。”

　　聽到這些話，梁輝心裡就像讓人捅了一刀似的痛。

　　方也平莊重地說：“陳總！我不喜歡你這種說法。”

　　陳公仁搖了搖頭，苦笑了一下，不說了。

　　風呼嘯起來，雪花也狂飛亂舞了……

六

　　在寒風怒號大雪紛飛中，三棵樹礦區人聲喧鬧，機聲碌碌。在井架的棚架下，工人們穿著冰結的防水服，都在緊張的戰鬥中。零下的氣溫，工人們額上還不住冒汗。

　　當汽車一開進工地，韓珍就迫不及待地奔向井架下面的井口，想先瞭解一下糾偏的情況。

　　正在井架下忙著的馬連玉一見韓珍，連忙迎上來，欣喜地說：“韓珍！回來啦？糾鎮方案怎麼樣？”

　　“上海有關研究單位認爲是切實可行的。”

　　馬連玉很高興：“這可太好了。”於是就把目前正在進行盾構糾偏的施工情況詳細地韓珍講了。

原來韓珍的糾偏方案是針對這樣情況制訂的："當盾構推進到粘土層時，因壓力變化，摩擦阻力加大，盾構向下推進很困難。由於壓力不均，造成盾構偏斜六十四公分。如不糾正偏斜，使盾構回到原來的軌道，井筒就不符合使用的垂直標準。為了糾正盾構偏斜，韓珍根據工程組劉克西批閱過的三棵樹礦區地質勘探資料，制訂了糾偏方案，建議在盾構西壁週邊挖空，由下向上挖一米寬一米高的土方。按地質資料上的資料計算，盾構已進入黏土層三米多，如挖上去一米，還有兩米，足夠擋住上面流砂層的壓力。然後在盾構東壁裝上軌道、滑輪。向下推盾構時，就會把盾構向西壁擠壓過去，使盾構回復原先的垂直度。韓珍就把這糾偏方案報送指揮部工程組的劉克西，待工程組批準後再實施。為了使這方案切實可靠，韓珍不僅事先讓群眾討論過，而且報送指揮部後，自己在指揮部還未批下來之前，帶著方案到上海有關單位去徵求意見。沒想到韓珍還沒回來，劉克西就把方案批了下來，投入施工了。

"現在我們已在西壁週邊挖土方，已經快挖到方案中的規定，由下向上挖一米寬一米高。"馬連玉的額上冒著蒸氣，不住用毛巾擦著頭頸和額角。他有點缺乏把握地說："盾構本身有七米高，究竟進入黏土層幾米，是看不到的。我們完全按你方案中的計算，只能相信地質資料的資料了。"

韓珍說："地質大隊是根據鑽機鑽探地層取樣得出的資料，一般說是可靠的。"

"那就不會有什麼問題了。"馬連玉笑了。

正在這時，真像平地一個炸雷，傳來了使他們大吃一驚的消息。一個掘進工跑來說："老馬！情況不妙，盾構西壁挖空的土層，有滲水現象，怎麼辦？"

韓珍一聽這話臉色變了，太意外了。按她估計，盾構進入黏土層三米多，上挖一米，還有兩米多黏土層，上面流砂層的壓力是穿不透的，怎麼會滲水呢？

「別急！我下去看看。」馬連玉急忙奔向井口，跳上吊桶，大聲叫：「快！放下去。」

井深已達到一百零兩米，看下去就像深不見底的一根大管子。馬連玉站在吊桶裡，看著井壁飛快地向上移動，真是心急如焚。光線由亮變暗，由暗又變亮，可以看見井底的燈光，掘進工人正在大呼小叫地說：「黏土層有裂口啦！」「快，準備好撤退！」「老馬上來啦！」吊桶一到底，馬連玉爬出吊桶，發覺井底的水已沒到膝部了。他走到盾構西壁，從水下鑽到盾構壁外，站直身子，用礦燈照著一看，不覺大吃一驚，只見上部粘土層的裂口注出水來。這是大湧水的預兆。他急忙又從水下鑽到盾構內圈，大聲地對工人們說：「要大湧水，立即撤退，上吊桶。」

掘進工們拚命地向吊桶邊沿上爬，跳進吊桶去。但吊桶裝不下一個班的人，有的只能爬到吊桶上面的鋼纜上，用雙手抓住鋼纜掛在吊桶上面。……

「老馬！快上……快！」

湧出的水發出咆哮聲，流砂頃刻埋住了馬連玉的雙腳，他雙手抓著吊桶邊沿，怎麼也拔不出來。

湧水量已達到每小時三千噸，一眨眼，水已淹進了吊桶，桶內的掘進工們也淹在水中了。

馬連玉大聲呼叫了一聲：「別管我，快起吊！」水一動，打著旋渦，馬連玉的臉在水中消失了。

「老馬！老馬……」

吊桶已在上升，出了水面。

工人們急得熱淚盈眶，大叫：「不能吊，停下。」

馬連玉已被淹沒在水下了。

「同志們……不能犧牲老馬！」

吊桶沒有停,還在上升。

張小龍急中生智,看見盾構操作臺上有一圈繩,他早已搶到這圈繩,把繩的一頭紮在自己身上,另一頭紮在吊桶邊的龍門掛鈎的鋼桿上。他爬上吊桶邊沿,縱身向著井下跳去。撲硐一聲,張小龍鑽入了水中。他潛水摸索,摸到了馬連玉的身體,死命地把馬連玉抱住了⋯⋯

吊桶加快了起吊的速度。在它的下面,掛著一條繩,這條繩逐漸繃緊,終於把紮在繩子上的張小龍吊出了水面。而張小龍咬著牙,拚命地抱住了馬連玉。這時,馬連玉已喝多了水,昏迷了。

讓繩子吊著的兩個人不住地旋轉著。

井壁飛快地向下移動著,吊桶終於出了井口。⋯⋯

當方也平、梁輝、陳公仁乘坐的草綠色軍用越野車開進工地來時,看見井下的工人們亂成了一團。急救車剛從車棚裡開出來。一群工人抬著擔架奔向急救車,擔架上蓋著毛毯,雪花飄落在毛毯上。坐在司機座旁的梁輝,第一個跳下汽車,奔向人群。

慌亂的工人們停住了。梁輝分開人群,看到了擔架,看到了韓珍蒼白的臉。他問:"出了什麼事?"

韓珍搖了搖頭,她的頭髮也冰結了。她痛苦地咬著嘴唇,彷彿她的喉嚨哽塞了。

梁輝把擔架上的毛毯拉開一點,看見了掘進班班長馬連玉滿是泥漿的、昏迷的臉。他那剛強的大手顫抖了一下,把毛毯又蓋上了。他瞧了一眼擔架旁的張小龍,只見張小龍飽含著熱淚。梁輝心情沉重地說:"要醫生盡一切力量搶救!"人群立即擁向急救車,把擔架推進了車廂。急救車馬上開走了。

方也平和陳公仁也慌慌忙忙奔跑過來。

"究竟出了什麼事啦?"方也平喘著氣問。

韓珍含著淚說:"大湧水⋯⋯"

張小龍頭髮上、眉毛上都結了冰,聲音顫抖地說:"幸虧老馬下來決定得早，要我們立即撤退，否則我們一個班的工人就危險了。……可老馬，他光叫我們上吊桶，根本沒考慮自己安危，結果……他差一點犧牲了。"

工人們全都感動地聽著張小龍的介紹。

大家來到了井架下面，圍著井筒看。只見井筒下面，大湧水在繼續，發出嘩啦啦的咆哮聲。

"完了。"陳公仁搖著頭冷冷地說。

方也平皺緊了眉，一聲不響。

"什麼完了？"梁輝怒目圓睜，瞪了陳公仁一眼。他堅毅的臉上肌肉抽動著，對韓珍說："應該馬上進行搶救，防止流砂進一步淹了井筒。"

韓珍提出建議："那只有讓井筒裡灌滿水。"

方也平瞧了陳公仁一眼，陳公仁沒有表態。

"那就灌滿水。"梁輝把拳頭一揮說。

這就像是發出阻擊戰的號令，工人們立刻採取行動，往井筒裡灌水了。眼看井筒裡水滿了上來，頃刻之間，水已滿到井口。雖然流砂停止再往井筒內流，但這口井也就不能再施工。幾個老工人瞧著井口痛心地流著淚。

韓珍傷心地扭轉了頭，不再向井口看。

雪花從井架上面飄下來，落在工人們的礦工帽上，落在人們的臉上。誰也沒顧上抹掉臉上的雪花，只是默默地注視著井口。工人們的心都在痛苦地顫抖，多少個不眠之夜，多少天辛勤苦戰，一鏟泥、一鍬砂，一公分一公分地往下挖，挖到了一百多米深，轉眼間流砂湧進井筒，全部勞動成果都被報銷了。這究竟是怎麼回事呢？

就像醫生面對著即將死亡的病人，陳公仁搖了搖頭，說："真可惜！盾構加降水新施工法居然這麼快就壽終正寢了。"說完，就擠出人群，向著草綠色的軍用越野車走去。

　　方也平雙手插在口袋裡，注視著周圍的工人。雖然他表面上還是那麼莊重，不動聲色，也不顯露出驚慌、失望，但在他內心深處卻十分悲觀，就像給他當頭一棒似的，把他對盾構施工僅有的一點點信心也打掉了。爲了鼓舞士氣，他對大家說："同志們！不要傷心，不要難過。我們應該挺起胸來，振作起來，冷靜下來，找一找原因。我立即將情況向上級領導匯報，大家也可想一想下一步怎麼辦？"

　　工人們還是沉默著，想看看領導對盾構法的態度。韓珍是同工人們戰鬥在一起、生活在一起的。她理解工人們的心情，所以馬上表示說："我們一定要把盾構推到底。"

　　張小龍也堅決地說："對，我們要堅持到底。"

　　方也平聽了這些話，沒有表示任何熱情，態度比較冷淡，只是說："這個嘛，還得研究研究……"

　　梁輝見方也平態度冷淡，痛心地感到自己的老戰友確實已喪失了對新生事物最後的一點信心，打"退堂鼓"了。

　　"老梁！我馬上去組織搶救老馬的事，你怎麼樣？"方也平轉身對梁輝說。

　　梁輝說："好，我倆分工吧。我留在這兒瞭解一下情況。"

　　方也平點了點頭說："那好，我和陳總先走了。"這時，他的眼光一下子暗淡下來，慢慢地走了。

　　梁輝控制著自己的激動，狗皮帽下兩條剛毅的濃眉蠻動著，嘴巴抿得鐵緊。他撐開扎扎實實的大象腿，堅定地站在大家面前。有些工人默默地注視著梁輝，幾個老工人含著眼淚瞧著被淹了的井筒。梁輝走到這幾個老工人面前，沉痛地說："我知道你們的心情。現在，井筒雖然被淹了，但是你們辛勤的勞動絕不會白費的。我們付了一次學費，也積累了一些經驗。任何勝利的取得，都是有代價的，要經過艱苦奮鬥的，是嗎？"

　　"可陳公仁已把我們的井筒判處'死刑'啦！"

　　梁輝聽了這話，像撕裂一般痛心。但他控制著自己的感情，問：“你們能同意他這個判決嗎？”

　　“不，我們絕不同意。”

　　“對，絕不同意！”梁輝很高興聽到這樣的回答，“我們面臨著最艱難的考驗，有人動搖倒退了，可是我們呢？”

　　韓珍立即說：“我們要迎著困難繼續前進。”

　　“對，我們要前進！”大家也異口同聲說。

　　梁輝點了點頭，斬釘截鐵地說：“好！同志們！我跟你們大家一樣，堅決地幹下去！”

　　大家的情緒一下子變了。灰溜溜的氣氛，一掃而光。人們的眼睛裡又放射出熱烈的光彩。

　　“同志們！我們馬上分頭召開事故分析會，找出湧水的原因，準備戰勝困難。”梁輝繼續說，“我們要拿出工人階級的英雄氣概來，堅持走中國工業自己發展的道路，打它一個漂亮的礦山之仗！”

　　工人們聽了梁輝的話，像在心裡點燃了革命的烈火，每個人心頭都熱乎乎的了。

　　“對！我們要為毛主席、為黨爭光。”

　　“我們要堅定不移沿著毛主席指定的方向前進。”

　　工人們都情緒熱烈地分頭去開事故分析會了。梁輝這才與韓珍一起來到了辦公室。有幾個工人正圍著一架電話機，在探問馬連玉搶救的情況。

　　韓珍焦慮地問：“老馬的情況怎麼樣？”

　　有個工人回答：“正在搶救中。”

　　正在這時，梁輝面前的一架電話響了。他拿起聽筒，問：“找誰？哦，礦工醫院，什麼？心臟跳動，呼吸恢復，還處於昏迷中……嗯……嗯……太好了！……真值得大家學習啊！”梁輝放下聽筒後說：“同志們！老馬的精神值得我們每個同志學習。他在昏迷中還叫著：'盾構不能下馬'，在這樣的生命危險時刻，他想到的還是革命啊！"

大家都深深地被馬連玉的英雄行為感動了。

韓珍擦著眼淚說："我們絕不能辜負老馬的希望，我們一定要頂逆風、戰惡浪，把盾構打到底。"

"對！我們保證。"幾個工人都異口同聲說。

電話鈴又響了。一個工人還以為又是礦工醫院來的電話，連忙抓起聽筒，一聽不是，把聽筒交給了韓珍。韓珍拿著聽筒問："誰？嗯，劉克西，嗯、嗯，好吧。"她掛上聽筒沉默了。

梁輝瞧著韓珍問："他說什麼？"

"他要我立即寫事故報告上報。"韓珍嘴唇抖索著，痛心地說："我對不起黨，對不起毛主席，應該承擔這個責任。"

梁輝又跟著尖銳地問："他還說什麼？"

"他要我採取主動，作一個檢查。"

"那麼你看呢？"梁輝又鄭重地問了一句。

韓珍痛心地說："我應該承擔這個責任。"

梁輝微微搖了搖頭，在辦公室裡踱著步，思考著。忽然，他走到韓珍面前，說："韓珍！你想一想，連事故的原因還沒有找到，為什麼他這麼急著要你作檢查？"

韓珍一想，心頭亮堂了。

"鬥爭還很複雜哩！可不能簡單地看問題哪！"梁輝冷冷地笑了笑，又說："究竟為什麼，總會水落石出的。"

工人們也說："韓珍！你放心，大家撐著你！"

韓珍在這樣沉重的壓力下，見領導和同志們這麼支持她，心裡感到了無比的溫暖。

梁輝沉著地又說："同志們！我們思想上要作好充分的準備，更大的風浪還在後邊哩。"

工人們都說："刀山火海我們上，不怕。"

　　這時，以張小龍爲首的一個班的掘進工人走了進來。張小龍說：“梁輝同志！我們當班的工人剛才初步分析了一下事故的原因，大家一致感到按照韓珍同志糾偏方案中的建議，是絕不會讓流砂層穿透粘土層的。因爲，按照方案中的資料，盾構已進入粘土層三米多，挖掉一米，還有兩米多，是可以承擔流砂層的壓力的。按實際挖掘中的情況判斷，粘土層所以被穿透，一定是粘土層不到兩米多，也許一米多，或者更少些。我們懷疑，盾構進入粘土層的資料究竟是否正確？會不會搞錯了？”

　　梁輝問：“盾構下去的深度多少？”

　　韓珍回答：“一百零兩米。”

　　梁輝又問：“這地方的粘土層資料呢？”

　　韓珍回答：“九十八米點五。”

　　梁輝想了想，說：“這麼說，按資料是進入粘土層三米半，是啊！挖去一米，流砂層是不可能穿透的。”

　　張小龍又堅持說：“我們懷疑這資料不可靠。”

　　“嗯！”梁輝背著手，在辦公室裡一圈又一圈地踱著步，沉思著。忽然，他站停腳，面對韓珍說：“把你那份地質資料拿出來看看。”韓珍打開自己寫字臺的抽屜，拿出一份列印的資料遞給了梁輝。梁輝翻開這份資料，發覺盾構所在地方的粘土層資料確實是九十八米五。這麼說，韓珍制訂方案所依據的數字沒有錯。這件事的責任不在韓珍身上。梁輝思考了一下，問：“韓珍，這份資料是向誰要的。”

　　“劉克西。”韓珍認真地回答：“是爲了制訂糾偏方案才向他要的，他說加印好後給我，兩天後就給我了。”

　　“哦 —— ”梁輝心中一動，說：“這件事還是要查一下，究竟資料上的資料錯不錯，如果錯了，太嚴重了。”

　　“照理列印這樣的資料，要鄭重校對的，怎麼會沒有發現呢？”韓珍心裡也暗暗感到奇怪。“有這個可能嗎？”

張小龍說："應該拿這份資料到地質大隊去核對一下,就能證實這份資料中的資料錯與不錯了。"

梁輝贊同地說："對!韓珍,就由你去核實一下。"

"好。"韓珍點了點頭。"我馬上就去。"

"同志們!這次大湧水事故是一次嚴重的事故,我們一定要認真找出原因。"梁輝神態嚴肅地說:"恐怕這中間有更複雜的情況,我們千萬不能喪失警惕性。這裡雖然沒有槍聲,也沒有炮聲,但是,資產階級思想和無產階級思想的鬥爭,兩條路線的鬥爭,依然十分激烈。必須警惕這一點啊!"

韓珍心裡突地亮堂了。她忍不住說:"在這一點上,工人同志就比我強得多,他們敢於從這方面提出問題。可我就沒有想到。"

"要想啊,同志!再過幾十年,那些隱蔽的反革命和歷史反革命死光了,是不是就沒有階級鬥爭了?"梁輝意味深長地問:"我們要想得深遠一些,頭腦就會清醒一點。"

大家聽了梁輝的話,都沉思起來了。

窗外,大雪還在輕飄飄地飄舞著,寒風停止了咆哮,大自然安靜一點了。

"梁輝同志,我有一個建議。"張小龍很嚴肅地說:"我們一方面發動群眾進一步找原因,另一方面動員群眾來想辦法、提措施,戰勝大湧水,將盾構推下去。"

"好,好建議,我贊成。"梁輝高興地說。"你們就這樣動起來。韓珍同志,你應該繼續大膽地抓這工作。"

韓珍點了點頭:"好!"

"那我們走了。"張小龍站起來說。"還沒洗澡哩。"

"好吧,我也要回指揮部去。"梁輝與工人們一起走出辦公室去。

門外大雪紛飛,天開始暗了下來。韓珍見梁輝邁著堅實的腳步，消失在灰暗的冰天雪地中了。

七

方也平一夜沒有合眼，怎麼也睡不好，心緒十分亂。由於抽煙太多，還有點咳嗽。他一直在思考一個問題：三棵樹礦區的盾構法出了大問題，下一步怎麼辦？使他萬萬沒有想到的是，自己過去極力支持的這個礦區，最早開始施工，現在居然變成了"老、大、難"，遠遠落在晚施工的新莊和老莊兩個礦區後面，甚至連井筒也掘不下去了。一想到這一點，他就難受，似乎打了個大敗仗。他感到如今當個大新煤礦的主要負責人比當年淮海戰役時當個獨立師的師長還要難，雖然自己雄心勃勃，還想為黨為革命多做一點事情，可是偏偏事與願違。好像三棵樹礦區成了個橡皮碉堡，你要攻，攻不進；用炮轟，轟不下；你想摔，又粘粘糊糊摔不掉。井筒沒有打下去，把人的意志倒消磨光了。堅持下去吧，曠日持久，不知哪年哪月才能把井筒打到底，簡直毫無希望。讓它下馬吧，可是別人會怎麼看呢？

方也平深感自己肩上擔子的沉重，愁雲籠罩著心頭。他抽著煙，皺著眉，木然不動地站在辦公桌旁邊。忽然，他把煙頭一扔，心裡想："只要能早出煤炭，即使用凍結法代替盾構法，以功代過，也還說得過去吧！不，這態度也很難表示，老梁是不會同意的，三棵樹礦區的大多數幹部、群眾是會有意見的。難哪，真難哪！"

有人敲辦公室的門，方也平說："進來。"

陳公仁進來了。他那光亮的禿頭，長長的眉毛，靈活的小眼睛，顯示出他情緒很好。他搓著手說："老方！三棵樹礦區的盾構法已經'壽終正寢'，你看下一步怎麼辦？"

"不要這麼說，這樣提法不恰當。"方也平皺著眉說。"下一步你是怎麼考慮的？"

"很簡單！"陳公仁乾脆地說："改用凍結法。"

方也平沒有表態，也不作聲。

"除此以外，別無出路。"陳公仁摸起自己的禿頂來。"要不然，新莊和老莊都出煤了，三棵樹礦區還像老牛拉破車拖在後邊，像話嗎？"

方也平說："那當然不行。"

陳公仁在沙發上坐下，坦率地說；"老方，我理解你的心情，也理解你的難處，這樣吧，這問題作爲工程方面的業務，由我們看著辦，交給我，交給工程組，處理得好或壞，我們承擔。"

"作爲業務，你們業務部門可以考慮一些辦法。"方也平提醒陳公仁說；"但要謹慎，先摸一下幹部和群眾的想法，可行的則行，不可行的則止，要處理恰當。"

陳公仁說："這一點我清楚的。"

"那就好。"方也平點了點頭。

陳公仁歎了口氣又說："我真想不通，凍結法在新莊和老莊可以用，在三棵樹的副井也可以用，爲什麼不能代替盾構法？既然外國的施工方法凍結法可以用，爲什麼大鑽機的部件不能向國外進口？"

"你這說法不對頭啊，陳總，要警惕你崇洋媚外思想抬頭。"方也平尖銳地說："大鑽機的部件我們國家自己能夠加工，爲什麼一定要向國外進口呢？這一點，我歷來反對。"

"你看看，王大成至今還未回來，部件也不知什麼時候可運來，這麼拖下去怎麼得了？"陳公仁焦急地說："要說我崇洋媚外，我很難接受，我是要儘快把礦井建成。"

方也平笑了："王大成馬上就能回來，放心。"

"那好吧！"陳公仁站起身來搓了搓手走了。

方也平微笑著搖了搖頭，他覺得陳公仁確實是個"好好先生"，心是好的，就是有點崇洋。雖然是個老知識份子，作風還是正派的，為人也較正直，心裡想的就會赤裸裸的講出來。他認為對陳公仁只能適當的提一點批評，還是以團結為主。所以，他對陳公仁的態度比較溫和。

這時，劉克西拿著一份簡報走了進來，恭恭敬敬地說："老方！關於三棵樹礦區盾構法造成大湧水的事故，搞了份簡報。喏！請你過目。"

方也平看著簡報："主要要找出事故的原因。"

"主要……主要是那個女的……"

"什麼？亂說什麼？"

劉克西自知失言，害怕地眨著眼，連忙更正，說："不，不，主要是韓珍的糾偏方案有問題。"

方也平冷冷地問："什麼問題啊？"

"她沒有考慮到流砂層穿透粘土層的問題。"劉克西結結巴巴地說。

方也平搖了搖頭，不大相信，說："方案我看過，她留下兩米五粘土層，怎麼會穿透呢？你這說法不對。"

劉克西說："可事實是穿透了嘛。"

"穿透了一定有其他原因。韓珍是個能幹的女工程師，並不是糊塗人。"方也平看著簡報，突然懷疑地扭過頭來，目光尖銳地瞧著劉克西，嚴厲地問："是你寫的簡報，嗯？"

劉克西讓方也平尖銳的目光逼視得低下頭去，只是輕聲回答："是我寫的。"

"你怎麼能這樣寫？這豈不是陷害人？什麼'草率制訂方案，不負責任'，胡說八道。"方也平霍地站起身來，惱火地說："把簡報收回來！"

劉克西聽了方也平的話，頭腦裡嗡地一聲，差一點要昏倒了。他萬萬沒有想到，自己處處順著方也平，討好方也平，希望能給方也平一點好印象，結果卻得到方也平這樣的 "報應"，這太使他傷心了。他原打算通過這件事，一棍子把韓珍打下去，誰知竟搬了石頭砸自己的腳。而且萬一追查起來……他害怕發生這樣的情況……

正好梁輝進來，見到這情況，就站在一邊看牆上的地圖。他對方也平當然是比較瞭解的，也知道方也平對劉克西這樣的人會有所覺察，對這一點梁輝還是放心的。

"我對韓珍有一定的瞭解，她是個挺不錯的共產黨員、女幹部，怎麼會像你理解的那樣呢？" 方也平控制住了自己的惱怒，又坐了下來，以比較平靜的口氣說："不，她絕不會像你說的那樣。真不明白，你怎麼會這麼看她。"

劉克西傷心得金魚眼裡流出水來了。

方也平扭過臉來，發覺劉克西哭了，很驚訝，問："咦！你哭什麼？"

"我……我眼睛發炎了。"

劉克西不是眼睛發炎，是頭腦發炎，是因為他的目的完蛋了，是因為他的野心破產了。方也平終究是一個久經革命鍛鍊的老幹部，是能夠指揮千軍萬馬的指揮員，他對某些人來說，有一種威嚴，這種威嚴是劉克西這種靈魂卑微的人受不了的，是相當害怕的。劉克西的哭，先是害怕，後是陰謀破產而傷心，雙管齊下，因此金魚眼裡流出水來了。

方也平看見了梁輝，忙說："老梁，你來了也不作聲，看你這個傢伙……" 他正想走向梁輝，忽然站住，回頭對劉克西說："你還有什麼事？"

"還有一件事。" 劉克西用舌頭舔了舔從鼻子旁流下來的帶鹹味的水，黏黏糊糊地說："王副指揮來電話，說大鑽機部件都已加工好，明天上午就能從上海回來了。"

"好，知道了。" 方也平走向梁輝去了。

　　劉克西這才向外走，邊走邊擦眼睛。他走到門外，眼睛癒了，頭腦也清醒了。他沒有想到，方也平對韓珍是這麼信任，是這麼不可動搖。他原先以爲方也平有讓盾構法下馬的思想傾向，這是一個好機會，自己乘機在韓珍制訂盾構糾偏方案時搞一手，盾構法垮臺，一定會符合方也平的思想，對韓珍也必然沒有好感，這時自己再敲韓珍一棍，不是目的達到了？但現在事情恰恰相反，怎麼辦呢？不要再“偷雞不著蝕把米”，連自己背地裡搞的一手也暴露出來，那可糟糕了。他仔細一想，又放心了。原來，當韓珍制訂盾構糾偏方案時，曾來電話向劉克西要一份三棵樹礦區風井的地質勘探的資料。劉克西同意給她一份。他知道盾構已推下去一百零兩米，而地質勘探資料的資料標明在一百米點一處是黏土層，也就是說盾構進入隔水的黏土層只有一點九米，還不到兩米。他立刻發覺，在這地方糾偏容易造成上面流砂層穿透黏土層而發生大湧水事故。他這一覺察，欣喜若狂，覺得是敲韓珍一棍子的機會到了。他改動盾構進入黏土層處的資料，造成盾構已進入黏土層三米五的錯覺。爲了防止將來被察覺，他特地將修改過的資料交給打字員重新複打了兩份，藉口自己要再校對一遍，將備查底稿拿回來，用橡皮把自己用鉛筆修改的地方擦去，然後再將底稿交給打字員歸檔。這樣就沒有漏洞了，萬一要查，查到底稿，並未塗改，那肯定是打字員打錯了。新列印的資料，一份給韓珍，另一份自己留底。他自己覺得這一手“天衣無縫”，是很“保險”的，是高枕無憂的。他這麼想著，就若無其事地回到辦公室去了。

　　凡是做賊的總是心虛的，劉克西坐在寫字臺邊，腦子裡又活動起來了。當他考慮到萬一事情敗露的後果時，真是不寒而慄。這是什麼問題？是破壞礦井施工，是破壞社會主義建設……他這麼一想，又害怕了。想起剛才梁輝來找方也平，是不是正是爲了這件事呢？他不放心了。於是，他假裝上廁所，又走到走廊上，走到方也平辦公室門口，向裡看去，見梁輝正在向方也平說著什麼，心裡更加慌亂，不當心把走廊上一隻痰盂踢翻了，"咣當"一聲，這可引起了裡邊方也平和梁輝的注意。劉克西連忙走向廁所，進了廁所後心還在激烈地跳動……

方也平見劉克西在門外鬼鬼祟祟的樣子，就警覺地說："老梁！你覺得劉克西這個人怎麼樣？"

梁輝直率地說："據我這些年來的瞭解，此人為人虛偽，喜歡奉承拍馬，資產階級個人主義的名利思想極重，一心想往上爬。思想意識是大成問題的。"

"我很懷疑，他為什麼要寫那樣的簡報呢？"方也平認真地說："我要查一下，他有沒有搞什麼鬼。"

"老方！你在觀察人這一點上很敏銳，這是我多年來很敬佩的。"梁輝懇切地說："我認為，如果你能多接觸接觸群眾，那你還會發現更深的問題。可惜，你不大重視這一點。"

"嗯！"方也平思考著，點了點頭。

梁輝站了起來，陽光照得他瞇縫著眼，似乎是在沉思。過了一會兒，說："老方，你對三棵樹礦區的盾構法施工怎麼看？有堅持下去的打算嗎？"

"堅持？我沒有這個信心了。"方也平的臉上出現了憂愁的陰雲。"這是個橡皮碉堡，我啃了一年半了，始終啃不動它。我不想再啃下去，我要繞道走了。"

"繞道？"梁輝注視著方也平。

方也平深切地說："老梁！我們是在革命戰爭中生死與共的老戰友，我絕不會對你說假話。實踐證明，凍結法是'穩妥可靠，行之有效'的，它說服了我，我心裡真想用凍結法來代替盾構法，但是，我不敢表這個態。我知道，你是會反對的。可是除此以外，還有什麼辦法呢？"

梁輝預料到方也平會走到這一步，現在果然如此，心情很沉重。他說：「老方！你這不僅是對盾構法施工喪失信心，是對毛主席的獨立自主、自力更生的方針喪失信心。我們過去一度路線覺悟不高，通過無產階級文化大革命的教育，應該有所提高，自覺把正確路線作爲指導一切工作的命根子。」

「不，我對這樣的一條路線並沒有動搖。」方也平搖了搖頭說：「我批評了陳公仁崇洋媚外思想的抬頭，反對從國外進口大鑽機部件，這就可以證明。我過去是很支持盾構法施工的，如今我所以想用凍結法代替，並不是我迷信洋辦法，而是要儘快把礦井建設好，提早投產、出煤。」

「不對，你在根本問題上動搖了。」梁輝情緒激烈起來。「盾構法和大鑽機，是體現我們建設方針的，是先進的新技術，我們應該用這些先進的建井設備來代替陳舊、落後的凍結法，而不是因循守舊，抱殘守缺，跟在人家陳舊、落後的技術路子上爬行。」方也平也激動起來：「不，先進與落後，正確與錯誤，關鍵的問題是一句話：提早投產、出煤，這就是標準。」

梁輝聽了這話，不覺一怔，說：「老方，你怎麼能這樣說，煤出得再多，路線錯了，一切都丟了。用‘提早出煤’來區分路線正確與否，豈不是在炒‘唯生產力論’的冷飯？」

「我想不通，既然你支持凍結法上馬是正確的，爲什麼我支持凍結法代替搞不下去的盾構法就錯了呢？」

「一句話，你錯就錯在眼睛裡沒有群眾。」梁輝尖銳地回答說：「我們任何時候只要離開了群眾來考慮問題，就喪失了力量的源泉。就像雙腳離開了大地，腳步就站不穩。開始，你支持盾構法和大鑽機並沒有錯，錯就錯在你脫離實際地片面否定凍結法，讓新莊和老莊四千多工人閑著，造成窩工。這樣，你既丟掉了群眾，也忘記了多快好省。現在，你因盾構施工出了事故，就來個一百八十度的大轉彎，想以凍結法來代替盾構法，在暫時的困難面前驚慌失措，忘記了我們要走中國工業自己發展的道路。

這一前一後，一左一右，你在考慮這些決定的時候，向群眾作過調查研究沒有？瞭解過群眾的情緒、願望和要求沒有？……"

方也平沉默了，陷入了沉思中。

"老方！你變得脆了，缺乏革命的韌性了。"梁輝懇切地說："爲什麼？胸中沒有群眾，也就沒有力量，所以一碰上困難，就退卻，脆弱得很。胸中有了群眾，你就有了力量，遇到的困難再多，你也不怕，就會有革命的韌性了。"

方也平震動了一下，說："老梁！讓我再好好考慮考慮，我們以後再談吧，我……有點頭痛。"

梁輝凝視著方也平，深深地爲老戰友思想上的脆弱而難受。當方也平一步一步走出辦公室時，發覺自己的眼睛濕了。……

八

礦工醫院裡發生了一場大亂，三棵樹礦區的掘進班班長馬連玉不見了。病床空著，病人逃走了。

主任醫生大發脾氣，護士也慌了。醫院裡派出人，到處找，可怎麼也找不到這個不守規矩的病人。

這真是個世界上少見的病人，也許也是世界上最好的病人之一。自從醫生緊急搶救後，病人一清醒，心裡一直掛念著盾構大湧水的事故，幾天來，他在病中考慮了一個封閉流砂的方案，以挽救盾構法，堅持下去。今天上午八點，他怎麼也無法睡在病床上了，一再請求醫生讓他出院，醫生總是不同意。當然，醫生是關心他的健康。沒有法子，他在護士來收拾床鋪時，對護士說："這裡不是有個百草園嗎？我去坐一會兒好嗎？"護士同意了，陪他到了百草園。當護士走開時，他就溜出醫院逃走了。

在公路上，馬連玉搭了一輛卡車，到了三棵樹礦區。他老遠一看，見井架上的天輪不轉，心裡就一陣難受。再看井架下冷冷清清，連眼淚也湧出眼眶來了。

工人們看見了馬連玉，見他還穿著醫院裡病人穿的紫絳色棉大衣，都大吃一驚。大家問：“老馬！你怎麼出院啦？”馬連玉點點頭，說：“我怎麼在醫院裡睡得住呢？我是逃出來的。”

馬連玉雖然四十多歲年紀，身體倒還很健壯的，別看他瘦長的個子，到了井下幹起活來不比小夥子差。這一次大湧水，他被流砂埋住腳、被水淹了頂，確實使他身體傷了元氣。不過，看來只是臉容蒼白了些，別的也沒什麼。

“同志們！我在醫院裡想了一個方案，封閉流砂層大湧水，使我們的盾構繼續推下去……”馬連玉滿懷熱情地向大家說著、說著，發覺周圍的掘進工人全都默默地低著頭，毫無反應。他看看大家，不覺問：“你們都怎麼啦？”

“盾構要下馬啦！”張小龍忍不住說了出來。

“總工程師陳公仁決定改用凍結法開挖了。”

“什麼？”馬連玉一聽這些話，好像當頭一棒，把他打悶了。他氣得手發抖，身體搖搖晃晃，差一點跌倒下來。

“老馬！你快休息一會兒吧！”張小龍扶住了自己的班長。“你放心！韓珍同志找梁……

滿腔的熱情遇到了一盆冷水，使馬連玉受到了一次大打擊。他再也忍不住熱淚滿眶，激動地說：“同志們！跟我走！”他一步一步地走向工地外面，大家都默默地跟著他。

馬連玉走到一口周圍長滿荒草的廢井筒跟前，顫抖的手指指著這口一九六二年被劉少奇錯誤路線砍掉的報廢井筒，含著眼淚說：“同志們！我們能容許歷史重演嗎？”

工人們一看到這口廢井筒，都熱淚滿眶了。大家心裡就像大海怒濤似地翻騰起來，對劉少奇、林彪崇洋媚外的反革命修正主義路線產生了強烈的仇恨……

張小龍含著淚大聲說：“絕不容許歷史重演。”

"打倒劉少奇、林彪的修正主義錯誤路線。"

"我們工人堅絕不同意盾構下馬！"

"我們工人是煤礦的主人……"

正在群情激奮的時候，有人奔來大聲說："同志們！大家看，公路上有一個大車隊馬連玉手搭涼棚向遠處看去，果然公路上出現了一隊重型卡車組成的車隊，煙塵滾滾，向著這邊開來，還隱隱地傳來隆隆的重型卡車的機聲。在場的工人們都紛紛猜測，卡車上裝的是什麼？漸漸看清楚了，卡車上裝的是水泥包。馬連玉說："同志們！這是支援我們的車隊。"

工人們全都注視著駛向礦區的車隊。隨著車隊機聲越來越響，車隊越來越靠近，大家的情緒也越來越熱烈。終於，車隊開進工地來了。浩浩蕩蕩，真是威風。

當第一輛大卡車停車的時候，只見一個人急忙地從司機室下來，大家一看，不是別人，是風塵僕僕的副指揮王大成。他穿著一件民兵的棉大衣，神采奕奕，臉容紅撲撲的，眼睛閃閃有光。馬連玉和工人們一起奔過去，心裡真有說不出的高興。

王大成握住了馬連玉的手說："老馬！同志們！我在上海聽說你們盾構糾偏發生了大湧水，知道你們封閉流砂層一定要用大量的水泥。在有關領導支持下，我給你們運來了一百噸水泥！"

馬連玉一聽這話，心裡一陣發熱，感動得熱淚滾滾了。工人們也都激動得紛紛向王大成同志握手，滿肚子的話真不知從哪兒說起。王大成看見馬連玉的身上還穿著醫院裡的棉大衣，也很激動，說："老馬！你身體還沒有好，就到礦上來啦？"

"大成同志！" 馬連玉激動得說不下去了："我們這兒……"

"不必說了，這裡的情況我剛才在路過新莊時全聽說了。"王大成面對著大家，用鼓舞人心的口吻說："同志們！這次我代表大新煤礦指揮部到上海去解決大鑽機部件加工問題，許多工廠的工人兄弟對我們都十分支持，他們說：'即使不吃飯、不睡覺也要把部件趕製出來！'現在，他們已把大鑽機全部部件都加工好，即將運來啦！"

大家都興奮地鼓起掌來，熱情高呼著。

馬連玉說："這對我們真是雪中送炭啊！"

"同志們！我們即將安裝大鑽機，安裝大隊的工人們也快要到了。"王大成繼續說："我們雖然遇到了困難，但得到了全國各地工人兄弟的支持，我們是一定能取得勝利的。同志們說對不對？"

"對！"大家齊聲響亮地回答。

張小龍大聲地說："有人就是要盾構法下馬，這股冷風吹得很厲害！這一次大成同志運來水泥支持我們，這可大大地給我們打足了氣，我們一定要好好幹！"

"他們吹冷風，我們就要刮熱風，來個針鋒相對！"王大成堅決地一揮拳頭，繼續說："同志們！毛主席親自發動和領導的批林批孔群眾運動已經起來了。我們要深入批判林彪、孔老二的'克己復禮'。'克己復禮'，就是要復辟倒退。歷史證明，凡是要倒退的必然崇洋媚外，崇洋媚外的必然要倒退。有人要我們盾構法施工下馬，這就是倒退。"

"我們要寫大字報，批判'克己復禮'！"

"我們反對盾構下馬，反對開倒車！"

工人們像雷鳴似地高呼了起來。

馬連玉激動地說："毛主席、黨中央真理解我們工人的心情啊！"他振臂高呼："毛主席萬歲！萬萬歲！！"

工人們也縱情地高呼起來，熱情高漲了。

王大成對大家說："同志們！現在我們馬上卸貨。"

工人們個個幹勁足足的，奔向一輛一輛的大型自卸卡車，開始把一袋一袋的水泥從卡車上卸下來。

馬連玉就陪著王大成看了被大湧水淹了的井筒。王大成看了後，問："老馬，措施考慮了嗎？"馬連玉就把自己在醫院裡設想的辦法講了一下。

"老馬！你的設想很好，我贊成。"王大成高興地說："你在醫院還這麼關心革命大事，我很受教育，向你學習哪。"

馬連玉說："大成同志！是你在我們最困難的時刻支持了我們，你為我們雪中送炭，帶來了階級兄弟的戰鬥情誼。"

"韓珍同志的壓力也一定很大吧？"王大成關心地問。

馬連玉點了點頭："那還用說嘛？你去看看她吧！"

王大成向著韓珍的辦公室走去。一個時期以來，在共同的戰鬥中，王大成對韓珍有很好的印象，認為她是我們這個時代的新女性。他走到韓珍的辦公室，發覺辦公室裡空無一人，小黑板上寫著："我有事找梁輝同志去了 — 韓珍。"王大成想了想，就走到韓珍的辦公桌旁，拿起筆來，給韓珍留了一張便條。

工地上熱火朝天。

王大成走過休息室，看到有些工人正在寫大字報，心裡很高興："同志們都行動起來了，事情也好辦了。"

馬連玉跑來說："大成同志！你看大夥兒的勁頭真大啊，一會兒就把一百噸水泥卸下來了。"

王大成一看，真的，那些水泥袋已整齊地堆在主井圈的周圍。大型卡車一輛又一輛開出工地去了。

"老馬！你應該好好休息，我還要回指揮部去。"

"好吧！"馬連玉陪著王大成來到車棚。

王大成乘上一輛草綠色軍用越野車走了。

沒有多久，韓珍就回來了。

韓珍所以急著去找梁輝，是有一件急事。原來韓珍到地質大隊去核對了三棵樹礦區的地質資料，發現盾構所在的地層資料不對頭。地質大隊的原始資料中記著一百米點一進入黏土層，而劉克西給韓珍的地質資料中是九十八米點五進入黏土層，相差一米六。這說明盾構糾偏造成大湧水事故，主要是地質資料上的資料錯誤造成的。韓珍在指揮部找到梁輝就把上述情況作了詳細的匯報。

"好，我馬上把你瞭解的情況轉告保衛組，由他們去進一步調查。"梁輝說這話時嗓門有點沙啞了。

韓珍打量了梁輝一眼，發覺梁輝瘦了些，眼睛裡佈滿了紅絲，臉上有倦容，於是深情地說："梁輝同志！你累了，也瘦了……"

"看你，韓珍！我並不那麼脆，我韌得很，是折不斷的，敲不碎的。我不是脆麻花。"

韓珍瞧著梁輝壯實的身軀，說："我知道，你是一塊有韌性的合金鋼。"

"那你幹麻為我擔心呢？"梁輝笑了。"革命嘛！哪有風平浪靜的？鬥爭是激烈的，只有'不轟就跑，不打就倒'的幹部才會害怕鬥爭。"

"對！鬥吧，我也頂得住。"韓珍滿懷信心地說。

梁輝說："我相信你頂得住。"

韓珍告別了梁輝，就搭車回到了三棵樹礦區。她看見工地上堆滿了大量的水泥，工人們的情緒也大變了，高興得不得了。馬連玉就把自己在醫院裡設想的封閉流砂層的方案講了一下，辦法是：把風井四周十六口降水小井增加深度，加深到一百六十米，用十台深井潛水泵來抽水。水降下去後，再用空氣吸泥泵把井筒裡的流砂吸掉。然後，在構尾部用水泥注漿，切斷水和流砂進入。並採用化學注漿，注入到粉細砂裡去。把水流砂切斷後，再繼續推動盾構。

"太好了，老馬！"韓珍高興地說："十六口降水小井已在加深，這想法和我們大夥的一樣。其餘部分，你比我們想得周到。

再讓群眾討論一下，我們就這麼辦。"他們正商量著，忽然馬連玉臉色大變，說："不好，醫院派人來捉我了，我還得逃……韓珍，你幫忙擋一擋！"說完，馬連玉就拔腳逃走了。果然一輛急救車開進工地來，從車上下來了三個護士。

護士長喘著氣問："你們見到過馬連玉同志嗎？"

韓珍笑著說："啊喲！他不是你們的病人嗎？"

"是啊！"另一個護士說："可他……逃走了。"

韓珍說："啊喲！你們太不當心了。"

"那怎麼辦？走！到宿舍找去。"

"我看你們別找了。"韓珍攔住了護士們說："馬連玉同志來過，又逃走了。你們想，既然一個病人逃得比兔子還要機靈，可見這個病人已經好了。要不信，他跟你們賽跑，準能把你們拋在後邊哩！"

"他又逃到哪兒去啦？"

"地球上，對！在地球上。"

旁邊的工人們全都哄然大笑起來了。

"我看這樣吧！馬連玉同志由我們來找，一定找到。"韓珍顯得一本正經地說："如果他病未好，我們保證把他送回醫院。如果他病已好了，我們也一定到醫院來向你們領導說清楚，出'收條'，沒你們的事了。好不好？"

護士長說："那怎麼行？"

"不行？"張小龍從人堆中鑽出來說："好，那你們找吧，我可以保證，你們找到明天也找不到的。"

護士長看看大家，無可奈何地歎了口氣，就帶著其他兩個護士乘上急救車開走了。

馬連玉聽說護士已經回去，這才從倉庫裡出來，說："好險哪！差一點讓她們逮住了。"

工人們全都笑得前撲後仰了。

　　韓珍忍住了笑，對馬連玉說：“你別老穿著紫絳色棉大衣了，去換換衣服休息一會兒吧！”

　　“哎！”馬連玉這才向宿舍走去了。

　　工人們散了後，韓珍也回到自己的辦公室裡。她洗了下臉，準備坐下來寫封閉流砂層的方案。她走到寫字臺旁，忽然看見臺上有一張便條留著。她拿起便條來看，只見上面寫著：

　　韓珍同志：

　　　　我從上海運來了一百噸水泥，供你們封閉流砂層注漿用。封閉流砂層的方案，你心中是否有了眉目？我聽馬師傅講了他的設想，感到很好。我堅信你們一定能戰勝這個困難，把盾構打到底。大鑽機部件已全部加工好，近日即可運到了。　——你的戰友王大成。

　　韓珍感到：雖然這是一張普通的便條，卻像一團火那樣熱烈，使她心裡感到無比的溫暖，使她增添了戰勝困難的力量，使她想到戰友的可貴。

　　這時，門口有人喊：“韓珍同志！梁輝同志來了，他在工地上向大家傳達上級領導的指示。”

　　“好，我馬上去。”韓珍答應著就向外走。

　　來到工地上，韓珍看到廣大工人和幹部都已聚集在一起了。梁輝站在小山似的石子堆上，他面對著廣大群眾，大聲地說：“同志們！上級領導對三棵樹礦區的大湧水事故十分關心，作了電話指示，並表示向同志們問好！”

　　群眾熱烈地鼓起掌來了。

　　梁輝說：“上級領導說，‘三棵樹礦區採用盾構法打豎井，遇到一些曲折是難免的，只要路線正確，就要堅持下去，最後一定能勝利！’領導上要我轉告大家：堅決支援我們……”

　　群眾中頃刻爆發出一陣暴風雨般的掌聲。

　　“同志們！上級領導還特意問到‘馬連玉同志怎麼樣

了？' 領導上說：'我們有這樣的好工人，就不怕盾構推不下去。'"

馬連玉感動得熱淚盈眶，全場工人都很感動。

梁輝興奮地說："上級領導考慮得比我們還周到，爲了保證井下施工安全，決定調一台一千五百瓦卡車流動發電機來，以防萬一斷電停轉時，我們可以自己發電。"

全場群眾歡呼了起來，情緒沸騰了。韓珍激動得大聲高呼："毛主席萬歲！毛主席萬萬歲！"隨即口號聲、歡呼聲響成一片。

梁輝最後激動地說："同志們！這是黨對我們的關懷和支持，我們一定要以實際行動來回答黨對我們的關懷！"

全場歡聲雷動，口號聲此起彼落，暴風雨般的掌聲經久不息。群眾揮舞著帽子、手套，有的把帽子、手套拋向了天空，形成了一片歡騰、跳躍的動人情景……

九

氣勢磅礴的批林批孔群眾運動起來了。

大新煤礦指揮部，淹沒在大字報的汪洋大海之中了。工人群眾的大字報，感情是熱烈的，觀點是鮮明的。他們批評方也平執行毛主席革命路線的搖擺性，批評陳公仁的崇洋媚外思想沉渣泛起。工人們從批判"克己復禮"，指出"反對開倒車，要堅持前進"。

在這樣的形勢下，對方也平的壓力當然是很大的。方也平表面上顯得很鎮靜，可內心中卻十分苦惱，他對自己的領導能力懷疑了，感到自己落後了。他變得很沉悶，也很少講話和露臉。

那天深夜，在指揮部召開的"揭矛盾、促轉化"的擴大會議上，方也平受到了各個礦區基層幹部的批評，這使他精神上萎靡下來，甚至考慮自己應該"退休"了。在整個會議中，梁輝始終在觀察方也平情緒上的波動。會後，方也平不打招呼，悶悶地回

宿舍去了。指揮部核心領導本來還要研究明天召開工程會議的
事，可已找不到方也平了。結果，只得由梁輝主持會議進行了研
究。會後已是深夜兩點，梁輝痛心地感到自己的老戰友要掉隊了，
決定要找他好好談一次。

宿舍裡靜悄悄的，方也平的房間燈光還亮著。梁輝敲了敲
門，沒有人來開門，一推，門就開了。房間裡煙霧騰騰，方也平
默默地站在窗前抽煙、沉思。聽到身後的腳步聲，他才慢慢地回
過身來。梁輝問：“老方！你這是怎麼啦？是想躺倒不幹啦？連
開會也找不到你的人了。”

方也平答非所問地沉思著說：“看樣子，我領導不了這個
礦，我該退出歷史舞臺了。”他說這話時眼眶都紅了。

梁輝見方也平情緒如此低沉，心裡就像撕裂一般痛苦，跨上
兩步扶著方也平的臂膊說：“老方，這是一個共產黨員說的話嗎？
何況你是一個久經革命鍛鍊的老同志，更不像話！”

在過去長期的革命鍛鍊中，在重大的考驗中，方也平是堅強
的，他從不輕易掉眼淚。可今天，在這和平時期的淮海戰場上，
他感到自己要掉隊了，他再也禁不住熱淚湧出了眼眶。他含著淚
說：“老梁！自從我參加革命以後，幾十年來，我經受過多少出
生入死、艱難困苦的鬥爭，我從來沒有想到過自己要不幹。青年
時，我剛剛投身於學生運動，被敵人關進監獄，受盡了嚴刑拷打，
幾乎死去，但我挺住了。黨把我營救出來後，我只是想一心跟黨
走，從未想過不幹。在戰爭中，我受過重傷，昏迷了十天十夜，
在後方養了一年傷，在那種情況下，我從未想過不幹，出院以後，
我一心追上部隊，幹下去。可現在，我萬萬沒有想到，在這和平
時期的淮海戰場上，我發現自己不行了，掉隊了……真的，我想
讓別的同志來幹吧！我不行了。”

“老方！你不能掉隊，你應該追上去，幹下去！”梁輝扶著
方也平在沙發上坐下，發現自己的老戰友消瘦了，銀髮在燈光下

變得更白亮，也顯得蒼老了。他有多少知心話要對自己的老戰友傾吐啊！可真不知從何說起。想起自己剛來報到的時候，在淮海戰役革命烈士紀念塔前的會面，方也平曾表示壯志雄心。於是說：

"老方！你還記得嗎？你曾對我講過曹操的一首詩：'老驥伏櫪，志在千里；烈士暮年，壯心不已'，我喜歡這幾句詩，這種'志在千里''壯心不已'的氣概，你難道忘啦？"

"我何嘗不想如此，可我追不上啊！"

"拚著死也要追，過去我們就是這麼追過來的。"梁輝拍了拍方也平的背，似乎恨不得自己能把老戰友推上前去。回想過去艱難的革命年代，他不覺富有感觸地說："在我的一生中，我永遠不會忘記這麼一件事。在抗日戰爭時期，我當時是村幹部。一次我抗日軍隊轉移，敵人就趁機反撲。在一個淒風苦雨的夜晚，日本鬼子進了村，對我們抗日民主力量實行了血腥的鎮壓，把我們村七個村幹部全都活埋了。我母親還以為自己兒子也埋了。趁著天黑，她爬到村外活埋我們村幹部的地方，用十個手指挖泥土，挖啊挖啊！她十個手指全都流了血，還是挖，把新蓋的泥土扒開來，摸到了屍首，她把每個屍首臉上的泥土抹乾淨，借著微弱的月光看看，是不是自己的兒子？七個屍首的臉全都讓她抹乾淨，她發覺沒有自己的兒子。，她又爬回村，這才聽說我讓鄉親們藏著，沒有死。她一見到我，用十個血淋淋的手指摸著我的身體，說：'孩子！快！快！追上部隊去！'當夜我就出了村，追我們自己的部隊去了。"

方也平激動地拍了拍梁輝的大手，瞧著梁輝濕潤的眼睛，打從心裡感到自己的感情與梁輝溶和在一起了。"是啊！那時節，我們只有一個心眼，追上部隊去，跟著黨和毛主席幹革命。好像這就是生命，沒有任何個人的東西。"

"對！老方！那時節，我母親從未想到過要把兒子留在身邊，只有一句話：'追上部隊去！'現在我們應該明白了，我們追的是黨、是毛主席、是毛主席的革命路線。"梁輝說到這兒，雙手翻過來握緊了方也平的手搖動著，含著淚說："老方，在過去民主革命時期，你也是這麼追過來的。我們都追了大半輩子了。如今，你六十歲了，我也五十多歲了，難道追到今天，我們就不追了嘛？你想想，過去爲什麼能一心一意追黨、追毛主席，這是因爲我們那時節只有一個心眼，就像你剛才說的'這就是革命，沒有任何個人的東西'。今天爲什麼不能追？還不是因爲有了個人的東西吧？"

方也平聽梁輝這麼一番感人心肺的話，心裡彷彿一下子亮堂了起來。他猛地站了起來，走了幾步，以肯定的口吻對梁輝說："對，老梁！你說得完全對！"

"老方！我理解你，你並不是不想追，但究竟是什麼干擾了你，使你痛苦、消沉，使你不想追下去了呢？是因爲你想個人的東西多了。這就說明，只有不斷地自覺革命，改造我們自己的世界觀，才能堅持繼續革命。這是一條被實踐證明了的真理。"梁輝見方也平又摸出香煙來，連忙把他手中香煙拿過來，放在桌子上。他繼續嚴肅地說："就在這裡，在淮海戰役時，我們是革敵人的命，我們就是要用槍、炮消滅敵人。但是革命戰爭也在改造著我們自己，我們天天面臨著生死的考驗，我們連生命也可以拋棄，個人的東西就比較地少了些。可今天，我們處在和平時期，是建設社會主義的革命階段，我們不僅要革敵人的命，還要自覺地改造我們自己的世界觀。"

方也平臉色平靜了下來，默默地點了點頭，"真叫人不明白，我怎麼一忽兒又錯了？從心裡說，我真不願犯錯誤，可錯誤總要找上門來。"

"老方，"據說，歷史喜歡作弄人，喜歡同人們開玩笑。本來要到這個房間，結果卻走進了另一個房間。在歷史上。凡是不懂得、不認識自己真正的實質。即不瞭解自己實際上……傾向於哪些階級的人們。集團和派別。經常會遇到這樣的事情。'……"

方也平一怔，"這是列寧說的！……"

"對！"梁輝隨口說道，"你那'真不願犯錯誤'的思想是從哪兒來的？還不是因為在文化大革命中受到了衝擊？從消極方面接受了個人避免犯錯誤的教訓。在這個思想的指導下，你把避免個人重犯錯誤擺在第一位，既不能正確對待群眾運動，又不能正確看待革命的新生事物。那自然就要走錯門囉！這就是列寧說的不能真正認識自己所代表的階級和路線的實質所造成的後果。"梁輝瞧著方也平頭上銀白的頭髮，深切地說："你我都是受過黨長期培養、教育的老幹部，在這次文化大革命中，都受過一點衝擊。我們一定要從積極方面來吸取教訓，'吃一塹長一智'，把過去的錯誤化為堅持繼續革命的財富。在文化大革命之前，我們所以站錯隊，犯路線錯誤，其中最主要的一條就是自己在思想感情上與群眾的距離遠了，站到群眾的對立面方面去了。所以我們要接受文化大革命給我們的教育，首先是要加強群眾觀點，傾聽群眾意見，相信群眾的力量和創造力。胸中要有雄師百萬，才能打好仗，這條經驗在社會主義建設中可不能忘啊！"

方也平點著頭說："嗯！你說得有道理。"

梁輝繼續說："今天，在當年這個淮海戰場上建設煤礦，雖然沒有槍聲，沒有炮聲，可是階級鬥爭和路線鬥爭是相當激烈的。過去我們面對的是你死我活的戰爭，今天我們面對的有兩個戰場，一個是看得見的，另一個是看不見的。一個是階級鬥爭和路線鬥爭的戰場，還有一個戰場是在我們自己的頭腦裡，我們還要在自己的思想上不斷革命哪！"

方也平突然使勁地拍了一下梁輝堅實的肩膀，大聲說："好，老梁！這一次你可比我站得高，看得深，我聽你的，我一定接受這一次新的教訓，好好地幹下去！"

梁輝這才高興地點了點頭。"我們要保持過去革命戰爭時期的那麼一股勁。那麼一股革命熱情，那麼一種拚命精神，把革命工作做到底。"

　　"對！我們到底是吃著黨的奶長大的，否則太孬了。"方也平走到洗臉盆前，說："老梁！你休息一會兒，我洗洗臉。"

　　於是方也平就洗臉、刮鬍子，彷彿剛剛生了一場病，這一會兒要出院了。他刮好鬍子，扭頭一看，發覺梁輝倒在沙發上睡著了。他這才發覺窗外已透露出微光。他細細地打量著沉睡的梁輝，激動地想："啊！他太疲勞了，不知已熬過多少個夜了。"連忙輕手輕腳拿來一條毯子蓋在梁輝的身上。他想："讓他多睡一會兒吧。"他又回到寫字臺旁坐下，瞧著梁輝，不覺回憶起了往事。

　　一九四八年十一月六日，偉大的淮海戰役在毛主席親自指揮下開始時。華東野戰軍以雷霆萬鈞之勢，迅速南下，在新安鎮、碾莊地區，截住了西向徐州靠近的蔣介石精銳師旅黃伯韜兵團，擺好了聚殲的陣勢。敵人為了擺脫被殲的命運，拚命逃竄，進行反撲。當時方也平命令梁輝在某河口進行阻擊，這是一場艱苦的硬仗。七天以後，在一個漆黑的夜裡，梁輝所指揮的營勝利地完成了阻擊任務，到師部來報到。當方也平看到梁輝時，只見梁輝軍服成了破布條，軍帽上也有一個槍洞，臉上的鬍子長得像張飛，眼睛通紅，只有嘴巴挺堅韌地抿緊著。方也平問："打得很艱苦吧？"梁輝只簡單地說："那是免不了的。"方也平又說："談談情況吧！"梁輝只是說："敵人來了，我們阻擊，把他們截回去了。"方也平又問："還有呢？"梁輝說："沒有了。"方也平笑了笑，又親切地問："吃飯了嗎？"梁輝搖了搖頭。方也平就出去叫通信員弄一點吃的。等方也平回來，發覺梁輝就在房東的草堆上睡著了。至於這一場硬仗是怎麼打的，梁輝自己一個字也沒有說。直到黃伯韜十五萬人馬已被華東野戰軍全部殲滅，方也平才比較詳細地瞭解到梁輝是怎麼樣完成阻擊任務的。

　　據瞭解，梁輝所指揮的營擊退了敵人十七次衝鋒，有多次是梁輝親自帶領戰士進行反衝鋒把有利的地形奪回來的。他七天七夜沒有合過眼，三天沒吃上東西。

二十六年過去了。今天方也平看到梁輝又這麼呼呼地在沙發上沉睡，真是感慨萬千。有意義的是：那時是梁輝在淮海戰場上打了一場硬仗以後呼呼睡去的，今天在這同一個戰場上梁輝又是打了一場什麼樣的硬仗呼呼睡去的呢？奇妙的是，今天梁輝不是與敵人進行了一場阻擊戰，而是與自己多年生死與共的老戰友進行了一場激烈的思想交鋒後呼呼地睡去的。想到今天梁輝的鬥爭對立面居然是自己，連心也顫抖了。

"要追啊！"方也平激動地在心裡說："我要緊緊追上毛主席的革命路線才對啊！"

他心裡萬分焦急，掛念著三棵樹礦區封閉井筒流砂層的情況，再也坐不住了。他穿上大衣，戴上帽子，輕手輕腳地走出房門。他下了樓，在門房間掛一個電話給車庫，要車子。一會兒，一輛草綠色的軍用越野車開到了門口。他跳上車就對司機說："三棵樹礦區！"

汽車呼地一下開動了。現在是深夜一點鐘，公路在黑夜中變得很模糊，只有車燈的光束在路面上晃動。

當汽車開近三棵樹礦區時，方也平老遠就看到礦區工地上一片燈火，照耀得如同白畫。聽到工地上人聲喧鬧，機聲轟鳴，工人們正在徹夜苦戰。他頃刻感到自己心裡熱乎乎的，好像胸懷裡抱上了一隻火爐子。

汽車一停下，方也平就急忙下了車。

"看！老方來啦！"有人高興地叫。

井架下，工人們情緒熱烈，正處在緊張的戰鬥中。空氣吸泥泵正在啌啌地吼叫，人們的呼喊聲、工具碰擊聲響成一片。雖然在冰點以下的氣溫中，工人們個個汗流滿面，額上汗氣騰騰。井架上掛著一幅大標語："革命加拚命，誓把盾構打到底！今日笑灑千滴汗，明日多出萬噸煤！」

　　方也平處在這緊張、熱烈的戰鬥氣氛中，看到工人們臉上個個滿懷著必勝的信心，自己的信心也逐漸地增強了。他看到鋼纜正在上升，一隻吊桶出了井口，吊桶裡站著汗氣蒸騰的馬連玉。他不覺叫了聲：「老馬！」

　　「老方！你這麼晚還到工地來啊？」馬連玉剛剛在井下探查流砂下降的情況，現在一出井口看到了方也平，又驚奇又高興。他爬出吊桶，就向著方也平迎了過來。

　　「水位降下去啦？」方也平關切地問。

　　「降下去啦！它再不下去，我們工人都說：『就是用口喝也要把井筒裡的水喝乾！』瞧！大家的決心多大？」馬連玉一邊用手套抹著額上的汗珠，一邊滿懷信心地說：「現在正用空氣吸泥泵吸流砂，流砂也下降了。明天中午，定能把流砂清除掉。這樣，我們就能進行封閉工作了。」

　　方也平興奮地說：「這太好了。」

　　「下一步工作還會有困難的，但大家都不怕。大夥說：『困難是彈簧，我們軟了，它就硬了；我們硬了，它就軟了，沒有力量了』只要大夥有這份決心，還怕不能克服困難？」馬連玉興高采烈、眉飛色舞地說：「老方！我們向黨保證，六個月內，我們用盾構打的井，一定趕上新莊和老莊的進度，爭取為社會主義開『特別快車』，創造一個奇蹟！」

　　方也平深深感到，馬連玉的這些話，包含著工人群眾豪邁的氣概，頑強的革命鬥志，必勝的信念。他是那麼激動，那麼興奮，暗自責怪著自己：「為什麼我過去看不到工人群眾的力量呢？聽不到工人群眾豪邁的心聲呢？有這樣的好工人，什麼人間奇蹟不能創造啊？」他瞧著面前的馬連玉，想起上次大湧水的事故，腦海裡彷彿還映現著吊桶下面的一根繩上吊著馬連玉出井口的危險情景。他忍不住問：「老馬！你身體怎麼樣？頂得住嗎？」

"不怕！只要盾構能到底，我拚上了。"

"不，老馬！你還是要注意身體。"說著，方也平把自己身上的軍大衣脫下來披在馬連玉的身上："別受涼感冒了，大衣你披著吧！我下井去看看，你休息一會兒。"說完，他就走向了井口。……

這時候，梁輝尚在方也平的房裡沉睡著。

當黎明到來的時候，方也平才從三棵樹礦區回來。這時梁輝被驚醒了過來，發覺窗外已有亮光，知道自己已睡幾個小時了。他見方也平神采煥發地走到寫字臺旁，拉開抽屜，拿出一份報告，抖了抖，說："讓它見鬼去吧！"方也平拿起火柴盒，嚓地劃著了火柴，把報告紙燒得捲了起來，變成了灰，扔進了痰盂裡。

梁輝驚訝地問："你燒的什麼啊？"

"請求養病的報告。"

梁輝看了看痰盂裡的一團黑灰，又看了看方也平振作起來的臉容，這才興奮地捅了方也平一拳，說："對！這才像個當年有魄力的指揮員，乾脆、利索，一刀兩段。"

"老梁！我們要好好打好這一仗。"方也平又伸開雙手把袖子往上撩了撩，擺開了要大幹一場的架勢。

"哈哈哈……我就喜歡你這個脾氣。"

梁輝洗過臉，與方也平一起下了樓，走到指揮部食堂吃了早點心，就上辦公室去了。方也平雖然一夜沒有合眼，精神卻顯得很好，走起路來身板筆挺，仍不失當年軍人風度。而他身邊的"飛虎營"的營長梁輝，大腦袋，虎背熊腰，邁著兩隻堅實的大象腿，雙手張開著掛在兩邊，就像一頭時時都會向前撲去的猛虎。當他們兩人並肩在指揮部走廊上走著時，同志們都很驚訝，發覺方也平一夜之間變了，變得精神抖擻的了。而且，根本看不出他們兩人之間曾經在路線問題上有過深刻的分歧。他們走進辦公室不久，立即把保衛組的組長也請進去了。

　　八點半鐘，在會議室裡召開了工程會議。各個礦區主要負責人都出席了會議。指揮部的總工程師陳公仁和工程組副組長劉克西也出席了會議。三棵樹礦區的韓珍也來了。最後，方也平、梁輝、王大成三位指揮部主要負責人也進入會議室，他們坐下以後，方也平就問了一聲：“人都到齊了嗎？”

　　辦事組的組長回答說：“都到齊了。”

　　“開會。”方也平利索地說：“在這個會上，我宣佈兩件事。經指揮部黨委討論，報上級批準，副指揮王大成同志補充為黨委常委。還有一件，因工作需要，為加強指揮部工程組的領導力量，我們建議暫由韓珍同志代理工程組組長職務，報經上級批準後再正式任命。同志們有什麼意見？”

　　會議室裡的人全都熱烈地鼓起掌來。

　　只有劉克西垂下了頭，精神極度頹喪。

　　“前個階段，由於我的錯誤，沒有正確執行毛主席的革命路線，因此給階級敵人有了可乘之機，使有些人崇洋媚外思想有了抬頭。廣大工人同志貼出的批林批孔大字報中，對我提出了批評，完全正確。我將向上級及同志們深刻檢查，徹底改正錯誤。”方也平講這些話時，態度嚴肅，勇敢、堅定，使參加會議的同志很振奮。方也平說：“由於我偏離了毛主席革命路線，造成了三棵樹礦區建井施工中的困難，這必須立即糾正。由韓珍同志為主設計的盾構法建井施工中，由於缺乏經驗，是有不足之處，例如推力不夠。但這是難免的，這是新生事物成長過程中的問題。至於這次造成大湧水事故，是因為有人破壞，這是階級鬥爭……”方也平向保衛組長示意。

　　保衛組長打開會議室的門，兩個公安人員走了進來，徑直走到劉克西面前，厲聲地說：“站起來！”

　　劉克西慌了，大聲叫：“不，不，老方！我冤枉！”

　　公安人員把手銬啪地戴上了劉克西的雙手，推了劉克西一下。劉克西在公安人員押送下，跌跌撞撞走向門外。在門外，還傳來劉克西的叫喚："冤枉！冤枉……"

"我們證據確實，絕不會冤枉一個好人。"方也平嚴峻地說："這個人由於利慾薰心，資產階級個人主義思想發展到極端，為了滿足個人野心，不惜採取極卑鄙的手段打擊韓珍同志。韓珍制訂盾構糾偏方案時，他居心險惡地對三棵樹礦區地質資料的資料進行了篡改，送給辦事組打字員列印。按照辦事組規定，列印重要的地質資料，底稿必須存檔備查。劉克西藉口校對，把列印好的兩份連同底稿拿回，把底稿上由他自己用鉛筆改過的地方，重新用橡皮擦去，還給打字員，以圖借禍於人。但是他無法抹去橡皮擦去的痕跡，被保衛組同志查到了。也幸虧打字員工作過細，她在收到劉克西底稿時，發現有鉛筆修改資料，並未在修改處加印章證明，於是就在記事本上記了下來。打字員在記事本上查到這個紀錄，才真相大白。由於劉克西卑鄙地篡改重要資料，造成糾偏施工中嚴重的大湧水事故，幾乎使馬連玉同志犧牲，給國家財產帶來巨大損失。對這種破壞社會主建設的壞分子，我們必須對他實行無產階級專政。同志們！為什麼會產生劉克西這一類人？這是因為我們這個社會主義制度中，還存在階級和階級鬥爭，還存在著資產階級的法權，還有腐朽的資產階級思想的影響。列寧說過："小生產是經常地、每日每時地、自發地和大批地產生著資本主義和資產階級的。"工人階級一部分，黨員一部分，機關幹部中一部分，都有發生資產階級生活作風的。因此，出現劉克西這種人，是活生生的階級鬥爭！"

會議室裡的同志都很氣憤："這傢伙真卑鄙！"

"下面，我們著重討論三棵樹礦區大鑽機和盾構法的施工問題。"方也平回頭對梁輝說："老梁！你說說吧？"

梁輝對方也平有條有理和利索、明確主持會議的作風很佩服，彷彿自己是在出席由方也平主持的師部作戰會議似的。他很高興地說：“老方說過的我都贊成，不重覆了。當前，三棵樹礦區大鑽機的部件、設備，都已準備就緒，應該抓緊上馬，爭取早日開鑽。至於盾構法這一新技術，抓了階級鬥爭和路線鬥爭，付了‘學費’，也摸到了一些經驗，在今後的實踐中當可獲得成功。”接著問韓珍：“現在封閉盾構尾部湧水的進度如何？”

“由於上級領導支持，及時送來十六台深井潛水泵，現在降水情況很好，正在清除流砂。”韓珍回答說：“盾構尾部的注漿封閉施工，後天就可進行，估計不久可以繼續推動盾構。”

“壓力怎麼樣？”陳公仁插上來問。韓珍回答：“原設計壓力四百噸，我們打算增加到六百噸。”陳公仁問：“六百噸推不動怎麼辦？”韓珍回答：“增加到一千二百噸。”陳公仁又逼上一句：“再推不動呢？”“那……增加到二千噸。”“二千噸還推不動呢？”“增加到三千噸。”“如果還是推不動呢？”韓珍的臉紅了：“我們再加潤滑劑。”

陳公仁不以為然地笑了笑，又問：“如果加了潤滑劑還是推不動，你怎麼辦？”

梁輝不等韓珍回答，就插上來說：“下面我們的總工程師也許會問：‘地球毀滅了怎麼辦？’若是回答：‘毫無辦法！’他就會有辦法：‘那麼請你們用凍結法代替吧！’……”

參加會議的同志都哄地笑了起來……

“我們知道總工程師是有豐富的經驗的，按他的估計，壓力加到三千噸，也不一定推得動盾構。因為盾構進入黏土層，經過這些日子在水中泡著，黏土和盾構結在一起，阻力加大了，這是正確的，我們要加以吸取。”梁輝接著態度堅決地說：“但是，工人階級是最有力量的一個階級，它能夠製造盾構，也自然能夠主宰、推動盾構。這一點，總工程師卻沒有想到。他想到的是：應該用凍結法代替。這就反映了我們總工程師對凍結法的迷信。”

“不，我不承認。”陳公仁感到很窘，強詞奪理地說：“如果同志們不是太健忘的話，一定可以記得，在大新煤礦，最初支持凍結法上馬的是梁輝同志，而不是我陳公仁。"

"很好！總工程師，你終於找到一條有力的根據。"梁輝鎮定地微微笑著說："可是你找到的根據是要落空的。在以前，我和你都支持凍結法在新莊和老莊上馬，可我們的指導思想是完全不同的。我們是主張採用凍結法，是為了做到'洋為中用'，你呢，卻用外國的凍結法來否定中國新技術。一個是為了讓外國的舊事物暫時存在，為我所用，並準備逐步用自己的新技術來代替它；一個是用外國的舊事物來壓中國的新事物。看，我們的方法、目的又有什麼共同之點？"

"很好！"陳公仁很尷尬，也很激動地說："讓今後的事實來證明吧。"

"不。"梁輝堅定地說："即使盾構法施工失敗，也不能證明你的觀點是正確的。問題不在某一項技術的成功和失敗，而在於思想路線上的正確與否。我們絕不在技術問題上與你做思想上的賭博，也絕不以技術結論來做思想結論。"

陳公仁的臉色發白了，手指顫抖了。

王大成說："我們要走中國工業自己發展的道路，我們絕不會在陳舊、落後的洋辦法後面爬行，這是肯定了的。"

"對！"方也平站起身來對大家說："同志們！大家還有什麼意見？"

會議室裡的同志都說："沒有什麼新意見了"。

方也平乾脆地一揮手："好，散會。"

十

早晨七點半鐘，梁輝與方也平、王大成、陳公仁一起乘了一輛草綠色的軍用越野車區三棵樹礦區。

　　天氣晴朗，大家的心情也像天氣那樣地明朗、愉快。當汽車在公路上奔馳時，大家談談說說，顯得很隨便。方也平笑著問王大成："大成同志！聽說這次你去上海有人給你介紹物件啦？"

　　"沒有。"王大成搖著頭回答。

　　方也平追了一句："真的沒有？"

　　"有人提起過，可我……沒有時間，真的，那有時間考慮這種事啊！"王大成實實在在地說。

　　梁輝聽王大成這麼說，不覺哈哈大笑起來。

　　王大成驚訝地問："老梁！你笑什麼？"

　　梁輝停住了笑，說："在三棵樹礦區，有人也說過跟你一樣的話……"

　　"誰？"王大成問。

　　"韓珍！"梁輝簡單地回答說。

　　這一下，王大成怔住了。他見梁輝說了這一句話後，顯得若無其事的樣子。方也平會意地微笑著，也不再說什麼。王大成仔細想了想，也暗自笑了。

　　車上只有陳公仁比較沉默，他一直在考慮推動盾構的壓力問題，擔心壓力太大會使盾構變形。

　　三棵樹礦區用盾構法施工的井筒，流砂早已清除乾淨，盾構尾部的流砂層也已注漿封閉，今天要推動盾構了。近幾天，梁輝也一直在考慮一個問題，即是壓力加大以後，盾構本身會不會變形？他作了一番調查，昨天收到了上海鋼廠發來的品質報告。原來製造盾構的鋼，是上海鋼鐵工人特意煉製的，是高強度的特種鋼。從品質報告中的試驗資料來看，這種鋼的強度是相當高的。梁輝堅信工人階級的創造力，也就顯得鎮定自若。

　　汽車開進三棵樹礦區時，大家下了車，都分頭到點上去了。方也平與王大成到主井掌握大鑽機的試車問題，梁輝與陳公仁則到風井掌握重新推動盾構的問題。

在風井的井架下面，工人們正在忙著做準備工作，把一台又一台的千斤頂都準備好了。

"梁輝同志，開始吧？"韓珍心情有點緊張。

"我們需要鎮定而又熱烈的情緒。"梁輝微微笑著說："要作最壞的打算，爭取最好的結果。開始推的時候，你打算用多少壓力？"

"六百噸。"韓珍說。

"不行，一開始就用一千二百噸。"梁輝斬釘截鐵地說："這也是偵查敵情，不一定能推動。要心中有數。"

"那我下井了。"韓珍準備跳進吊桶去。

梁輝戴上礦工帽，說："我跟你一起下。"

"梁輝同志！"韓珍阻止梁輝親自下井去。

工人們也勸阻，以防止發生意外。梁輝心裡明白，大家是為了保證他的安全，他說："別忘記我過去是'飛虎營'的營長！過去在這個淮海戰場上連槍林彈雨也鑽吶，還怕這井下的一點危險嗎？下！"他雙手在吊桶邊上一撐，身子騰空，一下子就跳進巨大的鋼鐵吊桶裡去了。於是，他和韓珍一起下了井。工人們都很感動，說："梁輝同志真棒！"

陳公仁憂鬱地在井口看著他們的吊桶下放著。

吊桶在四米直徑的、管子似的井筒裡下降著，井壁飛快地向上移動。梁輝在吊桶裡說："韓珍！今天這一仗很重要，我們不僅要在思想上批掉陳公仁頭腦裡的崇洋媚外思想，而且要在技術問題上為中國工人階級爭氣。"韓珍默默地點著頭。井壁移動的速度見慢，已進入盾構。那圓筒形的、巨大的鋼鐵盾構操作臺上，馬連玉親自帶領工人們在盾構邊沿裝油壓千斤頂。"硿"的一下，吊桶到底了。梁輝先把韓珍身體托起，讓她跳出吊桶，接著自己也跳出了吊桶。

井下的工人見梁輝親自下來指揮，受到了很大鼓舞。他們發覺梁輝站在井底，是那麼魁偉，撐開著兩隻扎扎實實的大象腿，好像是不可動搖的。梁輝讓人感到了信心，增添了巨大的力量。韓珍深切地感受到，在梁輝身上有一種鋼鐵般堅強的意志。她問馬連玉：「準備好了嗎？」

「準備好了。」馬連玉在上邊操作臺上回答。

韓珍瞧了梁輝一眼，梁輝微微點了點頭。

「壓！」韓珍的秀眉一揚，堅定地下命令。

鋼鐵盾構邊沿上的油壓千斤頂，一台又一台排列著，韓珍一聲令下，千斤頂同時增壓，很快增壓到了一千二百噸壓力。只聽得盾構吱吱格格地響著，紋絲不動。

馬連玉大聲叫：「推不動，推不動。」

韓珍額上冒汗了，說：「停！」

操作臺上的電話響了起來，馬連玉拿起聽筒，聽到了總工程師陳公仁的聲音：「注意！注意！當心盾構變形。」馬連玉掛上電話，對下面說：「總工程師要我們注意防止盾構變形。」因為盾構一變形，那就永遠也別想推動了。

聽到這些話，彷彿盾構邊上的千斤頂不是壓在鋼鐵上，而是壓在韓珍的肩膀上了。韓珍用計算尺算著增加千斤頂的台數，用眼睛徵求梁輝的意見。梁輝全身的骨節似乎也在格格地響，好像他身上正壓著千萬噸的壓力，在用他的身體頂著。忽然，梁輝從牙縫裡露出一句：「增壓！」韓珍感到很緊張，全身都出汗了。她大聲說：「增加油壓千斤頂，加到二千噸！」

操作臺上的工人連忙搬動千斤頂，增加台數。

韓珍用毛巾擦著臉上、脖子上的汗水，問：「好了嗎？」

「好啦！」馬連玉大聲回答。

梁輝一點頭，韓珍堅決地喊：「壓！」

盾構邊沿上吱吱格格的響聲叫得十分淒厲，甚至讓人感到有一種破裂似的聲音。

"推不動，推不動。" 馬連玉焦急地喊。

"停！" 韓珍感到自己連氣也喘不過來了。

"啃不動你老子不爬出井筒了。" 梁輝突然粗聲粗氣地罵了一句。好像他是在陣地上，遇到了頑強的敵人，準備狠狠地把他們徹底消滅。他憤怒地說："增壓！"

韓珍用手一撩頭髮，也拚上了："增壓到三千噸。"

操作臺上的工人都緊張地喘著氣，一陣忙亂地搬動油壓千斤頂的鋼鐵敲擊聲，馬連玉喊："好了。"

井下的空氣空前的緊張，似乎到了決戰時刻。

"萬一盾構變了形，那就全完了。" 韓珍頭腦裡掠過這麼一種想法，她心頭一陣冰冷，遲遲沒有下命令。

"在戰場上，我們不把敵人吃掉，就會讓敵人吃掉，打仗就一定要有必勝的信念。" 梁輝一動不動地站在井底，他的身體就像石柱那樣堅實。他對韓珍說："下狠心，幹！"

韓珍慢慢地舉起手臂一揮："壓！"

正在這時，操作臺上的電話瘋狂地響了。

梁輝火了："別理它。"

韓珍尖聲叫了一聲："壓！"

在盾構鋼鐵的邊沿上先是吱吱格格地響著，越響越淒厲。這時，梁輝彷彿看到敵人像蟻擁似地爬過來，在彌漫的硝煙中，在強大的火力下，敵人在紛紛地倒下去。吱吱格格的響聲，成了機槍的叫喚，成了步槍、手榴彈的爆炸聲。淒厲的響聲，成了敵人倒下去的慘叫。可是敵人十分頑強，坦克也爬過來了。……

"推不動，推不動！"

"油壓千斤頂全用上了，沒有了。"

韓珍在一邊說："手搖的千斤頂還有。"

"全給我上！" 梁輝下定決心，讓營部的通信員、警衛員、衛生員以及其他工作人員全都投入戰鬥……

　　“壓！”韓珍好像在很遠的地方喊著。

　　吱吱格格……火力越來越猛，敵人的坦克被炸掉了。大批的敵人在陣地前面倒下，慘叫著，嚎叫著。陣地上一片火海，火藥味嗆人。梁輝猛地跳出戰壕，大聲喊道：“同志們衝啊！”衝鋒號在響亮地召喚，戰士們全都使步槍上了刺刀，蜂擁地跳出戰壕，像潮水般向著潰敗的敵人衝去。陣地前面全是敵人的屍首，戰士們跳躍著，奔跑著。紅旗在硝煙中飄舞，戰場上響起了勝利的歡呼……

　　突然，梁輝的眼前煙消雲散，周圍一片平靜。他看見含著喜悅的眼淚的韓珍把她的毛巾遞過來：“梁輝同志！擦擦吧！”梁輝接過毛巾，這才發覺自己臉上、脖子上全是汗。

　　“推下去啦！推下去啦！”

　　“我們勝利啦，勝利啦！”

　　梁輝這才邁開堅實的腳步，朝盾構移動的地方看了看，是的，盾構壓下去了，勝利了。

　　馬連玉已用電話報告地面上的同志，從井口上面也傳下來一片勝利的歡呼聲。這是淮海戰場上又一個勝利，也是梁輝在某河口又一場的阻擊戰。在歡呼聲中，梁輝幫韓珍跳進了吊桶，自己也進了吊桶，吊桶漸漸上升了。

　　在井口，方也平向他們迎了過來。

　　“韓珍同志！祝賀你！”方也平握了握韓珍的手。他反過身，拍了拍梁輝的肩膀：

　　“老梁！你又打了一個阻擊戰，辛苦啦！”

　　梁輝笑了笑了，敬了個禮，說：“報告師長！任務勝利完成！”

　　方也平捅了梁輝一拳，兩個人都縱聲大笑起來。

　　陳公仁在一邊很尷尬，一聲不響。梁輝走過來，說：“總工程師同志！我們的爭論在思想上和技術上都可以結束了吧？”

"當然,你是正確的。"陳公仁摸了摸自己的禿頂。

"我認爲你也有正確的地方。"梁輝豪爽地說:"我很感激你對盾構壓力的估計,讓韓珍和我在思想上有了準備,盾構下去,也包含著你的正確意見,你也應高興啊!"

陳公仁難受地說:"謝謝你這麼鼓勵,而我談盾構壓力的意圖是想取消盾構,看來我是有崇洋媚外思想,我是應該向黨、向群眾檢查的。"

方也平說:"這又何必呢?思想上解決了,就行了。"

梁輝握住陳公仁的手說:"很好,今後讓我們好好合作,團結起來,共同戰鬥吧!"

陳公仁點著頭:"當然,當然。"

這時候,從主井那邊,也隨風送來了一片歡呼聲。方也平說:"我剛才在主井,現在大概大鑽機也開動了。走!我們一起去看看。"於是方也平、梁輝、韓珍、陳公仁一起向著主井的方向走去,看見王大成已在那兒了。

大鑽機即將開鑽的時候,韓珍和王大成站在一起。方也平和梁輝邊看邊商量著工作。韓珍對王大成說:"這是一對多麼好的老戰友啊!"

王大成回答說:"對,我很羨慕這樣的戰友。"

韓珍水晶似的眼睛瞧著王大成,毫不掩飾地說:"大成同志!你看我們能成爲好戰友嗎?如果我有你這樣的戰友永遠在一起,是會很高興的。"

王大成呆了一呆,心裡突地清醒過來,激動地紅著臉說:"那……我真是求之不得,會感到很幸福的。"

韓珍一聽,格格地笑了。

在他們周圍的人,完全聽清楚了他們之間的談話,但是誰也沒有理解他們談話的真實內容。當然,我們的讀者是完全能理解的,這是新時代人與人之間建立共同感情的特殊的新方式吧?

　　在藍天的襯托下，大鑽機的機架高聳入天，巍峨、雄壯，很有氣魄。機架周圍，全是人群。大鑽機的鑽桿在轉動，鑽頭在地面上發出嘩嘩的響聲。那只大鑽頭，有一百多噸重，以鑽床相比，這是世界上最大的鑽床了。

　　陳公仁高興地說：「盾構下去了，大鑽機開動了，這就一切叫人放心，一切都好了。」梁輝搖了搖頭說：「不，形勢很好，問題還會有。」

　　「對！還有新的鬥爭在前頭。」方也平也馬上說。

　　鑼鼓敲得震天響，人們又歡呼起來了。……

　　這是在一九七四年十月一日，是中華人民共和國建國二十五周年的國慶日。天氣晴朗，藍天白雲。在淮海戰役革命烈士紀念塔，遊人如潮。這時，一輛草綠色的軍用越野車急馳而來，從車上下來兩個人，一個是方也平，另一個是梁輝。梁輝手裡拎著一隻大提包，重沉沉的。他們兩人神采煥發，態度莊重，一步一步在宏偉的石階上走上來。

　　「我已經習慣了，每次當我經過這裡，我總要到這兒來走走，緬懷革命的先烈。」方也平一邊走一邊感慨地說：「每次回想起淮海戰役勝利，總會體會到偉大領袖毛主席無產階級軍事路線的偉大、正確。同時，也能使自己不忘記在和平時期、在社會主義建設中繼續正確執行毛主席的革命路線 —— 特別是在今天，我的體會更深切了。」

　　梁輝邁著堅實的大象腳步，頻頻地點著頭。

　　「實踐又一次證明，正確執行毛主席革命路線就是勝利。以前一度把三棵樹礦區看成『老、大、難』，是落後的『小三子』，今天由於堅持貫徹毛主席獨立自主、自力更生、奮發圖強的建設社會主義方針，成了老大了。而且，三棵樹礦區首先出了工程煤。以前真是怎麼也想不到啊！」方也平興奮起來，用手觸了觸梁輝拎著的手提包，繼續說：「就在今天，在我們偉大的建國二十五

周年國慶日，我們就能拿著這一提包三棵樹礦區的工程煤向黨去
報喜了。到後年，我們就能大量地出煤，支援工業建設了。"

梁輝只是一步一步地走著，沉思著。他站住了，憑高遠眺，
遠處的淮海湖在陽光下閃耀。這粼粼的波光，就像萬頃的煤海。
梁輝情不自禁地笑了。

"老梁！你在笑什麼？" 方也平瞧著梁輝問。

梁輝猛醒過來，說："你看，這淮海湖下的萬頃煤田，應該
讓它早日為社會主義建設作出貢獻。我們應有一個長遠的打算。"

"對！我們必須有個打算。" 方也平點著頭說。

"我想，下一步應該使金橋、東河兩個礦區投入施工，採用
大鑽機和盾構施工新技術，使我國自己設計、自己製造的新的建
礦設備遍地開花，逐步地淘汰落後的凍結法。" 梁輝瞇縫著眼看
著高處，看著高高矗立的革命烈士紀念塔。"如果你同意的話，
我這次就正式向上級談一談這個打算，讓上級定了以後，我們就
立即開始行動，來個新戰役。"

"對！" 方也平笑了。"我們要渡江嘛！"

"再來它個百萬雄師下江南。"

"徹底扭轉我國北煤南運的局面。"

兩個人高興地呵呵大笑起來了。

他們一起走到了莊嚴、肅穆的淮海戰役烈士紀念塔前，塔前
浮雕下，放滿了鮮花。說明在中華人民共和國建國二十五周年的
國慶日，人民永遠不會忘記千百萬用鮮血換來勝利果實的革命烈
士。方也平和梁輝默默地低頭默悼著，悼念那些曾經和自己一起
共同戰鬥過的、英雄的戰友。每次都是這樣，想起那次偉大的戰
役，他們就會激動。過了一會兒，梁輝從提包裡拿出一塊煤放在
鮮花中間了。

當他倆從石階上往下走時，忽然看見門坊下又停了一輛草綠
色的軍用越野車，車上下來兩個人，一男一女，穿得很整齊。原

來男的是王大成，女的是韓珍，兩個人飛快地向上奔來。梁輝說：
"看見嗎？兩個'沒有時間'的人一起來了。"

方也平笑著說："他們是來送你的啊！"

當韓珍跑到他們面前時，梁輝見韓珍穿了件墨綠色的兩用
衫，淡色西褲，脖子上圍著粉紅絲圍巾，把她的臉襯托得紅撲撲
的，不覺說："譴！原來韓珍還是這麼個漂亮的女同志啊？沒有
想到……"

"梁輝同志！看你說什麼啊！"

大家都哄地一聲笑了。……

到了火車站，沒有多久，一列特快列車就進站了。梁輝上了
火車，方也平說："老梁！如果上級領導有時間，你把我們礦上
的情況詳詳細細作個匯報。"梁輝頻頻點頭。當列車開動時，韓
珍靠著王大成同志說："這是個多麼扎實的老同志啊！"方也平
一直望著列車遠去，涼爽的風吹拂著他那銀白的頭髮。列車消失
在路軌的盡頭，不見了。當他們三個人一起往回走時，彷彿梁輝
還在身邊，搖動著魁梧的身體，昂首挺胸，邁著堅定、有力的腳
步，一步一步向前走著……

（選自《戰地春秋》，上海人民出版社 1975 年 3 月版）

屏風嶺哨兵

任 斌 武

一

炮連偵察班長宋雲中，奉命調往前沿島嶼屏風嶺觀察哨工作。今天上午，他把東西收拾了收拾，提前吃了午飯，便背起背包上路了。

宋雲中一路大步趕著，昨晚金參謀長叮囑的幾句話還一直在他的腦際縈回。屏風嶺觀察班長梁山，半個月前已有命令公佈到炮連當副連長了。他身上有許多寶貴的東西，參謀長要宋雲中好好探索探索，把他的實踐經驗儘快學到手裡。這幾天，聽說梁山接連給參謀長寫了兩封信，要求眼前一段時間，無論如何不要讓他下山，可是總不能久留啊！

宋雲中在迎風港岸邊收住了腳步。去屏風嶺需從這裡覓船起渡，他放眼沿著岸邊搜索過去：在上游岩坡下泊著一條小船，纜繩牢牢繫在棵小棕樹上。岸邊石崖上，直挺挺地坐著一位大個子戰士，身上背個挎包，手裡拿著個大本子，全神貫注地畫著什麼。宋雲中大步趕到他跟前，悄聲地落下腳步，站在他背後看了兩眼：噢，在畫船哩！只見一隻頭高尾低的大船，深灰色的船體，雪白的建築物，高聳的龍門吊桿，落在紙上真真切切，連船頭上的船號和幾個阿拉伯字碼都畫得那麼工細。別看那只大手攥著支小小的畫筆，運筆卻十分熟練，只是背上沁出大片汗漬。

　　"嗯？顏料呢？糟糕！"那大個子戰士回頭要去蘸顏料，不料筆一伸撲了個空，急燎燎地出了聲。

　　宋雲中急忙抬腳，唏！可真是糟糕，一隻香煙盒大的小紙盒踩在他的腳下了。低頭細看，原來是一盒小學生用的那種六管水彩顏料。弄得他挺不好意思，連忙歉意地陪笑。大個子戰士回過頭，大眼睛一瞪："啊呀！糟糕，糟糕！"

　　這人嗓音挺重，卻並不氣惱，連忙把踩扁的顏料管拿在手裡捏巴捏巴，吹了吹泥沙，又把那只被踩壞的小紙盒整了整，仰起臉朝這位陌生的同志挺友好地笑了笑，又轉過身去作他的畫了。

　　宋雲中覺得這大個子淳樸、爽朗，便搭訕著問道："同志，這畫的是什麼？"

　　"船嘛，剛剛出廠的！"他說罷，又笑笑補充道，"這是一份禮物啊！"

　　"這算什麼禮物呀！"

　　"這個你就不理解嘮！"大個子戰士神秘地笑了笑，手裡的畫筆塗抹得更歡暢了。

　　這時，突然一陣風從海上刮來，迎面掀動著那大本子上的紙頁，忽啦忽啦一張一張飛速倒翻過去，宋雲中正好循序瀏覽了一遍。一個數百頁厚的大本子上，畫的全是各式各樣的船舶艦艇，而且都用不同的色彩描繪得十分逼真。風息了，翻動的紙頁又停在原先那艘造型十分奇特的船艇畫面上。這張圖的底部還寫著兩行小字，寫的是什麼，宋雲中無法看清。也妙，就是這陣迎面而來的風，把放在大個子戰士身旁的一頂大草帽掀翻過來，寬闊的帽檐下呈露出四個大字："雲崖哨兵"。宋雲中一看這字，心頭一亮：人們不是都把屏風嶺觀察哨稱作"雲崖哨兵"嗎？莫非他……

　　"同志，你是屏風嶺觀察班的吧？"

　　"你是？……"大個子瞪圓了那雙虎虎有神的眼睛。

宋雲中說出了自己的姓名和來意。大個子戰士忽地從石崖上站起來，眨動著眼睛把他上下打量了幾個來回，然後嘿嘿笑著，板板正正向這位新來的班長敬了個禮。宋雲中這才認出，這大個子就是屏風嶺觀察班的班長梁山。今年春天，在全團大會上，還聽他介紹過如何克服文化水準低的困難，刻苦攻讀馬列著作的經驗。倆人熱熱乎乎交談了幾句，宋雲中想起金參謀長曾說過梁山信上提出的要求，還交待了幾句話要他捎給梁山。宋雲中一說到這樁事兒，梁山大手一擺說："這事兒關係到軍事秘密，不能在這裡張揚，到了山上慢慢說吧！走，上船，我送你過去！"

說著，梁山連忙收起攤子，把畫筆顏料大本子統統裝進了挎包，轉身就去解纜繩。這時，遠處突然傳來一陣隱隱的汽笛聲，他立刻直起身子，側愣著耳朵仔細聽了片刻，又改變了主意："你先走一步吧，我得去調查一下新來的 '戶口'。喏，順著海邊一直往下走，找到浪通門渡口，準碰上個背羊皮鼓的戰士，那就是咱們班的鐘英敏，用不著介紹，你就叫他小鐘，沒錯。"

說話間，一條簇新簇新的小拖輪已在遠處拋下錨，梁山駕起輕舟趕了過去……

二

梁山說的一點不假，宋雲中趕到浪通門渡口，稍等了一歇，就見一個戰士背著只軍樂團用的那種大鼓，急步朝渡口趕來。

這戰士中溜個兒，瘦精精的臉兒，一雙活潑靈動的眼睛煞是有神。宋雲中迎上去招呼了一聲，來了個自我介紹。鐘英敏眼裡閃發著驚喜的神色，迎著他問："你見到梁山班長了吧？"宋雲中把梁山班長要他先走的意思說了，他應了一聲，轉身從崖下拖出了一條小舢舨，先裝上那只大鼓，又提著背包把宋雲中領上了船，自己往船尾上一站，抓起櫓柄輕輕一搖，小舢舨悠然地離了岸。宋雲中背著船頭和小鐘對面坐著，看看他嫻熟地搖櫓駛船，便拉呱起來：“你這一手功夫是在家裡就有點底子吧？”

小鐘笑了笑，頗有感觸地說：“哪裡，這硬是讓班長逼出來的。今年我剛入伍來到山上，梁山班長一邊領著我們批判林彪反革命修正主義路線的極右實質，一邊帶著大家苦練識別目標的眼力。專業訓練才搞了個把月，那天班長突然問我·‘小鐘，你看狼窩礁有啥變化呀？’我拿起觀察鏡望了一陣，沒發現有什麼不正常，就乾脆回答說：‘什麼變化也沒有。’班長沒吭聲，劃著小船把我帶到近前看了看，唔，原來炮連在那裡豎的一根茶杯粗的標桿讓風刮倒了，弄得我乾張嘴巴沒話說，從這以後，先是班長帶著我，後來是我自己劃著小船把周圍的方位物、觀察點挨個現地熟悉，連一棵小樹，一塊石頭都得記下來。”

宋雲中目光掃了一下那只大鼓，又問：“你們準備演什麼節目，要這麼大個鼓？”

“演節目？”小鐘笑笑說，“這個節目叫‘捉拿黑老鴰’。”

“唔？黑老鴰是什麼玩意兒？”

“這個，梁山班長叫它‘一號目標’，”小鐘笑著搖了搖頭，用一種使人捉摸不透的語氣說，“這來龍去脈說起來可就複雜囉！”

小船在微波起伏的海面上緩緩行進著。沒等宋雲中再提問，小鐘便敘說起他們對付“一號目標”的故事：

“反正你就要在咱們山上工作了，先向你介紹點情況也好。你興許知道，咱們這個觀察哨，是負責把守屏風嶺前邊三條重要航道的。海上的情況有多複雜呀，漁輪、輪客、商船、兵艦，南來的北去的，國內的國外的，一天到晚不知有多少船舶艦艇從你眼前過。我剛上山不久，梁山班長就向我交代說：‘做個屏風嶺的哨兵，對眼前經過的各種各樣的船舶艦艇，都得像熟悉你自己

村上的張三李四那樣，一打影兒，就能認出他是誰，聽個咳嗽聲，
就能叫出他的名和姓兒。' 班長真正的意思，還是那只'黑老鴰'
探出腦袋，我才開始琢磨出一點來。那是前不久的一個早上，海
面的大霧剛剛退去，狼窩礁那邊忽然冒出了一隻從來沒見過的怪
物，不像兵艦，也不像鮮船。明明看它頭朝南，可又在往北走，
像是開倒車。走的航道也不大對頭。我站在觀察臺上，用觀察鏡
盯了好一會兒，還是頭朝南，往北走。末了，梁山班長帶著全班
到觀察臺上去一'會診'，這才識破。這傢伙真是詭計多端，它
有意把船面的建築物建在前頭，來了個頭尾顛倒。它的速度很快，
聲音也怪，一看就是個專搞陰謀詭計的玩藝兒。梁山班長費了好
大的勁兒，想察出它的類型和國籍，可距離實在太遠，沒等看清，
海上霧又大了，那傢伙也乘機調轉屁股溜掉了，只是在梁山耳朵
裡留下一絲兒隆隆的像打雷般的聲響。當時，班長向龍山指揮部
作了報告，指揮部要我們熟記特徵，嚴密監視。誰知，打那以後，
再未見這傢伙蹤影。梁山班長卻根據他的記憶，一筆一劃把它畫
在一個大本子上，註上發現這目標的日期，作為一椿沒了的心事，
交給了全班……"

聽到這裡，宋雲中眼前浮現出梁山畫本子上那輪廓奇特的船
形圖案，忙截斷了小鐘的話，問："那目標發現的時候在什麼位
置？"

"在狼窩礁東北。"

"哦 ── 那超出我們的觀察區域了嘛。"

小鐘搖搖頭笑了："當時我也是這麼說，可梁山班長一聽，
繃起臉，亮著嗓門兒說：'哪個說的？超出觀察區域，可沒超出
一個哨兵的責任！'"

宋雲中笑道："梁山班長可真厲害喲！"

小鐘介面說："嗯，厲害的還在後頭哩！你聽過晴天打雷
嗎？"

宋雲中有些茫然：“這可沒有注意。”

“咱們班的‘敵情賬’上有這麼一筆。”小鐘又繪聲繪色地講敘開了，“自從梁山班長抓住這只‘黑老鴰’，就不放手了，領著全班折騰了好些日子，卻再沒見那‘黑老鴰’的影兒。日子一久，我的勁頭也不大了。梁山班長抓住我的鬆勁情緒，給全班立了個‘軍令狀’：‘咱們屏風嶺哨所得向祖國人民，向毛主席下個保證，練出一手穿雲破霧的本領，只要那‘黑老鴰’再在這裡露頭，就得要它老老實實留下地址姓名！’人家不是常說大海撈針難嗎？梁山班長就有股大海撈針的勁兒。他帶領我們練遠距離捕捉目標，要求從雞籠山到狼窩礁這段距離上，靠聲音辨別出目標的類型和方位，報出它所屬地區或國籍。這可是難哪，人的耳朵嘛，聽力總是有限的，我憋不住了，把心裡的想法直杵杵兜了出來。我說：‘班長，別折騰了，海軍有雷達，有聲納，要是‘黑老鴰’再送上門來，還跑得了它！’我的話沒說完，梁山班長大眼睛一瞪，說：‘那黨和人民要我們在這裡幹什麼？雷達、聲納有它的任務，我們有我們的責任。咱這雖說是輔助觀察哨，也是海防線上這天羅地網的一個網扣子！’這話堵得我直打愣怔。第二天，梁山班長從營部衛生所要來了一副聽診器，又從學校裡借來隻大羊皮鼓。喏，學校那隻送還了，這是剛買來的。”

這番敘述，深深吸引著宋雲中。聽到這兒，他的目光又落在舢舨當中的羊皮鼓上：“這辦法管用？”

“管點用。梁山班長在山上挖了洞，埋下了一口大水缸，搗咕著，一忽兒把大鼓扣在水缸口上，按上聽診器聽聽；一忽兒把鼓面挨著地放平，再按上聽診器聽聽，來回試驗著。你別看它土氣，總算起了點作用。近些年，群眾還靠這法兒測地震呢。不過梁山班長說，這只是些輔助辦法，最靠得住的還是要練，要爬‘高坡兒’。眼前，正爬得來勁兒呢！”鐘英敏大概意識到這一陣光顧講故事，船走慢了，歉然地笑了笑，手裡一加勁兒，櫓搖得呼呼生風，小船撒著歡飛馳起來。

"小鐘 ——"突然一個渾厚的喊聲從半空中飄落下來。

小鐘翹首一看，笑道："班長你看，周虎接咱們來啦！"

宋雲中回頭仰望，山腰一條線似的蜿蜒小路上，一個戰士的身影流星般地飛來，看看這熟練俐落的動作，就知道是觀察班的一個老戰士。

哨所雖然攏共七八個人，可是學習訓練，戰備執勤，搞得熱氣騰騰，沒有一絲含糊。鐘英敏更是個活躍人物，他把梁山一點一滴摸索出來，傳授給他那一套套的實踐經驗，編成了順口溜兒，經常掛在嘴上："機帆船嘣嘣嘣，登陸艇咚咚咚，小炮艇騰騰騰，大漁輪隆隆隆，護衛艦像蜜蜂……"唱得叮噹脆響。

宋雲中來到山上的第三天中午，海上起霧了。大霧像是不知從哪兒冒出來的大股大股濃煙，滔滔滾滾從四下往山上湧聚，一霎間，哨所就成了"雲上人家"。大夥剛吃過午飯，梁山跨著大步從門外進來，大手一揚喊了聲："集合！"全班忽隆一聲衝出門去，齊嶄嶄地在觀察臺上站好了隊。

"課目：識別目標考核！"梁山下達了課目，放低聲音說，"有風，霧在山下；無風，霧罩山頂。現在山上霧濃，山下視界良好，正是考核這個課目的好時機。副班長到山下觀察'檢靶'，準備開始！"

考核開始了。山上是濃重的霧帳，海面船舶艦艇的馬達聲，時而隆隆的由遠而近，時而嗵嗵的由強轉弱。梁山先考核了兩個老戰士，下一個應考的便是小鐘了。一陣響聲隱隱而起，梁山問："小鐘，現在五千米外的海面上來了一條漁輪，你作出報告，這是誰家的？"

"我們的唄！這個還聽不出。"

"這條漁輪是哪個地區的？"這才是班長給他準備的考題兒。

　　小鐘沒作回答，瞇起眼睛，嘴唇翕動著，足有兩分鐘，也沒作出個答案來。末了，班長指名周虎給他回答。周虎啪地一個立正，出口就是答案："八十五噸的天津漁輪！"

　　經過副班長'檢靶'記錄證實，全班成績都不錯，惟有鐘英敏勉強及格。梁山講評完了，特意對小鐘敲打了兩句："在咱們這個崗位上，不爬上這個'高坡兒'，就完不成任務。小鐘要從階級鬥爭觀念上找找原因……"

　　經過幾天的訓練執勤生活，宋雲中才越發領悟到梁山班長為他準備的這份禮物的用意。這委實是一份厚禮啊，一個大厚本子上畫著近三百張不同類型的船形圖，張張畫得逼真、工細。而且每張圖下都注釋著類型、代號，所屬地區，國籍和聲音特徵。不難看出，這是梁山幾年來親手積累的資料，而後頭的一部分顯然是最近突擊畫出來的。這裡灌注著多少寶貴的心血啊！宋雲中正急於掌握觀察業務，接好這個班的當兒，梁山把這份準備好的禮物送到他的手上，還是那麼樸樸實實的幾句話："這也算個戶口名簿子。做個屏風嶺的哨兵，對它們就得像熟悉你村上的張三李四那樣，一打影兒，就能認出他是誰；聽過咳嗽聲，就能叫出他的名和姓兒。不過，對個別的，也得像對待你村上的四類分子那樣，睡著覺做著夢也得睜著眼睛盯住他！"

　　夜來了，小油燈映紅了哨所的幾間青石平房。梁山班長跟小鐘交談了一會兒，便和宋雲中圍著一盞油燈坐下來，繼續介紹哨所的情況。因為宋雲中關心著"黑老鴰"的事兒，上來就圍繞著這事兒提了一串兒問題。梁山沒作聲，伸手拉開抽屜，拿出了幾本《戰備執勤記錄》—— 戰士管它叫"敵情賬"—— 打開來，引導宋雲中一張張往下翻著。隨著紙頁的翻動，一行行不同的字跡呈露在眼前：

　　"1970 年 9 月x日x時x分，蔣介石集團出動x艘兵艦和xx艘登陸艇，在我正前方外海搞換乘演習，x時x分向東南離去。"

"1971 年 6 月×日×時×分，美國第七艦隊×艘驅逐艦，在我右前方十五度七號海區遊弋，×時×分向東北離去。"

"1971 年 9 月×日×時×分，蘇修社會帝國主義×艘軍艦，進入我右前方三十五度一號海區活動，×時×分向南離去。"

……

"敵情賬"翻下去，再翻下去，翻了一本又翻開了一本，在一張折角的紙頁上出現了兩行筆跡粗重的大字："1973 年 8 月×日×時×分，狠窩礁外出現"黑老鴰"一隻，×時×分，濃霧突起，目標消失……"

這行字的尾巴上，還畫了個大問號。

梁山讓宋雲中反覆看了個仔細，才說："這裡島上有句諺語：'海上大霧露，太陽曬煞蕃薯'。那天我值班，天好得連最不怕曬的地瓜秧都曬蔫了藤，你說，這樣的天哪裡會'雷聲隆隆'呢？"

梁山邊介紹邊分析，把他所掌握的一切兜底兒倒給了宋雲中。談到末了，宋雲中想起了金參謀長的叮囑，又把參謀長讓他捎給的話重提了一下，意思是讓他儘快把班交好，然後就下山。梁山聽了笑笑說："我這個哨兵還沒完成任務哩！至少，也得讓我把這關鍵時刻的一班崗站好嘛！"梁山兩眼煥然發光，響錚錚地回答說。

四

接連悶熱了幾天後，大片的雷雨雲從山的背後，從水天交連的遠處湧上來，流水疾風般地向當空聚集。遠方天際響起隱隱的雷聲。

氣候一變，梁山班長那黑黝黝的臉膛顯得更加嚴峻，專業訓練，戰備執勤抓得更緊，要求更嚴了。今天晚飯前，他就搗咕著又把那架精心改造過的收音機，接上長線兒，一直拉到宿舍的床頭上。

這架收音機的來歷，宋雲中一上山就聽周虎和小鐘他們說過。那是上個月，龍山指揮部的業餘宣傳隊來島上演出，戲還沒開演，梁山就讓一個新鮮物件吸引住了：台頂橫桿上吊著一隻小碟似的喇叭，口朝下，顯然是當話筒使用。他仰著腦袋端量了一陣，節目都沒心思看了，抽身溜出來，鑽到後臺瞧了瞧，那擴音器跟他們山上的半導體收音機一個樣。他便纏著那管擴音的戰士打聽開了。人家告訴他，小擴音器是半導體收音機改裝的，那台上吊的玩藝兒叫恒磁喇叭，靈敏度高。那戰士見他問得有心，便順手把擴音器揭開來，一邊指點著對他講怎麼把高頻部分阻斷，怎麼在電位器的抽頭上接個恒磁喇叭吸收聲音，又怎麼把喇叭線拉出去接上大喇叭播音……梁山聽罷，眼睛豁然一亮，急問："那要把往外接大喇叭的地方接上個耳機一個人聽呢？""那還不把耳朵給震壞啦！"梁山聽到這句，樂得大腿一拍，說："嘿，要的就是這個！謝謝你啦，同志！"連小板凳也沒顧得下去拿，就撒腿奔回了哨所。

當晚，梁山把山上的一架舊半導體收音機拆開來，照人家教的辦法，又請教了島上生產隊廣播站，搗搗咕咕改成了一架別有妙用的"收音機"。第二天又從指揮部弄來隻小碟子喇叭，接上去，吊到那只埋在地裡的大水缸口上，插上耳機一聽，喜得他嘴巴咧得好大。打那以後，一遇上氣候變化，他就扯上長線，把"收音機"拉到自己的床頭上……

夜又來了。黑鴉鴉的雲層越聚越濃，越壓越低。整個屏風嶺都淹沒在漠漠的雲海裡。哨所宿舍裡點上了一盞戰備馬燈。燈影裡，映著一張張嚴峻的臉膛，閃動著一雙雙熠熠的目光。梁山班長正在傳達著龍山指揮部的戰備指示，進行著"戰前"動員。聽得出，今晚他的心情很不平靜，話語格外深沉："……風雨雷電有它的規律性兒，國內外階級敵人的搗亂也有它的規律性兒。我們要時刻牢記列寧說過的一句話，被打倒被推翻的敵人，他們反抗的勁頭正由於他們的失敗而增長了千百倍。國內的階級敵人和國際上的帝、修、反都是這樣！"梁山那響亮的聲音在繼續迴蕩著，"今晚根據情況的需要，咱們把執勤班作些調整……"

"嗚 —— "一陣來勢兒猛的雨前風暴撲上山來，刮得哨所的小房子吱吱嘎嘎晃蕩。接著一聲炸雷之後，大雨點子像亂箭一般飛射下來。

"我先上！"

"我先上！我先上！……"

梁山掃了一眼，全班七八個拳頭舉得一個比一個高。其實，他心裡早有安排："小鐘打頭陣！"梁山依次點了下去，"周虎上第二班，我和宋班長上第三班！……"

全班熄燈睡下了。窗外電閃，雷鳴，風尖厲地呼嘯著。同梁山鄰床的宋雲中，躺下去好久沒有入睡。他不時地聽到梁山那邊發出唶嚓唶嚓的聲響。借著閃電光亮，宋雲中扭過頭去，只見梁山大睜著兩眼仰臥在床上，耳機塞在耳朵裡，手扳著枕邊那架"收音機"的旋鈕，在調整著音量。眼裡時而閃發著疑惑的光芒，時而浮現出舒心的神色。唔 —— 他在為小鐘放著副哨啊！宋雲中抬起頭來壓著聲問了一句："有什麼動靜嗎？"

梁山微微搖了搖頭。

宋雲中轉過臉去，閉上眼睛迷盹了一會兒。沒等他睡熟，就被一陣喳喳啦啦的響動擾醒過來。他睜眼一看，梁山已經下了床，輕輕穿上雨衣就衝出門，迎著雨柱往觀察台奔去。過了好一陣子，才見他一身泥水回轉來，脫下雨衣，輕手輕腳地摸到床邊，躺下去，又把耳機塞進了耳朵裡。

"有動靜嗎？"宋雲中又悄聲問了一句。

"沒有。剛才聽到雷聲裡有點雜音，過會兒又沒了。"梁山挺高興地說，"小鐘有進步，警惕性兒高起來了，耳朵也挺靈。"

"外邊雨下得大吧？"

"嗯，下得嘩嘩的。"梁山彷彿沉浸在一個完全不同的意境裡，沉思著說，"雷雨隔牛背，北京那裡說不定還是滿天星哩！……"宋雲中又迷迷盹盹睡了過去。突然，一陣呱噠呱噠的腳步聲從門外響起，接著一隻冷冰冰水濕的手推著他："快，我們上哨！"

宋雲中睜開眼，見梁山渾身水淋淋的站在眼前，他忽地爬起身來，急問："是一號目標出現了嗎？"

"有個聲音很像打雷的回聲。我們這裡四下都是海，山隔著老遠，從來就沒聽到這樣的回聲。"梁山順手把床頭上的耳機遞過去，"你聽聽，雷聲當中還有個什麼聲音？"

宋雲中接過來往耳朵裡一塞，頓然間耳邊轟轟隆隆，唪唪嚓嚓，似翻江倒海。他屏住呼吸，閉上眼睛，費了一番力氣才恍恍惚惚感覺出，雷聲的間隙中夾雜著一個極輕微的隆隆回聲。這聲音飄飄忽忽，隱隱閃閃，卻不像雷聲那樣時高時低。

宋雲中忙問："向指揮部發出報告了嗎？"

"第一次報告早發出了。"梁山見宋雲中很快準備好了，就招呼了一聲，"走，上哨！"

眼下，雨下得正急，雷越響越低，門外杉木桿上的電線在哧喇哧喇直冒火星子。梁山拉住宋雲中的一隻手，一步一晃地往前奔去。燦亮的閃電一道緊跟著一道，炸雷就像從天上滾落下來，彷彿要把這巍然屹立的山峰劈開推倒。他倆剛摸到山尖上，突然"唪嚓嚓！，'一個落地雷在不遠處一塊突兀的巨石上炸開來，只覺得眼前一個大火球滾過，猛地把他們衝倒在地上。

一陣暴瀉的雨注，飄潑般地澆下來。梁山猛然撐起身軀，仰面望著觀察台，從胸膛裡迸發出一個撼動山嶽的喊聲："誰在崗位上？"

“我，還有周虎，班長！”觀察臺上傳來鐘英敏尖亮的回答。

梁山定了定神，用上全身的力氣喊道：“小鐘，抓住那回聲，別放過它！”

“放心吧！班長……”

梁山腳步一踏上觀察台就問：“周虎，目標？”

“持續出現！”

“航向？”

“沒變！”

梁山找準方位，察聽了片刻，果斷地向指揮部報告：“根據我們判斷，一號目標出現！航向250，方位30度。”

報告過後，梁山轉過臉看了看小鐘，語意深長地問道：“小鐘，你聽到這‘雷聲’嗎？”

“聽到了，班長，越來越清楚了。”

“你聽出這‘雷聲’有什麼規律性兒？”

小鐘回答得很乾脆：“這傢伙很有欺騙性，乍一聽像雷聲，細一聽它不像雷聲那樣起伏滾動，也不跟閃電合拍……”

小鐘的話未說完，一道閃電劃空，大家看到，梁山一雙機警、堅毅的眼睛，正向那黑沉沉夜的深處凝望著。隨後，又以堅定響亮的語調吩咐道：“小鐘，向指揮部報告，目標航向突然改變，‘黑老鴰’有可能溜掉！”

報告發出後，耳機裡傳來金參謀長滿意的回聲：“繼續觀察。現在告訴你們，海軍同志也發現了這個情況，他們已經封住了航道！”

聽到這句話，梁山舒心地笑了。他回頭瞭望，不知什麼時候，全班的同志都上來了。他抑制不住心頭的喜悅，輕聲問道：“你們說說，今晚北京會是什麼樣的天氣？”

鐘英敏搶著說：“雷雨隔牛背，今晚祖國大陸上一定是好天氣，北京那裡一定是晴朗朗的滿天星。”

　　梁山又把話意引伸了一步：「同志們，上級早就給我們講過，最近我們黨將要召開第十次全國代表大會，毛主席將要親自主持這個大會。也興許……」

　　「興許今天晚上已經開幕了！」小鐘又搶上來說，「說不定現在人民大會堂裡正燈火輝煌，毛主席正在莊嚴地宣佈大會開幕了！」

　　梁山滿懷激情地贊同說：「也可能毛主席正和代表們坐在一起談心，討論問題呢！你們說，咱們堅守的這個崗位有多重要，多幸福啊！」

　　宋雲中沒有作聲，他聽著這深情的話語，望著佇立在眼前的梁山和一個個忠誠的哨兵，心頭一熱，淚花潤濕了眼睛，心頭感慨萬端，梁山班長你想的是這樣的關鍵時刻，這樣的一班崗啊！……

五

　　黎明到來之前，雨停了，雷也息了。

　　曉霧宛若一道朦朧的紗帳緩緩揭開，分佈在觀察區域裡的一個個岩礁島嶼，在霞光曦微中呈露出黛青色的輪廓。

　　人民海軍的兩艘獵潛艦，早已泊在狼窩礁兩翼，像兩個威嚴的哨兵攔阻著航道。

　　頃刻，觀察臺上的電話鈴響了。梁山一抓起聽筒，就傳來金參謀長那熟悉的嗓音：「梁山嗎？告訴你們個情況：昨夜你們情況報告得迅速準確，指揮部也參考了其他哨所的情況報告，在海軍部隊的配合之下，現在已經查實：那只『黑老鴰』正是那個社會帝國主義的一艘經過巧妙偽裝的偵察船，今天已讓它規規矩矩地留下了姓名和地址！……」

　　參謀長的話正說著，躲在狼窩礁背面那艘煞費苦心偽裝改扮的偵察船，隨著一陣隱約可聞的隆隆聲響，頹喪地離開了。這傢伙果真是頭高尾低，跟梁山畫在大本子上的那只"黑老鴰"一模一樣。屹立在觀察臺上的戰士聽著這熟悉的"雷聲"，望著那在航道上倒行逆施的傢伙，一張張紅光煥發的臉膛上綻出鄙夷的微笑。梁山語氣深沉地說："黨的基本路線告訴我們，要看到階級鬥爭的長期性和複雜性，看到資本主義復辟的危險性，看到帝國主義、社會帝國主義進行顛覆和侵略的威脅。想想看，黨的十大就要召開，大會上就要宣告林彪反革命集團和他們一整套陰謀詭計的徹底破產，國內外的敵人會甘心嗎？咱們不是讀過《無產階級革命和叛徒考茨基》嗎？列寧教導我們：'被推翻的剝削者不曾料到自己會被推翻，他們不相信這一點，不願想到這一點，所以他們在遭到第一次嚴重失敗以後，就以十倍的努力、瘋狂的熱情、百倍增長的仇恨來拼命鬥爭，想恢復他們被奪去的"天堂"……'國內的敵人是這樣，國際上的敵人也是這樣啊！"朝霞驅盡了雲霾，萬道霞光托著一輪紅日從浪峰上升騰起來，把遼闊的大海映得格外清澈。幾天後，黨的第十次全國代表大會勝利閉幕的喜訊終於飛傳到這高山哨所。第二天，光焰輝煌的早晨，梁山，這個無產階級革命事業的接班人，披滿一身霞光，踏上了新的征程……

（原載《解放軍文藝》1974年弟10期）